헌법이 만들어지는 배경에 관한 이야기

조선, 헌법을 심다

헌법이 만들어지는 배경에 관한 이야기

조선, 헌법을 심다

김정원

생각나눔

책 머 리 에

이 책은 근대사 흐름 속에서 헌법이 만들어지는 배경을 다루고 있다. 인도양과 태평양을 거쳐 아시아로 뻗어나가는 서구세력, 저물어가는 청과 조선, 막부체제를 무너뜨린 후 헌법을 만들고 동아시아와 태평양을 전쟁 속으로 몰고 간 일본, 전쟁이 끝난 후 탄생한 대한민국 헌법과 일본국 헌법이 만들어지기까지의 이야기이다.

헌법은 시대의 흐름이 바뀌는 변곡점에서 태어난다. 폭력이 휩쓸고 지나가면서 나타나기도 하고, 전쟁의 폐허 속에서 피어나기도 한다. 역경을 극복하고 탄생한 헌법도 새로운 혼란과 갈등을 마주하게 된다. 같은 내용의 헌법을 가지고 왜 국가는, 개인은 저마다 다른 현실을 경험해야 하는 것일까?

국가는 종교, 인종, 지정학적 요인까지 얽혀 있어 그 정체성이 더욱 복잡하기 그지없고, 분쟁의 모습 역시 다양하다. 폭력과 전쟁, 새로운 사회의 출발, 또 다른 갈등과 투쟁 속에서 헌법의 역사는 쉼 없이 이어진다.

참고문헌의 저자 분들께 말할 수 없는 존경과 감사의 마음을 전하고 싶다. 인터넷상으로 자유롭게 접근할 수 있도록 귀중한 자료를 남겨 주신 모든 분들께도 감사의 마음을 전한다.

책의 기획부터 출판에 이르기까지 지원해 주신 도서출판 생각나눔 여러 분들께 깊이 머리 숙여 감사드린다.

2022년 10월
김정원

3장 헌법의 형성

4장 입헌제 구현

5장 조선, 황혼이 깃들다

6장 식민지의 규범정립과정

7장 식민지에서의 헌법의 위치

8장 헌정질서의 정립

프롤로그

       유럽은 영국에서 시작된 산업혁명으로 산업화, 도시
화의 물결이 흐르며 지성과 재력을 갖춘 새로운 파워그룹이 나타난다. 프
랑스에서 신분사회를 뒤집으려는 혁명의 기운이 무르익고 피로 물든 정
치변혁이 시작된다. 프랑스 국민의회는 1789. 8. 26. '인간과 시민의 권리
선언'을 채택한다. 의회 해산권은 국왕에게 인정하지 않고, 의회는 단원
제로 한다는 프랑스 헌법이 1791. 9. 3. 제정된다. 프랑스는 1792년 오스
트리아와 프로이센 군대의 공격을 받고, 루이 16세는 1793. 1. 21. 단두대
의 이슬로 사라진다. 유럽 국가들은 반프랑스 동맹을 결성하여 왕당파를
지원하고, 프랑스 혁명 정부는 혼란 수습을 명분으로 공포정치를 펼친다.
나폴레옹 군대가 1797. 9. 4. 파리를 접수하고, 몇 차례 헌법이 바뀌더니

나폴레옹은 1804. 5. 18. 스스로 황제가 된다. 나폴레옹은 유럽, 아프리카 정복전쟁을 수행하며 혁명정신을 전파하고, 1815년 워털루 전투 패배로 몰락한다. 체제유지에 골몰하던 유럽왕실의 지도자들은 빈 회의를 통하여 19세기 동안 이어지는 유럽의 정치지형을 마련한다. 영국은 독보적인 해상 강국으로 군림하고, 러시아가 유럽의 새로운 강자로 부상하면서 지중해에서 극동에 이르기까지 100여 년에 걸친 두 나라의 Great Game이 전개된다.

독일은 1816년 작센대공국을 필두로 각지에서 헌법이 제정된다. 오늘날의 국민주권주의와는 거리가 먼, 영주의 하사품이나 다름없는 흠정헌법이었다. 프랑스는 1848년 혁명으로 왕정이 무너지고 직접 선거에 의한 대통령제를 도입하고, 의회는 단원제로 한다는 1848년 헌법이 제정된다. 1852년 다시 헌법을 고쳐 대통령을 황제로 옹립하는 혼란이 지속되는 가운데 신대륙 미국으로 대규모 이민이 쏟아져 들어가고 있었다. 미국은 이미 1792년 뉴욕에 증권거래소가 설립된 금융시장의 중심이었다. 1846년 멕시코와 치른 전쟁에서 캘리포니아와 뉴멕시코를 취득하고, 1867년 러시아로부터 알래스카를 매입하는 등 영토 확장이 한창이었다. 러시아는 1853년 오스만 제국과 크림전쟁을 벌이고, 영국과 프랑스는 군대를 파견하여 오스만 제국을 지원한다. 크림전쟁의 패배로 흑해의 통제권을 잃게 된 러시아는 시베리아 건너 극동으로 눈을 돌린다.

강력한 군주제를 유지하면서 중앙아시아와 극동으로 세력을 확장하던 러시아도 체제 전복 세력이 나타나 차르(황제) 제거 운동을 전개하는 가운데, 알렉산드르 2세가 1881년 폭탄테러로 사망한다. 레닌을 중심으로 한 혁명가들은 1898년 사회민주노동당을 결성하고 공산주의 사회 건설을 목표로 러시아 제국과 투쟁한다. 1917년 10월 혁명의 성공으로 볼세비키 정권이 탄생하고, 유럽은 물론, 식민지 국가들에게 독립투쟁을 내세우며 사회주의 사상을 전파한다.

영국은 1786년 말레이시아를, 1819년 싱가포르를 차지하고, 1840년 아편전쟁을 일으켜 중국 대륙을 잠식하기 시작한다. 영국은 1857년 인도 전역을 수중에 넣은 후 1885년 버마(지금의 미얀마)까지 세력을 확장하고, 1909년 당시 태국 영토였던 말레이 반도를 차지한다. 필리핀은 16세기부터 스페인이, 인도네시아는 17세기부터 네덜란드가 진출하였고, 프랑스는 1864년 캄보디아를, 1884년 베트남을, 1893년 라오스를 점령하여 인도차이나 전 지역을 차지한다. 일본은 1895년 대만을, 1905년 랴오둥 반도와 사할린 남부를 차지하고, 미국은 1899년 스페인으로부터 필리핀을 빼앗아 태평양 지역에 거점을 마련한다. 한국은 1905년 일본의 보호국이 된다. 유럽의 식민지 각축장이었던 아프리카 대륙은 독일의 비스마르크 재상의 제안으로 1884. 11. 15.부터 1885. 2. 26.까지 열린 베를린회의에서 영국, 프랑스, 러시아, 독일, 오스트리아, 미국, 스페인, 포르투갈, 벨기에, 네덜란드, 덴마크, 스웨덴, 터키가 분할한다.

중국은 1840년 아편전쟁을 기점으로 항구가 개방되면서 서구 세력에게 영토가 잠식되기 시작한다. 태평천국의 난과 의화단의 난을 겪으며 연해주 지역이 러시아의 수중에 들어가고 청일전쟁 패배로 대만, 만주까지 침범당하며 청 제국은 몰락의 길을 걷는다. 중국에서는 반청(反淸), 반외세(反外勢) 단체들이 출현한다. 쑨원(孫文)은 1894. 11. 24. 하와이에서

흥중회(興中會)라는 정치단체를 설립하고, 1895년 광저우에서 무장봉기를 계획하였다가 실패하고 일본으로 망명한다. 쑨원은 고쿠류카이(黑龍會) 회장 우치다 료헤이(內田良平)의 도움으로 1905. 8. 20. 도쿄에서 여러 단체를 통합하여 중국혁명동맹회를 조직하여 회장으로 추대되고, 중국에서 무장투쟁을 벌인다. 우창[武昌, 현재의 우한(武漢)]에서 1911년 10월 신해(辛亥)혁명이 일어난다. 1912년 1월 청 황제는 퇴위하고, 난징에서 중화민국 임시정부가 구성된다. 임시 대총통이 된 쑨원(孫文)이 이끌던 중국혁명동맹회는 중국 국민당이 결성되면서 흡수된다. 군권을 장악하고 있던 위안 스카이는 임시 대총통직을 넘겨받은 후, 군주제를 부활시켜 황제가 되었다가 거센 반발 속에서 1916년 6월 사망한다. 중국은 군벌시대가 열리고 내전상태로 들어간다.

쑨원이 도쿄에서 조직한 중화혁명당은 위안스카이가 해산시켰던 국민당 명칭을 그대로 계승하여 1919년 출범하고, 중국 공산당이 1921년 상하이의 프랑스 조계지에서 창설된다. 중국 공산당은 1928년부터 농촌을 중심으로 혁명 근거지를 확대해 가면서 1931년 11월 마오쩌둥을 주석으로 하여 장시성(江西省) 루이진(瑞金)에서 중화소비에트공화국(中華蘇維埃共和國)을 수립한다.

레닌은 5년간 이어진 참혹한 내전을 승리로 이끈 후 1922년 소비에트 연방공화국을 출범시킨다. 소련은 정부 수립 초기 열강으로부터의 침략을 막는 전략적 차원에서 1922년 독일 바이마르 정부와 라팔로 조약(Treaty of Rapallo)을 체결하여 외교관계를 복원하고 비밀리에 군사협력관계를 맺어 독일로 하여금 소련 영토에 비행기, 탱크, 중형 화포 등 군수품 제조공장을 건설하도록 하고, 군수산업 전문가들을 파견받아 엔지니어들을 양성하는 한편, 외몽골에 친(親)소비에트 정권을 수립하여 중국과 완충지대 역할을 하도록 한다.

중국 역시 1926년부터 독일과 관계를 맺고 10여 년간 독일의 군사고문단을 파견받는다. 폰 젝트 장군의 중재로 1935년 4월 경제합작이 추진되어 1936년 2월 독일이 장제스에게 1억 마르크의 차관 제공에 합의하고, 30개 사단을 독일제 무기로 무장시킨다. 히틀러는 1935. 11. 25. 소련을 견제하려는 의도로 일본과 독·일 방공협정(防共協定)을 체결하는 한편, 군부의 반대에도 불구하고 1938년 5월까지 모든 군사고문단을 중국에서 철수시키고 군수품 수출도 중단한다. 히틀러가 1941년 7월 장세스 정권과 단교하고 왕징웨이의 괴뢰정부와 수교하자, 장제스는 1941. 12. 9. 독일에 선전포고를 한다.

국민당 정부와 공산당은 1945년 8월 말부터 10월 10일까지 '충칭회담'을 열어 국공합작을 모색한 끝에 쌍십협정(雙十協定)이 발표된다. 공산당이 제안한 '정치협상회의'가 수용되고, 1946년 1월 한 달 정도 진행된 정치협상회의가 시작된다. 한편, 1945년 12월 모스크바 삼상회의에서 중국 문제 불간섭 원칙을 선언한 후, 트루먼 대통령은 조지 마셜을 중국 특사로 임명하여 상하이로 보낸다. 장제스, 저우언라이, 마오쩌둥을 만나 중재에 나선 마셜은 1946년 3월 군대 감축 약속을 받아낸 후 귀국하였다가 한 달 만에 대규모 군사충돌이 일어나자 다시 중국을 방문하여 국민당 정부에 전쟁 중단을 요구한다. 장제스는 1946년 6월 정전을 선언하였으나 한 달 후 1946년 7월 국공내전이 본격화된다. 장제스는 1946. 11. 15.

국민대회를 소집하고, 1946. 12. 25. 175개 조로 구성된 총통제를 채택한 5권 분립의 중화민국 헌법을 통과시킨 후 1947. 1. 1. 공포한다. 결국 마셜은 1947. 1. 8. 중국을 떠나고, 미국은 국민당 정부에 무기 수출 및 군사 원조를 중단한다. 장제스는 1948. 3. 29. 국민대회에서 임기 6년의 총통으로 선출된다.

아편전쟁 이후 100여 년간 외세에 유린당한 중국 대륙에는 공산주의 정권이 수립되고, 강화도조약 이후 70여 년간 강대국의 각축장이 된 한반도에는 상반된 이념으로 무장한 대한민국과 조선민주주의인민공화국이 탄생한다. 통일을 내세워 전쟁을 일으킨 북한은 일본과 서독에게는 재건의 기회를, 한국에게는 미국의 안보망에 확고하게 편입되는 계기를 제공해 주었다. 중국 공산당의 한국전쟁 참전은 중국 전역에서 전개되고 있던 반혁명 진압운동과 국민당 잔여 세력 소탕활동과 맞물려 옌벤과 같은 접경지역에서의 중국 공산당의 통제력을 강화하는 한편, 소수민족지구의 성격을 가지는 옌벤 조선족 자치구가 1952년 9월 생기는 계기를 제공해 주었다. 한국전쟁이 끝난 지 70여 년이 흘렀음에도 남과 북이 여전히 종전선언은 물론, 평화조약을 맺지 못하고 있는 현실은, 한반도의 지정학적 숙명을 웅변적으로 보여준다.

1장

일본제국의 태동

영국이 일으킨 아편전쟁으로 중국의 5개 항구, 광저우(廣州), 샤먼(廈門), 푸저우(福州), 닝보(寧波), 상하이(上海)가 개방되었다. 영국은 전쟁 중이던 1841년 9월 초 대만 북부의 지룽(基隆), 서해안 중부의 우치(梧棲)를 점령하려다 실패한다. 1845년 상하이는 영국, 미국, 프랑스가 지배하는 조계(租界)와 중국의 통치가 미치는 화계(華界)로 분리되고, 70여 년간 상하이, 톈진, 우한 등지를 포함하여 32개 지역이 조계지(settlement)의 형태로 서구열강의 지배하에 놓인다. 상하이 조계지(租界地)의 경우 각국 영사들이 영사재판관(領事裁判權)을 행사하고 있었다. 외국인과 중국인이 당사자인 경우 사건은 회심공해(會審公廨, Mixed Court)에서 중국인 법관과 외국 영사가 함께 재판관이 되어 재판을 진행하였다.

가. 마지막 막부

1716년 취임한 8대 쇼군 도쿠가와 요시무네(德川吉宗)는 난학(蘭學, 에도 시대 네덜란드인을 통하여 들어온 유럽의 학문, 기술, 문화를 일컫는 말)의 중요성을 인식하고 의학, 천문학, 지리학 등 서양 학문의 연구를 장려하였다. 의사였던 마에노 료타쿠(前野良澤), 스기타 겐파쿠(杉田玄白), 나카가와 준안(中川淳庵)은 독일의 요한 쿨무스(Johann Adam Kulmus)의 저서 『타펠 아나토미아』의 네덜란드어 번역판을 입수한 후, 사형수 해부를 참관하는 기회를 얻는다. 그 경험을 바탕으로 3년간 번역작업을 하여 1774년 『가이타이신쇼(解體新書)』라는 제목으로 번역서를 출간하였다. 오쓰키 겐타쿠(大槻玄澤)는 1786년 에도에 난학을 가르치는 학교인 지란당(芝蘭堂)을 설립하였다. 이나무라 산파쿠(稻村三伯)는 1796년 네덜란드어 사전 『하루마화해(ハルマ和解)』를 편찬하였다. 천문학자였던 다카하시 요시토키(高橋至時)는 1803년 프랑스 천문학자 제롬 랄랑드(Jérôme Lalande)의 저서를 번역한 『랄랑드 역서 관견』을 펴냈다. 1843년 네덜란드 헌법이 번역 소개되었고, 1862년 첫 유학생이 배출되었다.

1837년 에도 막부 12대 쇼군 도쿠카와 이에요시(德川家慶)가 취임하여 1853년 사망하고, 13대 도쿠가와 이에사다(德川家定)가 취임하여 1858년 사망하고, 14대 도쿠가와 이에모치(德川家茂)가 취임하여 1866년 사망하고, 마지막 쇼군인 15대 도쿠가와 요시노부(德川慶喜)가 취임하였다. 페리 제독 사건으로 야기된 심한 압박감 때문에 수명이 길지 않았다는 이야기가 전해진다.

평민이었던 하야시 쥬조(林十藏)는 주인으로 섬기던 아시가루(足輕, 평시에는 잡역, 전시에는 경보병 역할을 하는 하급사무라이) 이토 나우에몬(伊藤直右衛門)의 양자로 입적되어 이토 성을 가지게 되었고, 하야시 쥬조에게서 이토 히로부미(伊藤博文)가 1841. 10. 22. 태어난다. 나가사키에서 난학을 공부한 구루하라 료조(來原良藏)가 1856년 이토를 종자(從者)로 삼는다. 이토의 재능을 알아 본 구루하라는 이토가 메이지 유신의 요람이 된 쇼카손주쿠(松下村塾)에 입문할 수 있도록 추천서를 써주며 요시다 쇼인(吉田松陰)에게 보낸다. 요시다 쇼인(吉田松陰)은 메이지유신의 정신적 지주이자 이론가로서 정한론(征韓論)과 대동아공영론을 주장한 인물인데, 신분이 낮았던 이토를 받아들여 차별 없이 가르쳤다. 요시다 쇼인은 해외 유학을 가려고 밀항을 시도하다 실패하여 투옥되기도 하였는데, 통상조약을 저지하기 위하여 사신을 암살하려는 계획에 연루되어 1859년 29세의 나이로 처형당한다.

이토는 구미의 정치사상과 제도에 관한 강의가 이루어지던 나가사키의 치엔칸(致遠館)에서도 수학했다. 사이고 다카모리, 사카모토 료마, 이와쿠라 토모미, 가쯔 카이슈도 이 곳에서 수학하였고, 오쿠마 시게노부와 소에지마 타네오미가 교감으로 있었고, 교장은 네덜란드 선교사인 구이도 버벡(Guido Verbeck)이었다. 미국 독립선언문과 헌법은 버벡이 즐겨 사용한 교재였다고 한다. 이토는 구루하라의 소개로 훗날 유신 3걸의 한명이 되는 가츠라 고코로(기도 다카요시의 개명 전 이름)의 종자가 되어 조슈번의 에도 저택에서 거주하게 되었다.

나. 서구제국의 진출

네덜란드는 1844년 군함 '팔렘방'호를 끌고 일본에 와서 막부에 개국을 권고하였으나, 막부는 1845년 거부서한을 보낸 바 있었다. 1846년 페리 제독의 전임자인 비들(Biddle) 사령관이 일본에 통상을 요구하였으나 거절을 당하였다. 영국 해군은 1847년 대만에 석탄 광산을 개발하기 위하여 철도부설을 위한 측량을 시도하였다. 당시 중국 대외무역 총액의 85%를 영국이 차지하고 있었다. 막부는 미국의 통상요구가 있을 것이라는 경고를 네덜란드로부터 받은 상태였다.

페리(Matthew Calbraith Perry) 제독은 1853. 7. 8. 증기선 2척을 포함한 함선 4척 규모의 선단을 이끌고 우라가(浦賀)항에 도착하였다. 일본에서는 이 사건을 구로후네라이코(黑船來航)라고 한다. 페리 제독은 영어 원문에 네덜란드어와 중국어 번역본이 첨부된 필모어 대통령의 친서를 전달하였다. 전달 당시 필모어 대통령은 퇴임하고 피어스 대통령이 취임한 상태였다. 필모어 대통령은 퇴임 후 버펄로에서 변호사 개업을 하였고, 재혼도 하였다.

막부는 페리 제독에게 다음 해로 협상유예를 요구하여 대책 마련을 위한 시간을 확보한다. 페리 제독은 필모어 대통령에게 대만은 명목상 중국 소속이지만 실제로는 독립적인 존재라며 미국 보호령으로 만들자고 주장한 바 있었고, 주일공사를 지낸 타운샌드 해리스(Townsend Harris)는 대만을 청 정부로부터 매입하자고 주장하는 등 미국의 태평양 진출론자들 사이에서는 대만의 중요성을 매우 높이 평가하고 있었다. 미국은 1846년부터 1847년까지 멕시코와 전쟁을 벌여 캘리포니아와 뉴멕시코를 차지하는 등 영토 확장이 한창이었고, 1848년 프랑스 혁명의 여파로 유럽에서 미국으로 대규모 이민이 유입되고 있었다.

페리 제독은 1854. 3. 31. 군함 7척을 끌고 와 시모다(下田)와 하코다테(函館) 2개 항을 개방하고, 미국 영사의 일본 주재를 허용한다는 일본국 아메리카합중국 화친조약[가나가와(神奈川) 조약]을 체결하였다. 페리 제독은 기관차의 실물모형을 가지고 와 작동하는 모습을 보여주기도 하였다. 페리 제독은 조약 체결 후 일본을 떠나 1854년 7월 대만의 지룽(基隆)에 머물다가 귀국하는데, 대만이 아시아 중계무역의 거점으로 삼기에 적당하다며 점령을 주장하였다. 페리 제독은 증기선의 아버지로 불린 인물로 1858. 3. 4. 간암으로 사망하였다. 중국 주재 미국 공사였던 피터 파커(Peter Parker)는 1857년 대만을 매수하자는 건의를 미국 정부에 하는 한편, 영국 공사 존 바우링(John Bowring), 프랑스 공사 알퐁스 드 부르불롱(Alphones de Bourboulon)에게 미국은 대만을, 영국은 저장성(浙江省) 앞바다의 저우산(舟山) 군도를, 프랑스는 조선을 점령할 것을 제안하기도 하였다.

당시 유럽에서는 러시아와 영국 사이에 크림전쟁이 벌어졌는데(1853년 10월-1856년 2월), 미국이 일본과 수교할 무렵 러시아의 프티아틴(Putiatin) 해군 중장이 일본과 교섭을 위하여 나가사키에 입항하자, 영국 정부는 동인도·중국함대사령관 제임스 스털링(James Sterling) 해군 제독을 일본에 파견하여 사할린과 쿠릴 열도에 대한 러시아의 야심을 경고하면서 일본에게 국외중립을 요구하였다. 페리 제독과 교섭을 담당하던 나가사키 부교(奉行: 고을 수령)로 있던 미즈노 다다노리(水野忠德)는 아편전쟁으로 촉발된 영국에 대한 위기감 극복의 일환으로 영국에 친선조약을 제안하고, 1854. 10. 14. 영일화친조약을 체결하였다.

막부는 영국에 이어 러시아와 1855. 2. 7. 시모다 조라쿠지에서 러일화친조약을 체결하고, 일본과 러시아의 경계를 우루프 섬과 에토로후 섬의 사이를 경계지점으로, 사할린 섬은 양국의 공동관리구역으로 설정한다. 양국은 1875년 상트페테르부르크 조약, 일본에서는 가라후토·지시마(樺太·千島) 교환조약이라 불리는 조약을 체결하여 사할린 섬 전체를 러시아령으로 인정하고, 러시아는 우르프 섬을 포함한 쿠릴 열도 북쪽의 18개 섬을 일본에 넘겨주기로 하였다. 일본은 현재도 1855년 당시를 기준으로 쿠릴 열도의 4개 섬인 에토로후(이투루프) 섬, 쿠나시르 섬, 시코탄 섬, 하보마이 군도의 영유권을 러시아에게 요구하고 있다.

난생 처음 보는 증기기관을 장착한 군함의 위협을 받게 된 도쿠가와 막부는 해군창설에 나서고, 네덜란드 상관에 협조를 구하여 네덜란드 해군으로부터 교관을 파견받고 연습선으로 증기선을 기증받아 1855년 나가사키에 해군장교양성을 위하여 해군전습소(海軍傳習所)를 설치하였다. 막부는 1855년 서양 학문을 연구하기 위한 교육기관으로 요가쿠쇼(洋學所)를 설립하는데, 1877년 설립된 도쿄제국대학의 전신(前身)이다. 요가쿠쇼는 네덜란드뿐 아니라 영국, 프랑스, 독일 등 서구 전반에 관한 연구를 목적으로 세워졌고, 1856년 이름을 반쇼시라베쇼(蕃書調所)로 바꾸었다. 일본은 도쿄제국대학을 비롯한 9개의 제국대학을 설립하는데, 일본 본토 이외 지역으로는 조선과 대만에 한 개씩 설립하였다. 청 정부는 1862년 베이징에 동문관(同文館)을 설립하여 서양서적의 번역작업을 수행한다.

1830년 17세에 히젠(肥前)번(막부파와 반막부파 어디에도 속하지 않고 있다가 막바지에 신정부군에 가담)의 10대 번주가 된 나베시마 나오마사(鍋島直正)는 에도 시대 산업혁명을 이루었다는 평가를 받는 인물이다. 나가사키 시찰 중 네덜란드 상선을 견학한 후, 철제대포와 증기선을 개발하기로 결심하고, 이화학연구소(理化學研究所)인 세이렌카타(精煉方)와 1858년 증기선의 수리와 건조시설이자 함선운용과 훈련기관인 미에쯔카이군쇼(三重津海軍所)를 설립하였다. 일본 최초로 대포주조에 성공한 쯔키지반사로(築地反射爐)를 만들고 증기선 료후마루(凌風丸)호가 건조된다. 1853년 히젠번으로 이주해 온 동양의 에디슨으로 불리는 다나카 히사시게(田中久重)가 이때 중요한 역할을 한다.

막부와 미국 정부는 1858. 7. 29. 미일수호통상조약 및 무역장정을 조인하는데, 주요 내용은 4개 항구(가나가와, 나가사키, 니가타, 효고)를 추가로 개항하고, 개항장에 거류지를 설치하되, 국내여행은 금지하고, 미국 영사가 미국 시민권자에 대하여 영사재판권을 행사하는 치외법권을 인정하고, 관세 자주권 박탈 조항인 일본은 스스로 관세율을 정할 수 없고, 조약은 171개월(14년 3개월) 후 개정이 가능하다는 것이다. 만기는 1872년 7월이었다. 고메이(孝明) 천황은 조약 승인을 거부하는데, 이는 막부 통치의 정당성 및 권위 상실의 계기로 작용한다. 고메이 천황은 1866년 12월 35세의 나이로 사망하고, 메이지 시대를 열게 되는 외동아들 무쓰히토(睦仁)가 15세의 나이로 그 지위를 물려받고, 1868. 8. 27. 천황 즉위식을 한다.

후쿠자와 유키치(福澤諭吉)는 1858년 서양 학문을 가르치는 란가쿠주쿠(蘭學塾)를 설립하고, 1868년 게이오기주쿠(慶應義塾)로 이름을 바

꾼다. 후쿠자와는 1866년 출간한 저서『서양사정(西洋事情)』에서 미국 헌법을 '율례(律例)'라고 번역하였다. 가쓰 가이슈(勝海舟), 후쿠자와 유키치, 도쿠가와 막부의 재정과 막부직할령의 지배를 총괄하는 칸교부교(勘定奉行)였던 오구리 타다마사(小栗忠順)는 미국파견사절단의 일원으로 1860년 비준서 교환을 위하여 미국 워싱턴을 방문하였고, 해군공창을 견학한다. 가쓰 가이슈는 호위함이었던 간린마루호 선장이었다. 오구리 타다마사는 귀국 후 조선소 건설계획을 입안하고, 1864년 조선소 건설 타당성을 프랑스 공사에게 의뢰하여 요코스카가 최적지로 결론이 나 1865년부터 24만 6,000평 부지에 4년간 240만 달러가 소요되는 프로젝트가 시작되고, 메이지 정부에서 공사가 계속되어 요코스카 조선소가 1871년 완공된다. 보신전쟁 때 신정부군에 대항하던 오구리는 체포되어 부녀자에게 관용을 부탁한다는 말을 남기고 참수되는데, 임신 중이었던 오구리 부인이 낳은 소노코(園子)는 오쿠마 시게노부가 거두어 키워 명문가에 출가시켰다. 훗날 러일전쟁에 승리한 도고 헤이하치로 원수는 1912년 오구리의 유족을 자택에 초대하여 오구리의 업적을 기렸다고 한다. 요코스카에는 현재 주일미해군사령부가 있고, 제7함대 본거지로 항모 조지 워싱턴호의 모항이다.

안세이(安政) 5개국 조약은 1858년 막부가 미국, 영국[8월 26일 엘진(Elgin) 백작 제임스 브루스(James Bruce, Elgin Marble로 유명한 Thomas Bruce의 아들)와 체결], 프랑스, 러시아, 네덜란드 5개국과 맺은 수호통상조약을 일컫는 표현인데, 천황의 승인이 없었으므로 안세이 임시조약이라고도 한다. 1862년 1월 1일부터 영국인의 에도 거주가 허용된다. 러시아는 일본에 18세기 말 락스만, 1804년 레자노프를 사절로 보낸 바 있으나 막부는 교섭에 응하지 않았다. 일본은 1771년 캄차카에서 탈출한 헝가리인 정치범으로부터 러시아가 일본 침략을 기도하고 있다는 경고를 나가사키의 네덜란드 상관장을 통하여 받은 바 있다. 러시아는 1858년에는 하바로프스크를, 1860년에는 블라디보스토크를 건설한다.

한편, 쓰시마 섬(對馬島)을 둘러싸고 영국과 러시아의 신경전이 벌어지고 있었다. 러시아 해군은 극동지역에서 태평양으로 진출할 수 있는 3개의 길목인 홋카이도 북단 소야(宗谷)해협, 홋카이도 남단 쓰가루(津輕)해협, 한반도 남단 대한해협을 자유로이 항해할 수 있는 지위를 확보하는 것이 주된 관심사로 떠올랐다. 청국 해역 함대 사령관 리하초프는 1860. 6. 2. 해군총재 콘스탄틴 대공(알렉산드르 2세의 동생)에게 3개 해협의 중립성 확보가 필요하니 쓰시마 섬에 해군 함대의 정박시설을 만들자고 제안하였고, 외교관계로 발전시키지 않는 범위 내에서 해군이 교섭한다는 지침을 받는다. 비릴료프 함장은 1861. 3. 13. 순양함 '포사드니크'호를 끌고 쓰시마 섬 오자키(尾岐) 포구에 입항하여 군함수리처를 설치하고, 목재와 식료품 제공을 요구하였다. 리하초프 사령관도 1861년 4월 도착한다. 막부의 가이코쿠부교(外國奉行: 1858년 만들어진 외교담당 부서)는 쓰시마 섬에서 배를 수리하는 것은 허용하지만 수리장을 조차(租借)해 줄 수는 없다고 통고하였다. 러시아의 이러한 도발에 대한 반발로 1861년 8월 영국 극동함대 사령관 호프가 소함대를 이끌고 쓰시마 섬에 도착하여 조약상 개항지가 아님을 지적하자, 리하초프 사령관은 외교문제로 비화된 점을 인식하고 1862년 3월 쓰시마 섬을 떠났다.

조수번 관리들은 서양 지식을 접하고, 항해학을 배울 목적으로 미국, 유럽, 중국 등지로 파견된다. 1862년 상하이 사절단에 참가한 다카스기 신사쿠(高杉晋作, 요시다 쇼인의 수제자)는 센자이마루(千歳丸, 358톤급 목조범선으로 영국한테 3만 4,000냥에 구입)호를 타고 8일의 항해 끝에 상하이에 도착하였다. 중국 문명을 흠모했던 다카스기는 상하이 시내의 형편없는 위생상태와 태평천국의 난을 진압하던 청 군대의 전근대적 모습이 영국군의 모습과 대비되면서 영국, 프랑스의 식민지나 다름없는 청나라에 실망하게 된다. 다카스키는 2달 동안의 상하이 견문을 마치고 청나라의 현재는 일본의 미래가 될 수 있다면서 막부타도를 통한 부국강병을 주장하면서, 그 소회를 『유신고로쿠(遊淸五錄)』라는 저작물로 남긴다. 이토 히로부미를 포함한 조수번 출신의 6명의 밀사가 교토로 정세탐색을 위하여 파견되는데, 이토는 기도 다카요시(木戸孝允)의 종자(從者)로 에도까지 따라갔고, 1862년 존왕양이(尊王攘夷)를 내세워 에도 주재 영국 공사관에 방화하고, 일본인 3명을 살해한다. 이토는 영국 유학을 결심하고 1863년 5월 요코하마에서 이노우에 가오루 등 4명과 함께 출발하여 상하이를 거쳐 1863년 9월 하순 런던에 도착한 후, 6개월 동안 체류한다. 이토 일행은 영국 영사관으로부터 영국 생활비로 1인당 매년 1,000냥이 필요하다는 말을 듣고 모금을 하던 중 소식을 들은 조수번 다이묘 모리(毛利)가 돈을 영국 영사관에 보내주어 갈 수 있었다. 상하이에서 이토와 이노우에를 만난 이화양행의 케즈윅 사장은 항해 기술을 배우려는 줄 알고 선원 팀에 보내 잡일을 거들게 하였다. 이토는 상하이에서 런던까지 항해하는 4개월간 선원에게 영어를 배웠는데, 호리 다쓰노스케(堀達之助)

가 1862년 편찬한 영일소사전인『에이와타이야쿠슈친지쇼(英和對譯袖珍辭書)』를 휴대하고 있었다. 이노우에 가오루를 포함한 5인은 살길은 양이가 아닌 개국이고, 막번체제 종식이라는 생각을 갖게 되었다. 이토와 이노우에의 영국행은 두 사람이 평생지기가 되는 계기가 된다. 일본에서는 양이운동 격화로 시모노세키에서 미국, 영국, 프랑스, 네덜란드 연합함대로부터 공격받는 일이 발생한다. 이토와 이노우에는 런던 체류 중 신문에서 조슈번의 해상봉쇄로 서구 열강이 연합함대를 구성하여 일본의 야만인을 응징하려 한다는 기사를 읽고 귀국하기로 결심하고 1864년 3월 중순 출발하여 1864. 6. 10. 요코하마에 도착한다. 이들은 외교사절 역할을 하면서 영국 영사 제임스 고워, 영국 공사 러더퍼드 올콕에게 조슈번을 설득할 터이니 4개국 연합함대 17척의 공격을 연기해 달라고 요청하였으나, 번주 설득에는 실패하였다. 결국 다카스기 신사쿠가 이토와 이노우에를 통역으로 하여 강화사절 대표로 1864. 6. 14. 조약을 체결하여 선박의 정박을 허용하고, 손실을 보상하게 되는데, 이는 조슈의 개국을 의미하는 것이었다. 한편, 조선의 국왕 고종이 1864. 1. 21. 즉위한다.

조슈번은 존왕양이를 내세우며 교토 정국을 주도하다가 1863. 8. 18. 아이즈번과 사쓰마번의 협공에 주도권을 잃은 후 1864. 8. 20. 재기를 노리고 군사를 일으켰다가 막부를 지지하는 아이즈번에게 패배하여[킨몬노헨(禁門の変)] 한동안 조적(朝敵)으로 몰렸다가, 1865년과 1866년 두 차례 치른 막부군과의 전투에서 승리하고 사쓰마번과 동맹을 모색하게 된다. 조슈번의 승리를 이끈 다카스키 신사쿠는 1867년 폐결핵으로 28세의 나이로 사망한다.

다. 메이지유신

"유럽적인 의미의 '국가'가 메이지유신으로 탄생했다. …메이지유신으로 일본인은 처음으로 근대적인 '국가'라는 존재를 가졌다. 천황은 그 일본적 본질에서 변형되어 마치 독일 황제와 같은 법제상의 성격을 지녔다. 누구든 '국민'이 되었다."

- 시바 료타로(司馬遼太郎)(동아시아 도시 이야기, 258쪽)

사쓰마 번의 사이고 다카모리(西鄕隆盛)와 조슈번의 기도 다카요시(木戶孝允) 사이에 1866년 1월 왕정복고를 목표로 하는 삿초동맹이 이루어졌다(大政奉還). 기도 다카요시의 원래 이름은 가츠라 코고로(桂小五郎)였는데, 교토의 유명한 게이샤였던 이쿠마쓰[幾松, 후에 기도 마쓰코(木戶松子)로 개명함]와 혼인하기 위하여 번사의 양녀로 들이고, 이토 히로부미가 이쿠마쓰를 편애하던 부호를 칼로 쫓아냈다는 일화가 있다. 사쓰마번의 오쿠보 도시미치(大久保利通), 조슈번의 시나가와 야지로(品川弥二郞), 궁정 소속의 이와쿠라 도모미(岩倉具視) 3인이 메이지 유신을 위한 협의를 한다. 천황은 1867년 10월 막부토벌을 명하는 밀칙(密勅)을 이와쿠라를 통하여 사쓰마번과 조슈번에 내리고, 에도막부의 마지막 쇼군인 15대 도쿠가와 요시노부(德川慶喜)는 1867. 11. 9. 다이세이호칸(大政奉還)을 선언하였다.

미쓰이 사부로스케(三井三郎助)는 1867. 12. 26. 천황의 재정대신을 만나 전쟁자금을 제공하고 재정 대리인에 임명된 후, 일본 역사상 처음으로

380만냥의 국채발행 업무를 대행한다. 일찍이 미쓰이 집안은 금융업에 종사하였다. 미쓰이 다카토시(三井高利)는 1683년 에도에 '미쓰이 환전소'를 설립해 금융서비스를 제공하였다.

사카모토 료마(坂本龍馬, 1836. 1. 3.생)는 도사번(土佐藩) 하급무사 출신으로 에도의 치바 도장에서 호쿠신잇토류(北辰一刀流)의 검법을 배워 명인이 된 인물로 국제정세를 관찰하고 선진문물도입을 주장한다. 일본의 통일국가를 구상하여 대정봉환과 삿초동맹을 이끌어내는데 공헌하였다. 1866년 신센구미(新選組)의 습격으로 부상을 당하였고, 1867. 11. 15. 교토에서 미마와리구미(見廻組) 소속의 이마이 노부오(今井信郎)에 의해 암살된다. 교토 미마와리구미가 막부의 임시 경찰기구였다는 점에서 관여설을 부인하는 견해도 있고, 이마이는 망만 보았다는 설도 있다.

메이지 천황은 1868. 1. 10. 도쿠가와 요시노부 이하 막부 27명에게 부여했던 관위(官位)를 회수하고, 막부에 딸린 영지를 천황 직할지로 귀속시킴으로써 260년 동안 지속되었던 도쿠가와 체제가 붕괴되었다. 이토는 1868. 1. 12. 개항장인 효교 현에서 외교문제를 담당하는 사무관으로 공직생활을 시작하였고, 이노우에 가오루는 대장대보(大藏大輔)로 임명되었다. 메이지 정부는 1868. 1. 15. 신정부수립 및 왕정복고 사실을 각국 공사들에게 알렸고, 1868. 1. 17. 과거의 관제를 철폐하고, 새로운 직제를 제정하였으며, 양이정책을 파기하고, 화친을 도모한다는 방침을 정하였다.

천황은 1868. 3. 14. 국가기본방침(國是) 5개조 서문(誓文)을 발표하였다.

1) 널리 회의를 열어 정치를 공론에 따라 결정한다.

2) 합심하여 방책을 성실히 수행한다.

3) 모두 뜻을 펴서 인심에 불만이 없도록 한다.

4) 누습을 벗어나 천지 공도를 따를 것이다.

5) 지식을 세계로부터 구하여 황국의 기초를 다질 것이다.

　유신(維新) 3걸로 일컬어지는 인물이 있는데, 사이고 다카모리(1877. 9. 24. 동굴서 할복자살), 기도 다카요시(1877. 5. 26. 위장병으로 사망), 오쿠보 도시미치(1878. 9. 24. 6명의 자객에 의해 암살됨)가 그들이다. 메이지 유신은 사쓰마, 조슈, 도사, 히젠 4개 번이 연합하여 이룩한 일인데, 도사번 출신의 참의였던 고토 쇼지로는 당시 상황을 300개의 작은 독립국이 사상누각과 같은 상태라고 표현하였다. 메이지 정부를 지지하는 세력과 막부 체제를 유지하려는 세력 간의 무력 충돌이 한동안 이어졌고, 유신 3걸이 10여 년이 흐른 뒤 모두 사망한 것만 보더라도 격동의 시기였음을 알 수 있다.

　메이지 정부 출범 초기 반란세력들이 들고 일어나 보신(戊辰)전쟁이 일어나는데, 정부군에게 패배한 아이즈번(會津藩) 같은 경우 멸번(滅藩) 처분을 받는다. 소속 무사들은 혼슈 북부나 홋카이도 개척명령을 받아 가족들을 이끌고 이주하였고, 당시 미국에서 들여온 사과나무 묘목을 1875년 받아 사과농사를 짓게 된다. 메이지 정부는 반란세력을 역적이라는 표현 대신 조적(朝敵)이라고 불렀고, 유능한 인재들은 사면시켜 메이지 정부에 참여시켰다.

　이와쿠라 도모미는 1869. 1. 25. 천황에게 명민한 천자와 현명한 재상이 없더라도 스스로 유지할 수 있는 제도를 확립해야 하고, 천황이 지배하는 것은 건국의 핵심요소라는 내용의 의견서를 제출한다. 이토 역시 1869년 1월 아침은 군주가 다스리고, 저녁은 신하가 다스리는 나라(朝爲君 夕爲臣)가 되면 안 되고 군주제를 토대로 한 체제(立君)를 구축해야 한다는 내용의 국시강목을 제안한다.

개국 후 여전히 양이전통이 남아 있어 서양인에 대한 습격사건이 빈발하였고, 이토가 처리해야 하는 일에는 이러한 사건이 외교문제화 되면 해결해야 하는 임무도 있었는데, 결국 해달라는 대로 해주는 식으로 대부분 처리되었다. 언젠가 이토는 미국, 영국, 프랑스, 네덜란드, 이탈리아, 페루 6개국 공사와 협상을 벌여 재발방지를 다짐하고 책임자는 사죄하기로 하면서 공격부대 책임자가 할복하도록 하는 할복예식을 거행하기도 하였다. 이토는 1869년 5월 회계관권판사(會計官權判事, 현 대장성 국장급)로 승진하여 도쿄로 진출, 화폐제도를 정비하고, 도쿄-요코하마 노선의 철도부설을 위하여 1870년 6월 영국 오리엔탈 은행에서 100만 파운드의 차관을 도입하였다. 오사카-고베 노선도 추진하였다. 이토는 화폐 및 금융정책을 수립하기 위해 21명의 수행원을 이끌고 1870년 11월 미국으로 출발하여 반년 동안 샌프란시스코, 워싱턴, 뉴욕의 미국 관리들을 면담하였고, 만기가 1872년 7월로 되어 있던 미국과 체결한 불평등조약의 개정가능성을 타진해 보기도 하였다. 이토는 귀국 후 금본위 체제를 기반으로 한 화폐제도의 필요성을 주장하고, 대장성 직제개혁안을 제출하는데, 오쿠보 도시미치의 반대로 처음에는 뜻을 이루지 못한다. 일본 정부는 1868년 2월 은을 주요 통화로 지정해 멕시코 은화를 결제수단으로 규정하고 있었는데, 냥을 엔으로 바꾸는 폐량개원(廢兩改

元)을 추진한다. 입법과 행정의 분리를 건의하였고, 사절단을 보낼 것을
건의하였다.

4개 번이 1869년 3월 오쿠보와 기도의 노력으로 메이지 정부에 번이
가지고 있던 토지와 문서를 반환하는 한세키호칸(版籍奉還)을 발표하
고, 번의 영지와 백성을 관장하는 문서를 반환하였다. 200여 개 번이 뒤
따라 결정하였고, 1869년 6월 나머지 번에게는 호칸(奉還)을 명하였다.
메이지 정부는 1871년 8월 하이한치켄(廢藩置縣)을 단행하여 지방행정
을 중앙정부로 귀속시키고, 번에 소속되었던 군대를 해산하였다. 하이한
치켄 시행은 막부시절 번주들의 연간 명목소득이 쌀 10만 석이던 것을
매년 쌀 5만 석의 녹봉을 보장해 주고, 사무라이(총 2,000,000명)에 대한
부담도 중앙정부가 지는 것으로 하여 순조롭게 진행되었다. 중앙정부는
1876년 8월부터 금록공채(金錄公債)를 발행하여 녹봉이 높은 사람에게
는 6~7년 총수입 해당금액의 연리 5% 공채를, 녹봉이 낮은 사람에게는
10~12년 총수입 해당금액의 연리를 더 높여 지급하여, 원금지급 부담을
줄이고 원금은 6년째 되는 해부터 추첨을 통해 상환하고 기한은 30년으
로 하였다. 공채의 발행규모는 1억 7,400만 엔이었는데, 당시 일본 화폐
유통량이 1억 1,200만 엔이었다는 점을 감안하면 엄청난 규모의 공채를
발행한 셈이다. 그 무렵 일본 정부는 국립은행법을 개정하여 금록공채를
은행의 자본금으로 출자할 수 있도록 하여 번주들의 채권이 은행에 투자
되면서 금융자본으로 전환되는 효과가 발생하였고, 공채 발행 후 3년도
안되어 일본에는 153개의 국립은행이 설립되었다. 중하층 사무라이들의
경우는 상당수 사기를 당하는 등 빈곤층으로 전락하였다고 한다. 전국

국토가 3부(府) 72현(縣) 체제로 재편되었고, 모든 관리는 중앙정부가 임명하였다.

미쓰이 가문은 1871년 7월 법정 통화의 효력을 지닌 150~200만 엔의 발행권한을 행사할 수 있는 개인은행설립신청을 하여 8월에 허가를 받았으나, 정부 방침이 변경되어 다른 2인과 공동출자하는 형식으로 제일국립은행을 설립하여 국고자금을 관리하게 되었다.

메이지 정부는 1870년 야나기하라 사키미츠(柳原前光)를 청국으로 보내 톈진에서 리훙장에게 협약체결을 희망한다는 외무대신의 서한을 전달한 후, 1871. 7. 29. 다테 무네나리(伊達宗城)와 리훙장이 청일조약을 체결한다.

서구문명의 견학을 목적으로 한 107명으로 구성된 이와쿠라 토모미(岩倉具視)를 단장으로 한 사절단이 1871. 11. 12. 출발한다. 공식사절은 46명이었고, 유학생 59명이 함께 출발하였다. 5명의 여성 유학생 중 11세의 아이즈번 번사의 딸이었던 야마카와 사키코[山川咲子, 훗날 오야마 이와오와 결혼하여 오야마 스테마츠(大山捨松)로 알려짐, 1919년 스페인 독감으로 사망]와 훗날 1900년 쯔다쥬쿠대학(津田塾大學)을 설립하는 6세의 쯔다 우메코(津田梅子)가 있었다. 이러한 유학계획은, 홋카이도 개척사 구로다 기요타가(黑田淸隆)가 추진한 것인데, 10년 정도 유학 후 결혼 적령기가 된 후 개척정신을 홋카이도 개척과정에서 활용할 수 있으리라는 기대가 있었다고 한다. 1872년 30세의 오야마 이와오는 일본육군 대좌로 보불전쟁과정과 유럽의 군사학을 배우기 위해 스위스 제네바에와 있었다. 제네바에 망명을 와 있던 레프 메치니코프(유산균으로 노벨의

학상을 수상한 러시아의 일리야 메치니코프의 형으로, 귀족계급이었음에도 유럽에서 무정부주의와 민족독립 운동을 하며 13개 언어를 구사할 수 있는 인물이었는데, 메이지 유신을 사회주의 혁명으로 여기고 일본을 동경하게 됨)와 친분을 맺게 된 오야마는 마침 제네바에 와 있던 이와쿠라 사절단 일원인 이와쿠라 토모미, 기도 다카요시, 오쿠보 도시미치에게 메치니코프를 소개한다. 훗날 문부대신이 되는 기도 다카요시는 이러한 인연으로 1874년 메치니코프를 도쿄외국어학교 러시아어 선생으로 초청한다.

이와쿠라 사절단은 미국을 시작으로 유럽 14개국을 순방하였고, 일정은 10개월 반으로 계획하였다. 1872. 1. 21. 워싱턴에 도착하여 그랜트 대통령을 접견하고 조약개정 가능성 여부를 타진하였는데, 그랜트의 의례적인 대답을 긍정의 신호로 잘못 파악한 이토는 1872. 2. 12. 조약개정을 위한 전권위임장을 받으러 일본으로 향하였고, 1872. 3. 24. 논란 끝에 특정국가와 개별 조약의 조인은 불허한다는 단서 하에 전권위임장을 부여하였다. 이토는 1872. 6. 17. 워싱턴에 도착하여 교섭하다가 결국 중단하게 된다. 주일 독일공사 막스 폰 브란트는 최혜국 대우 조항의 의미를 설명해 주면서 특정국가와의 조약체결의 위험성에 관하여 워싱턴에서 이와쿠라에게 충고해 주기도 하였다. 미일수호통상조약은 1899. 7. 17에 가서야 미일통상항해조약으로 개정되었다.

이와쿠라 사절단은 1872. 7. 3. 영국으로 출발하여 프랑스, 벨기에, 네덜란드를 방문하고, 1873. 3. 9. 베를린에 도착한 후, 3월 11일 빌헬름 황제를 알현하고, 3월 12일 비스마르크 수상과 몰트케 참모총장과 면담을 하였으며, 러시아를 거쳐 귀국했다.

비스마르크가 수상으로 있던 프로이센은 1870년 프랑스를 상대로 6주 만에 보불 전행을 승리로 이끈 후, 1871. 1. 18. 베르사유 궁전의 거울의 방에서 독일 제국의 성립을 선포하였다. 독일은 배상금으로 확보한 50억 프랑으로 화폐개혁에 착수하여 금본위제에 기초한 마르크 제도를 확립한다. 비스마르크가 1873. 3. 15. 관저로 사절단을 초대해 연회를 베푼 후, 주요 인사들만 별실로 불러 국제사회는 약육강식의 세계이며 대국은 결국 군사력에 의지한다는 이야기를 해 준다.

이와쿠라 사절단은 1873. 9. 13. 귀국하는데, 포부와 기대를 가지고 출발했던 것과는 달리 환멸을 느끼며 돌아오게 된다. 사절단의 성과로서는, 제도와 법률개혁이 부강한 국가의 요체임을 깨달았고, 서양문명의 상대성, 즉 나라마다 역사적 배경 및 사정이 다르다는 것을 이해하는 안목을 갖추게 되었으며, 군주제를 기조로 한 점진적 입헌제를 도입해야 한다는 인식을 공유하게 되었다. 구메 구니타게(久米邦武)가 귀국 후 1878년 편집한 사절단의 보고서가 100권 분량의 『특명전권대사 미구회람실기(特命全權大使 米歐回覽實記)』이다. 미국편 20권 397쪽, 영국편 20권 443쪽으로 두 나라가 40% 분량을 차지하고 있었다.

프랑스는 혁명 후 보불전쟁에 패배한 1871년까지 80여 년 동안 13번 헌법을 제정하거나 개정하면서 2번의 제정(帝政)과 2번의 공화정이 출현하는 정치적 격변기를 겪는다. 1875년 성립한 프랑스 제3공화국은 제2차 세계대전이 일어날 때까지 65년간 이어지다가 독일의 침략으로 비시정부가 설립되어 1940. 7. 10. 페탱에게 공화국 정부의 전권이 부여되면서 사라진다.

미쓰쿠리 린쇼(箕作麟祥)가 번역하여 1873년 출간된 『불란서법률서 헌법(佛蘭西法律書 憲法)』에서 오늘날의 의미로 헌법이라는 용어를 사용하였고, 하야시 마사아키(林正明)가 같은 해 번역하여 출간한 『합중국헌법(合衆國憲法)』, 『영국헌법(英國憲法)』에서 역시 오늘날의 의미로 헌법이라는 용어를 사용하였다.

중국은 1872년부터 1875년까지 4차례에 걸쳐 9세에서 15세에 해당하는 120명의 국비 유학생을 샌프란시스코로 보냈는데, 이들 중 50여 명은 하버드, 예일, 컬럼비아, 매사추세츠 공과대학 등에 진학하여 귀국 후 중국의 철도, 전신, 광업의 개척자가 된다.

라. 정한론

조선 정부는 메이지 정부의 수교 요구를 거절한다. 그 배경에는 외교문서에 일본 측 표시는 황(皇), 칙(勅)으로 하면서 조선은 신하처럼 표현하고 있었고(書契事件), 메이지 정부가 그동안 조선과 외교관계를 유지해 왔던 도쿠가와 막부를 무너뜨렸다는 데 대한 불신이 깔려 있었다. 일본은 조선의 수교 요구 거절을 모욕으로 간주하고, 문책원정군을 파견할 것인지 논의한다. 각의에서는 출병론[이타가키 다이스케(板垣退助)]과 사절파견론[사이고 다카모리(西鄕隆盛)]이 대립하고 있었다. 사이고 다카모리는 1873. 8. 17. 교섭을 위한 전권대사를 자청하면서 "자신을 폭살하면 조선에 군대를 파견하여 응징하자, 개전의 단서를 열겠다, 일본 내부 반란세력을 외국으로 보낼 수 있는 전략이다."라고 설명하였다.

유럽과 미국 순방을 마치고 귀국한 이와쿠라 사절단은 이러한 논의를 접하고, 이와쿠라, 기도, 오쿠보 모두 출병론에 반대하며 사표를 제출하였다. 선진문물을 보고 돌아온 이들에게는 일본에 시급한 것은 전쟁이 아니라 제도를 정비하고 군사력을 키워 내실을 다지는 일이 먼저였던 것이다. 일본학계는 정한론의 대두에 관하여 메이지 유신 직후 전개된 복잡한 정치 상황 속의 권력투쟁의 산물로 평가하는 경향이 있다고 한다. 국내정치 문제의 해결수단, 즉 조슈파가 연루된 부패사건의 수습 차원이자, 조선의 기존의 외교정책 노선을 수정하는 계기로 삼는다는 다목적카드였다는 분석도 있다.

하야시 시헤이(林子平)가 1786년 해국병담(海國兵談)에서 조선은 대륙으로 진출하기 위한 주요 지점이므로 연구를 빨리해 두어야 한다고 설파한 바 있고, 메이지 시대에 이르러 조선공략론으로 발전한다. 조선을 정벌한다는 정서는 막부 말기 무렵 지식인 및 지배계층 사이에 보편적으로 퍼져 있었는데, 메이지 시대에 이르러 정책의 일환으로서 실천과제의 문제로 전환되기 시작한다.

조선침략은 당시 다음과 같은 정책적 필요성이 있었다고 한다.

1) 일본의 대륙 진출을 위한 디딤돌 역할을 한다.
2) 국내불만을 해소시키는 방편으로 활용할 수 있다.
　① 메이지 유신으로 기득권을 상실하게 된 사무라이들의 불만이 팽배한 상황이었고, 징병제를 주장한 오무라 마사지로는 암살되기도 하였다.

② 메이지 유신을 반대하는 봉기가 전국적으로 발생하였다.

③ 조선은 일본 내부의 불평불만의 전출지 대상이 된다는 발언을 외무성의

　모리야마 시게루가 하기도 하였다.

3) 일본에서는 천황 세력을 한반도로 확대하여야 한다는 정서가 있었다.

① 진구 황후 이래 한반도는 일본의 속국이라고 생각하고 있었다. 일본서기에

　따르면 진구 황후가 249년 신라와 가야 7국을 점령했었다는 기록이 있다.

② 무의식 속에 들어 있던 한반도가 일본의 속국이었다는 확신이 점점 퍼

　지고 있었다.

　한편, 선거를 통한 의회의 설립을 요구하는 운동도 벌어진다. 정한론자
들 간에도 의회개설의 시기를 둘러싼 연기론(사이고)과 즉시 실시론[에토
신페이(江藤新平), 고토, 이타가키]의 논쟁이 전개되고 있었다.

　메이로쿠샤(明六社)는 유럽과 미국 등지에서 공부하고 돌아온 지식인
들이 모여 미국을 다녀온 모리 아리노리(森有禮)의 주도로 1873년 만들
어졌고, 후쿠자와 유키치(3차례 미국, 유럽 여행을 함), 니시 아마네(西周), 가
토 히로유키[加藤弘之, 1861년 프로이센으로 가 독일어를 배운 후 법학,
철학, 정치학, 윤리학 등 서적을 가지고 일본으로 와 1862년 입헌주의와
서양의 정치제도를 소개한 『도나리구사(鄰草)』를 발간함], 나카무라 마사
나오(中村正直) 등을 포함한 10인이 창립 멤버이다. 자유, 자주, 개명의 신
사상을 주장하면서, 집회를 열고 메이로쿠 잡지를 발간하여 계몽사상전
파에 노력하였다.

　후쿠자와 유키치는 『서양사정 외편』(1866), 『일신의 자유를 논함』, 『학문

의 권장』,『문명론의 개략』등 역저를 남겼는데, 학문의 권장 서두에 나오는 "하늘은 사람 위에 사람을 만들지 않고 사람 아래에 사람을 만들지 않는다."라는 문장은 지금도 명문으로 회자되고 있다. 나카무라 마사나오는 존 스튜어트 밀의 자유론을 자유지리(自由之理)라는 제목으로 번역하였다.

일본과 러시아는 사할린섬을 둘러싸고 오래전부터 영토 분쟁이 이어지고 있었다. 부동항을 찾던 러시아는 1811년 쿠릴열도를 측량하다가 군함 함장 '바실리 골로브닌'이 쿠나시리섬(國後島)에서 마쯔마에번 관리에게 체포되었다. 골로브닌은 2년 반 동안 수감생활을 하였고, 당시의 경험을 담은 일본유수기(日本幽囚記)를 남긴다. 훗날 개항지가 된 하코다테에 러시아 영사관이 설치되었을 때, 일본유수기를 읽은 러시아 정교회의 니콜라이 신부가 선교를 목적으로 러시아 영사관 부속성당의 관할사제로 부임한다. 19세기 중반 연해주 지방으로 세력을 확장하던 러시아는 1850년 아무르강 하구 오호츠크 해에 접한 곳에 '니콜라예프스크-나-아무례'를 건설한 후 사할린섬에 진출하기 시작하였고, 1858년 하바로프스크, 1860년 블라디보스토크를 건설한다. 러시아는 1871년 시베리아 함대(태평양 함대)의 기지를 '나콜라예프스크-나-아무례'에서 블라디보스토크로 옮긴다. 1870년 개척차관으로 부임한 구로다 기요타가(黑田淸隆)는 1871년 1월 홋카이도 지역 개발에 치중하고 사할린섬은 포기하자고 주장하기도 하였다. 1872년 러시아 대리공사 뷰쪼프(후임으로 초대 러시아공사는 스트루베)는 사할린섬 문제를 제기하며 외무경 소에지마 다네오미(福島種臣)와 교섭에 들어갔다. 러시아 주재 일본 초대공사였던 에노모토 다케아키(榎本武揚)는 러시아 외무성 아시아 국장과 교섭하여 1875. 5. 7. 상트페테르부르크 조약[일명 지시마(千島)-가라후토(樺太) 교환조약]을 체결하여 사할린(일본어로는 가라후토)섬은 러시아령으로, 쿠릴 열도 중 우루프섬 이북은 일본령으로 하였다. 결과적으로 쿠나시리(國後), 에토로후, 시코탄(色丹) 섬에 더해 쿠릴 전도(全島)가 일본영토가 되었는데, 양국 국민들 사이에서는 서로 양보한 영토에 대하여 불만이 있었다고 한다. 일본은 러일전쟁 후 북위 50도 이남 사할린섬을 할양받았다가 제2차 세계대전 패전 후 쿠릴 열도와 사할린섬 전부를 소련에게 넘겨주게 된다. 러시아 해군은 1875년 나가사키 항을 월동항구로 이용하기로 하면서 나가사키의 사유지 1,115평을 10년 계약으로 임차해 군인 휴양소를 건설하였고, 1886년 784평으로 면적을 줄여 12년 기한으로 임차하였다.

2장

권력투쟁과 내전

16세기부터 이어져 온 막부 권력을 무너뜨리고, 새로운 정부를 수립한 메이지 정부는 막부 시절 중국과 동남아시아에서 식민지 쟁탈전을 벌이고 있던 서구 열강들과 체결한 일련의 불평등조약을 극복할 외교 환경의 조성을 모색한다. 메이지 정부는 지리적으로 가까운 이웃 국가이자 오랜 세월 교류를 해 오던 조선 및 청나라와는 서구 열강과의 굴욕적인 외교를 교훈 삼아 주도적인 외교 관계를 펼치려 하였다. 메이지 정부의 청나라와 조약 체결은 순조롭게 진행되었으나, 조선을 상대로 한 협상은 뜻대로 진행되지 않았다. 이러한 조선의 태도는 불안정한 기반 위에 서 있던 메이지 정부를 조선을 정벌하자는 강경파와 시기상조라는 온건파로 갈라놓았고, 이는 사이고 다카모리를 포함한 600여 명의 신료들이 사퇴하는 사태로까지 번지면서 결국 세이난 전쟁으로 이어진다. 정치적 격변과 내전의 혼란기를 거쳐 봉건질서를 탈피하고 근대화의 길을 걷게 된 일본은 천황을 정점으로 의회 제도를 가미한 입헌군주제를 구축해 나간다.

가. 유신세력의 균열

1872년 호적이 작성되는데, 황족 28명, 화족 2,900명(285개 다이묘 가문과 142개 문신귀족 가문) (메이지 정부 공훈자들은 신 화족으로 편입됨), 사족(무사) 154만 명, 평민 3,100만 명이었다. 사농공상의 구분이 없어지고 직업을 자유롭게 선택할 수 있게 되고, 신분이 달라도 혼인이 가능하게 됨에 따라 막부 시대의 지배층이 크게 반발하였다.

1873년 5인의 참의가 사직한다. 사이고 다카모리(육군 대장), 이타가키 다이스케, 고토 쇼지로, 소에지마 다네오미(副島種臣, 외무경), 에토 신페이(사법경). 그들은 사임 후 애국공당을 만들어 1874. 1. 17. 민선의원 설립을 주장한다. 주요 인사들이 물러나게 되자, 오쿠보 도시미치(내무경), 가쓰 가이슈(해군경), 오쿠마 시게노부(大隈重信, 대장경, 히젠 출신, 소수파, 국외자), 오키 다카토(사법경), 데라시마 무네노리(寺島宗則, 외무경, 전기통신의 아버지로 불리는 인물로 1861년 막부가 보낸 유럽 사절단의 일원으로 영국, 프랑스, 네덜란드, 독일, 러시아를 방문한 후 네덜란드는 영국, 독일, 프랑스의 100분의 1에도 못 미친다고 함), 이토(공부경, 32세) 등이 전면에 나서게 된다.

평화적 방법을 통한 반정부운동이 전개되고, 조선에서는 20여 년 후인 1898년 만민공동회가 개최된다. 에토는 1874년 2월 2,500여 명의 정한론자를 이끌고 무장봉기를 일으켰다가 처형된다. 사이고 다카모리는

1874년 6월 가고시마로 귀향하였고, 정부에 대한 불만세력들이 각지에서 모여든다. 이와쿠라 도모미에 대한 암살시도가 있었고, 범인이 1874. 1. 17. 체포되었고, 에토가 배후로 의심받는 정황으로 작용하는 등 정국이 불안하였다.

나. 정한론 세력의 축출

1871년 태풍으로 조난을 당한 류큐(琉球, 현재의 오키나와)의 미야코지마(宮古島, 오키나와 섬에서 남서쪽 300㎞에 위치한 섬) 주민 54명이 대만 원주민들에게 살해되는 사건이 발생하였다. 오쿠보는 조선보다는 대만을 공격하는 것이 효과적이라 판단, 출병을 주장하였고, 기도 다카요시는 반대하면서 사의를 표명하고 야마구치로 내려갔다. 일본 정부는 1874. 5. 22. 대만에 원정군 3,600여 명을 상륙시켰고, 청 정부는 일본군의 철수를 요구하였다. 선바오젼(沈葆楨)이 흠차대신 겸 총리각국사무아문대신으로, 오쿠보 도시미치가 전권대신으로 1874. 10. 31. 영국공사 토마스 프랜시스 웨이드의 주선으로 베이징에서 청일양국호환조약을 체결한다. 일본 정부는 당시 샤먼 주재 미국 총영사였던 르 장드르(Charles Guillaume Joseph Emile Le Gendre)와 프랑스 민법학자 부아소나드(Gustave Emile Boissonade)가 고문으로 참여하였다. 르 장드르가 총영사직까지 사임하고 일본 정부의 고문으로 활동하게 된 배경에는 청과 일본이 동맹을 맺어 서양 열강에 대항하는 것을 막으려는 일본 주재 미국 공사인 찰스 디롱

(Charles Delong)의 의도가 작용하였다고 한다. 협상 결과 1874. 12. 20. 일본 군대는 철수하기로 하고, 청 정부는 위로금 10만 냥을 지불하기로 한다. 이 조약의 체결로 일본 정부는 류큐가 일본의 일부라는 인정을 받은 것처럼 되었다. 르 장드르는 1890년 3월부터 1899. 9. 1. 뇌출혈로 사망할 때까지 조선에서 고종의 고문으로 활동하다가 서울 양화진 외국인 묘지에 묻혔다. 1884년에는 프랑스가 대만해협을 봉쇄하기도 하였다. 청 정부는 1885년에 이르러 대만을 성(省)으로 승격시켰는데, 10년 후 청일전쟁의 패배로 대만을 일본에게 빼앗긴다.

이토는 오쿠보의 지시로 기도와 협상 자리를 마련하고, 내정개혁 강령안을 준비하였다. 1875년 1월, 2월에 걸쳐 오쿠보, 기도, 이타가키, 이토, 이노우에 등이 참석한 오사카 회의가 열렸고, 기도와 이타가키는 정부에 복귀하기로 하였다. 이토의 개혁안 중 국회 설립을 위하여 자문기구인 원로원을 설치하자는 안, 재판의 최종심인 대심원을 설립하자는 안, 중앙정부와 분리된 지방관 회의(지방회의)를 상설화하자는 안은 채택되었고, 내각과 성(省)을 분리하고(참의, 경 분리), 원로와 내각은 천황을 보필하되, 2인자는 성(省)에 배치하자는 안은 채택되지 않았다. 천황은 1875. 4. 14. 채택된 안건을 포함한 입헌정체의 조서(立憲政體の詔書, 일종의 권력분립 체제 확립)를 내렸다. 지방관 회의가 1875. 6. 20.부터 개최되었고, 1875. 7. 5. 입법자문기구인 원로원이 개원하였다.

1876. 3. 28. 하이토레이(廢刀令)라고 알려지는 대례복 착용자, 군인, 경찰관 이외에는 검을 휴대하는 것을 금지한다는 제목의 태정관 포고령이 발표되었고, 이에 불만을 품은 일부 사족들의 반란이 일어나기도 하였다.

이 포고령은 무사에게 칼의 휴대만 금지할 뿐 소유는 허용하는 것이었는데, 휴대하는 것 자체가 무사들의 상징이었기에 상당한 굴욕감을 안겨 주었다.

일본 최초의 개인 은행인 미쓰이 은행이 1876. 7. 1. 영업을 시작하였다. 이노우에 가오루가 대장성으로 복귀하면서 설립허가가 이루어졌다. 중앙은행인 일본은행이 1882년 설립되면서 미쓰이 가문은 발기인 자격으로 참여하였고, 유일한 법정 발권은행의 지위를 확보하여 153개 국립은행의 화폐발행권을 회수하였다. 일본은행은 중점 산업에 대량의 융자를 제공하여 수익을 창출하였다.

일본 정부는 1875년 강화도 사건을 일으켜 1876년 2월 조일수호조약을 체결한다. 일본에게는 조약 체결 가능성에 큰 기대를 걸지 않았던 뜻밖의 소득이었다고 한다. 당시 일본 정부는 오쿠보의 천거로 구로다를 정사로, 이토의 권유로 이노우에를 부사로 참여시키는데, 이노우에로서는 조선 문제의 전문가로 인정받는 계기가 된다. 부산 이외의 2개 항구를 더 개방한다는 것과 조선 항구에서 범죄가 발생한 경우 일본인은 일본에 돌려보내 일본 법률에 따라 처리한다는 등의 내용이었다.

사이고는 자신을 따르는 무리를 이끌고 1877년 세이난(西南) 전쟁이라 불리는 반란을 일으켰고, 결국 정부군에 패배한다. 세이난 전쟁은 사이고의 터전인 사쓰마 지역의 불만에 국한된 국지전적 성격을 띠었고, 불안하던 정국에 종지부를 찍는 역할을 하였다. 중앙정부의 징병제의 우수성이 입증되면서 반정부투쟁이 무력투쟁에서 평화적인 자유민권 운동으로 전환되는 계기로 작용하였다. 일각에서 제기되던 정한론도 잦

아들었다.

다. 조선을 둘러싼 외교전

일본이 1874년 대만에 군대를 보낼 당시 청 정부의 남양대신(南洋大臣) 션바오젼(沈葆楨, 아편을 소각하여 아편전쟁을 촉발시킨 린쩌쉬의 사위)의 고문이었던 지켈(Giquil)은, 일본의 조선침략을 예견하고 조선 정부에 미국, 프랑스와 통상을 권고하였으나 병인양요, 신미양요의 영향으로 실현되기는 어려운 상황이었다. 청 정부는 일본과 1871년 일청수호조규(日淸修好條規)를 체결하고 1873년 비준서(批准書)를 교환한다. 소에지마 타네오미는 특명전권공사 겸 외무경의 자격으로 동치제 결혼을 축하하는 천황의 친서를 제출하러 베이징을 방문한다. 청 정부는 1874년 8월 조선 정부에 일본의 조선침략을 경고하는 밀자(密咨)를 보낸다.

일본은 사할린섬을 둘러싼 러시아와의 대치상황에서 조선과 러시아의 관계가 일본 안보에 영향을 미칠 것으로 보고 조선과 우호적인 관계를 설정할 수 있을지 검토하기 위하여 조선에 조사단을 파견한다. 1870년 첫 조사단이었던 사다 하쿠보(佐田白芽) 일행은 조선이 "러시아에 의뢰하는 사정은 들어보지 못했음."이라는 조사보고서를 작성한다. 조선과 러시아가 외교적으로 접촉하였다는 단서는 없다는 것이다. 당시 조사단 일행 중한 명이었던 모리야마 시게루(森山茂)는 조선에 다시 파견되어 1874. 8. 28. 부산 초량왜관에서 조선 관리에게 러시아를 경계하고 일본과 국교를 맺어야 한다는 의사를 전달한다. 에노모토 주러 공사는 1875. 1. 11. 데라시마 무네노리 외무경에게 러시아가 조선 국경부터 만주 해안에 이르는 영토에 주목하고 있으니, 일본은 쓰시마섬과 그 맞은편인 조선 쪽 해안 방비에 대비하여야 하며, 조선과 우호관계를 깊이 하거나 군사적으로 장악해야 한다는 내용의 보고서를 제출한다. 모리야마 시게루는 1875년 2월 부산 초량왜관에 이사관으로 부임하고, 부산 훈도 현석운과 교섭활동을 하는 한편, 1875. 4. 15. 일본 정부에 측량 명목으로 군함을 출동시켜 조선 정부를 위협하자는 강경책을 제안한다.

고르차코프 러시아 외상은 1876. 5. 25. 알렉산드르 2세에게 조선 문제와 관련하여 의견서를 제출하는데, 조선 정부와는 당분간 공식적인 관계를 맺지 않는 것이 좋고, 조선인들이 연해주로 이주하고 있어 지역 발전에 도움이 되고 있다는 것이었다. 러시아 중앙부에서 1860년부터 1870년까지 연해주 지역으로 4,444명 이주하였는데, 조선 북부에서 연해주로 기근 때문에 1869년부터 1870년까지 이주한 사람이 6,500명에 이른다.

오경석은 조선에서 중국어 역관으로 활동한 인물로 1831년 출생하여 1879년 사망하였고, 독립운동가였던 오세창의 부친이다. 1866년의 병인양요 때 베이징에 급파되어 청으로부터 정보를 수집하였는데, 당시 프랑스 동양함대가 재정 부족으로 군비를 차입하고 있고, 군량이 3개월분밖에 없음을 알아내 최대한도로 싸움을 피하면서 시간을 오래 끌면 이길 수 있다는 내용의 보고를 하였다. 침공 직전, 주청 프랑스공사관과 청 총리아문 사이의 문서를 중국인 친구를 통해 필사해 조선 정부에 보내기도 하였고, 1871년 미국이 수교를 요구할 때 대원군에게 응할 것을 건의하기도 하였다. 강화도조약 협상 당시 조선 내부에 격퇴론(대원군), 화친론(명성황후), 자주성을 지키며 개국하자는 주장(오경석)이 대립하고 있었고, 사태수습을 위하여 애쓰다가 1876년 4월 과로로 쓰러지기도 하였다.

3장

헌법의 형성

가. 입헌제에 대한 공감대

일본 조야에서는 입헌제도를 도입하는 것이 부국강병을 위한 수단이라고 파악하고 있었고, 구체적 내용과 도입 시기를 둘러싼 논의가 전개되었다. 기본 방향은 천황제를 중심으로 한 점진적 입헌제를 수립한다는 것이었다. 데라시마 무네노리 외무경은 1873년 말 정체(政体)에 관한 조사 임무를 부여받는다. 이토는 1878. 5. 15. 오쿠보의 후임으로 내무경으로 임명된다. 당시 나이는 36세였다. 외국과 맺었던 불평등조약에 대한 개정 교섭이 시작되었고, 이러한 움직임은 국회개설운동으로 발전하게 된다.

1880. 3. 17. 오사카에서 제4차 애국사 전국대회가 열리고 2부 22현에서 온 87,000명과 104명의 지방대표가 국회개설을 요구하는 국회기성동맹회를 결성한다. 본부를 도쿄에 두고, 지방 12곳에 지부를 설치하였고, 민선의원 선출과 헌법제정을 요구하는 청원서를 정부에 제출하였다. 여

러 단체들에서 개별적인 헌법 초안이 작성되었는데, 의회 중심의 영국식
과 황제 중심의 독일식이 소개되고 있었다.

나. 로드맵

권리와 관련하여 민권(民權)이라는 표현은 1870년 미쓰쿠리 린쇼(箕作
麟祥)가 프랑스어인『droit civil』을 번역한 이래 자유민권시대라고 일컬어
지는 1874년부터 1889년까지 유행어처럼 사용되었다. 논의의 초점은 국
회개설이었다. 불평등조약개정과 농민들에 대한 조세경감에 관한 주장
도 제기되었다. 1868년 가토 히로유키(加藤弘之)가 출간한『입헌정체략
(立憲政體略)』에서 헌법을 '국헌(國憲)'이라고 번역하였다. 1876년 田中耕
造가 번역한『구주각국헌법(歐洲各國憲法)』이 출간된다. 1877년 사법성
(司法省) 서기관 木村正辭가 편찬한『헌법지료(憲法志料)』에서는 헌법을
넓게 법령법규를 의미하는 것으로 번역하였다. 당시 헌법을 먼저 제정한
후 국회를 구성한다는 데에는 이견이 없는 상태였다.

천황은 모든 참의에게 1880년 말까지 헌법의 내용에 관한 의견서 작성
을 명한다. 1877년 9월 원로원에 국헌취조위원(國憲取調委員)을 설치하
고, 1881년 12월 9편 87조에 이르는 '국헌(國憲)' 초안을 완성하여 천황에
게 제출하였다.

이토는 헌법에 관한 논의가 확산되는 원인을 국제사조의 변화와 사무
라이 계급의 불만 때문이라고 파악하였다. 국제사조는 전제(專制)제도에
서 공치(共治)제도로 흐르고 있는데, 한 마을의 인심을 제어하기는 쉬워

도, 한 나라의 물정(物情)을 다스리는 것은 쉽지 않고, 한 나라의 형세(形勢)를 바꾸는 것은 쉽지만, 우주의 기운(氣運)을 되돌리는 것은 대단히 어렵다는 것이다. 또한, 사무라이 계급인 사족(士族)의 불만을 지적하면서 사족은 힘줄과 뼈이고, 평민은 가죽과 살이니 가죽과 살은 힘줄과 뼈를 따라가기 마련이니 사족과 평민이 단결하면 왕권이 무색하게 되어 왕권이 약화될 위험요소라는 것이다. 그 대안으로서 원로원을 확장하여 화족과 사족 중에서 선출하여 상원의 기능을 하게 하고, 국회개설은 점진적으로 설치할 것, 공선 검사관(檢査官) 제도를 두어 관선 검사관과 함께 회계감사를 하여 재정을 민주적으로 통제할 것, 정치체제의 최종 결정은 천황의 의지라는 점을 공포할 것(방향과 완급은 천황의 영역) 등을 제시하였다. 이토는 당시 『London Times Weekly』, 『Contemporary Review』, 『Nineteenth Century & After』, 『North American Review』, 『Graphic』, 『Illustrated London News』 등을 정기적으로 구독하고 있었다.

1881년 3월 수석 참의인 오쿠마 시게노부가 헌법이라는 표현을 사용한 의견서를 제출하는데, 1881년 영국식 의원내각제를 골자로 한 헌법을 제정하고, 1882년 말 선거를 실시하고, 1883년 단원제 의회를 개원하자는 내용이었다. 이토는 이에 반발하여 사의를 표명하였고, 오쿠마의 사과를 받고 철회하기도 하였다. 러시아 황제 알렉산드르 2세는 1881. 3. 13. 폭탄테러로 사망하고, 일본 정부는 국내에서 고조되는 민권운동에 위협을 느끼고 있었다. 이노우에 고와시(井上毅)는 오쿠마 안에 대하여 영국을 모델로 한 급진적 안이라 평가하였다. 이노우에 고와시는 사법성 관료였고, 초창기 프랑스에서 공부하였다. 1872년 유럽에 파견되어 정체를 연구하였고, 1875년 왕국 건국법을 발간하여 프로이센 헌법을 건국법(建國法)이라고 번역 소개하였으며, 1895년 자작으로 임명된 후 3월 15일 사망하였다. 당시 51세였다. 오쿠마 안에 대한 대안의 성격을 띤 의견서가 1881. 7. 5. 제출된다. 1850년 1월 제정된 흠정헌법인 프로이센 헌법을 바탕으로 하여, 천황이 제정하는 흠정헌법의 형태로 하고, 천황 대권을 명문으로 규정한다는 것이다. 당시 독일은 1871. 4. 14. 제국 의회에서 채택된 연방제 독일제국 헌법이 시행되고 있었다.

홋카이도 개척사관유물(開拓使官有物) 불하 사건이라고 알려지는 정치 스캔들이 발생하여 급진적인 의견을 제출하였던 오쿠마가 축출되는 일이 벌어진다. 1881년 7월 말 각의에서 홋카이도 개척사 장관이던 구로다 기요타카가 특정 민간회사에 정부사업의 발주를 강력히 주장하여 관철시킨다. 당시 히젠번 출신 오쿠마는 강하게 반대하였다. 한편, 미우라, 다니 다테키(谷干城) 등 4명의 장군이 관유물과 관련된 부패상을 천황에게 상주하였다[사장상주(四將上奏)]. 언론에서도 특혜라고 비난하는 논조가 고조되고 있었고, 각의에 참석하였던 오쿠마가 누설자로 밝혀진다. 오쿠마의 누설의도에 관하여 정국주도를 노리고 연합정권을 붕괴하려는 음모였다고 결론짓고, 1881. 10. 11. 어전회의에서 이토의 제안에 따라 오쿠마를 파면하고, 관유물 불하를 중지하기로 한다. 이토는 이 일을 계기로 오쿠마 세력을 축출하고 궁중그룹과 타협하면서 정국의 주도권을 장악하게 된다. 1881. 10. 12. 국회개설에 관한 천황칙서가 발표되고, 1890년 선거를 실시하여 국회를 개원하기로 한다.

사이고 다카모리 휘하에서 세이난 전쟁에 참여하였던 히라오카 코타로

(平岡浩太郎), 사이고 휘하에서 전략가로 불리운 노무라 오시스케(野村忍介), 스스로를 천하의 낭인이라 일컬었던 토야마 미츠루(頭山滿) 등이 황실을 빛내고 제국을 받든다는 기치 아래 1881년 겐요샤(玄洋社)라는 민간단체를 설립한다. 겐요샤는 강한 민족주의 성향을 띠고 정보 수집활동 및 대정부압력을 넣는 비밀조직으로 성장하는데, 중국을 파괴하고 러시아를 제압하여 조선을 병탄하는 것을 목표로 테러 수행 및 스파이 양성 조직으로 발전한다. 조직이 상하이까지 확대되어 동문서원(同文書院, 무라카타 코타로가 원장을 지낸 바 있음)이라는 이름으로 활동하며 300여 명의 스파이를 양성하였고, 중국 전역에 첩보망을 구축하였다. 명성황후 시해 사건 때 동원되었던 낭인들도 겐요샤 소속 낭인들이었다. 우치다 료헤이는 1901년 별도의 위장조직으로 고쿠류카이(黑龍會)를 설립한다. 무라카타 코타로(宗方小太郎)는 1886년 무렵 일본 육군의 지원을 받아 대중(對中)첩보기관을 설립하는데, 베이징, 한커우(지금의 우한) 등지에서 약국으로 위장한 라쿠센도(樂善堂)에서 정보를 수집하여 지나경제전서(支那經濟全書)를 편찬하기도 하였다. 청일전쟁 당시 만주족 규탄 격문을 내걸어 중국 내부를 교란하는 심리전을 펼치고, 청국 북양함대의 출항시간을 파악해 일본연합함대의 승리에 기여하였다.

메이지 최고의 전략가로 평가받는 카와카미 소로쿠(川上操六)는 1870년 보불전쟁 이후 군제를 프랑스식에서 독일식 참모본부 체제로 개편하는 한편, 독일에 유학 중이던 군의관 모리 오가이(森鷗外)로 하여금 클라우제비츠의 전쟁론을 번역하게 하여 장교들에게 강의하게 하였고, 1873년 무렵부터 조선과 중국지역에 파견한 정보장교 중 중국에서 활약을 하였던 아라오 세이(荒尾精)의 제안을 받아들여 1890년 상하이에 닛신무역연구소(日淸貿易硏究所)라는 스파이 양성소를 세워 150여 명을 교육시켜 중국 각지로 파견하였다. 모리 오가이는 도쿄 의대에 12세에 입학하여 19세에 졸업하고 군의관이 된 후, 문부성 장학생으로 독일 유학을 한 인물로, 전쟁론의 intelligence를 번역할 때 정보(情報)라는 단어를 고안해 내었다고 한다.

다. 다시 유럽으로

천황은 1882. 3. 3. 이토에게 헌법조사를 위하여 유럽 출장을 명한다. 이 무렵 일본에서 오늘날의 의미의 헌법(憲法)이라는 표현이 퍼지기 시작한 것으로 보고 있다. 도쿄 대학은 1885년부터 헌법(憲法)이라는 표현을 사용하였다. 당시 일본 정부는 통치구조에 대한 방침도 세우지 못하고 있었다. 이토는 1882. 3. 14. 15명의 수행원(이토 미요지 등)과 함께 요코하마를 출발하여 홍콩, 싱가포르, 카이로, 나폴리를 거쳐 로마에 1882. 5. 7. 도착하였고, 1882. 5. 16. 베를린에 도착하여 비스마르크를 예방한다. 1873년 이후 9년만의 재회였다. 이토는 1883년 6월 말까지 13개월간 독일, 오스트리아, 영국, 프랑스에서 헌법연구를 한다. 1882년 5월부터 7월까지, 11월부터 1983. 2. 9.까지 베를린 대학의 루돌프 폰 그나이스트, 그나이스트의 제자인 이작 알베르트 모세한테 강의를 듣는다. 그나이스트의 경우 독일어로 진행된 데다가, 성의가 없었다고 한다. 이토는 1882년 8

월부터 10월 31일까지 오스트리아 빈에서 로렌츠 폰 슈타인의 강의를 듣고 큰 깨달음을 얻게 된다. 스타인 교수는 민주주의와 입헌제의 긴장관계를 지적하면서, 민주주의는 국가기관의 하나인 입법부의 전횡을 용이하게 하여 입헌정치 자체를 뒤집을 위험성이 있다는 지적을 하였고, 행정부가 프랑스에서는 국회, 영국에서는 정당, 독일에서는 군주에게 장악되어 자운자동(自運自動) 하지 못하고 있으니 행정의 자립성 확보를 강조하였다.

이토는 유럽 체류 중 영국, 프랑스, 독일, 러시아 정치지도자들과 정세를 논하고 국제동향을 관찰하는 한편, 영국의 이집트 점령을, 프랑스의 베트남점령을 목격한다. 이토는 1883. 1. 30. 비스마르크를 예방하여 국가 간 조약을 개정하는 문제에 관한 의견을 교환하고, 행정학자의 추천을 요청하여 카를 루돌프(내무고문), 헤르만 테호브(문교고문), 폰 그라마츠키(재정고문)를 추천받는다. 이토는 1883. 3. 3. 런던으로 가 2개월 체류하며 각국 헌법사례를 수집하였고, 1883년 5월 모스크바에서 열린 러시아 황제 알렉산드르 3세의 대관식에 참석하였다.

라. 귀국

이토는 1883. 8. 4. 귀국한다. 며칠 전인 1883. 7. 20. 화족제 규모를 늘리는 일에 반대하던 이와쿠라 도모미가 사망하여 화족제의 확장이 가능해졌다. 이토는 1883. 9. 19. 천황의 만기총람(萬機總攬)이 일본의 국체

(國體)임을 천황에게 밝히고, 1884. 3. 17. 제도취조국을 설치하여 이토가 그 장관직을 맡아 헌법과 제반법률의 제정 작업에 착수한다. 이토는 1884. 3. 21. 궁내경을 겸임하게 된다.

함께 작업에 참여하는 인물로는 이토 미요지(이토 유럽체류 중 수행), 이노우에 고와시(독일법 정통), 가네코 겐타로(하버드 로스쿨 유학)가 중심이된다.

먼저, 공작, 후작, 백작, 자작, 남작의 5개 등급의 작위제도를 정비하는데, 1884. 7. 7. 화족령을 공포하여 512명에게 작위를 수여했다(이토는 백작 작위를 부여받았고, 화족에 새로 편입되는 신 화족의 대다수는 정부공신이었고, 상한선을 백작으로 함). 행정부 구조는 서양식 내각제를 도입하여 율령시절 태정관의 수장인 태정대신 제도를 폐지하고, 총리대신을 정점으로 내각을 구성하고, 권한과 책임을 명확하게 하였다. 이러한 구조개편은 천황의 지시로 신속하게 이루어졌는데, 종전 3대신(태정대신 아래의 좌대신, 우대신, 내대신), 참의(태정관 내 차관급에 해당하는 직위), 경(卿) 등 의사결정 주체가 분산되어 있던 것을 내각이라는 단일 조직으로 정비하게 되었고, 인선보다 기구개혁에 우선순위를 두었다. 내각제는 1885. 12. 22. 발표되었다. 초대 총리대신은 이토(44세, 궁내대신 겸임), 내무대신은 야마가타 아리토모, 외무대신은 이노우에 가오루가 임명되었다. 1885. 12. 23.자 도쿄 니치니치 신문에 '이상은 내각책임제이지만 그 실질은?'이라는 기사가 실린다. 제국대학령과 관리임용법이 제정되고, 고등문관시험과 보통문관시험이 시행된다. 이때 문관시험을 합격하여 정부에 들어온 사람들이 20년 후 러일전쟁에 즈음하여 핵심 역할을 하게 된다.

당시 일본은 국가의 기틀을 마련하는 주춧돌을 놓은 시점으로 볼 수 있다. 메이지 유신 후 화폐 과잉발행으로 인한 인플레이션을 극복하지 못한 오쿠마의 후임으로 1881년 대장경에 취임한 마쓰카타 마사요시(松方正義)는 요코하마 정금(正金)은행에 저금리 엔화 대출을 해 주고 정금은행은 일본 상인들로부터 양행(洋行)에서 발행한 어음을 할인 구매하여 현금순환을 도와주고, 만기일의 금은화는 정금은행에 개설한 대장성 계좌로 입금토록 하여 대장성은 시중의 과잉통화를 회수할 충분한 금은화를 확보하게 되어 금융버블을 피할 수 있었다. 1890년을 전후하여 엔화가치는 금은화와 같은 수준으로 회복된다.

조선에서는 일본의 이러한 체제개편에 즈음하여 갑신정변이 일어난다. 중국에서는 1861년부터 1895년까지 양무운동이 일어나 근대화 노력을 기울였으나 매판자본(買辦資本) 세력과 결탁한 관료들이 중심이었다는 한계가 있었고, 주적(主敵)을 러시아로 보고 내륙을 지켜야 한다는 새방파(塞防派)인 쭤쭝탕(左宗堂)과 주적(主敵)을 영국으로 보고 해양을 지켜야 한다는 해방파(海防派)인 리훙장의 극심한 대립이 있었다.

마. 헌법의 제정

일본 정부는 내각 구성을 마치고, 1886년 가을 헌법 초안 작성을 위한 기초작업에 착수하는데, 이토 미요지(이토 수행), 이노우에 고와시, 가네코 겐타로, 헤르만 폰 슈타인, 알베르트 모세, 헤르만 뢰슬러, 카를 루돌프 등 7인이 참여한다. 이토는 초안 작성 시 7개의 기본방침을 제시한다.

1) 황실전범 제정, 황실 관련 강령은 헌법에서 분리 마련(초헌법 영역 구상)
2) 일본의 국체 및 역사에 바탕을 둘 것
3) 큰 강목 제시 간단명료하되, 국운 진전에 순응하도록 신축성 있어야 함
4) 의원법, 선거법은 법률로 정할 것
5) 귀족원 조직은 칙령으로 정하되 개정은 귀족원 동의 필요함
6) 영토는 법률로 정할 것
  영토조항은 외교 문제로써 의회 권한에 속하지 않는다는 뢰슬러 의견을
  반영하여 삭제됨(이토 역시 군사와 외교 분야는 의회권한 범위 밖으로 해
  야 한다는 생각을 가지고 있었음.)
7) 천황에게 상주(上奏)할 수 있는 권한을 의회에 부여할 것

1887년 5월 두 개의 초안이 작성되고, 독일학자 3인은 별도로 초안을 작성하였다. 1887년 8월 이른바 나쓰시마(이토 별장 소재지) 초안이 작성되고, 1887년 10월 초안, 1888년 2월 초안을 거쳐 정서(淨書)한 1888년 3월 안이 마련된다. 당시 일본 사회는 여러 진통도 있었다. 1886년 청국의 딩루창(丁汝昌) 제독이 독일에서 건조된 4척의 주력함으로 구성된 북양함대 사절단을 이끌고 나가사키를 방문하였는데, 청국 수병들이 일본인들과 시비가 붙어 80여 명의 사상자가 발생하였다(나가사키 사건). 이 사건으로 일본은 1887년 청국에 5만 위안의 배상금을 지불하였다. 그 후 일본은 10만 톤 규모의 해군 건설계획을 세우고, 성금 모으기 운동이 일어

난다. 1887년 5월 이토 내각의 퇴진운동이 일어나 이토가 사직서를 제출하기도 하였다. 1887년 9월 외교문제쇄신, 세금경감, 언론집회자유를 요구하는 운동이 벌어지기도 하였다. 이토는 불평등조약의 개정을 위한 포석으로 1888년 자신의 정적(政敵)이지만 외교적 수완이 뛰어나다고 평가받는 오쿠마를 외무대신으로 천거하여 함께 일하게 된다. 일본 정부는 1887년 12월 26일 보안조례를 제정하여 탄압정책을 펼치는데, 이노우에 고와시는 이러한 조치에 반발하여 사의를 표명하기도 하였다.

마침내 1888년 4월 초 7개 장 76개 조로 구성된 초안이 확정되고, 4월 27일 천황에게 제출된다. 천황, 신민권리의무, 제국의회, 국무대신 및 추밀고문, 사법, 회계, 보칙 등 7개 장으로 이루어졌다. 헌법개정은 칙령으로 개헌안을 제국 의회의 심의에 붙여 의결하도록 하였다. 기존 법률, 규칙, 명령은 명칭과 관계없이 헌법에 모순되지 않는 한 효력을 유지하는 것으로 하였다. 이토는 헌법 초안을 심의할 기구로 추밀원 설치를 제안하면서 초안을 정밀히 심사하고 탐구할 조직이어야 하고 천황이 친히 임석해야 한다고 주장하였다. 추밀원은 이토 스스로 자신의 발명품이라고 말하였던 조직으로 그 필요성을 강력히 주장하여 관철시켰다고 한다. 이토는 흠정헌법의 성격상 제헌의회와 같은 역할이 어디에선가 이루어져야 하고, 내각과 의회가 충돌 시 조율기관이 존재하여야 천황의 위상 보존을 위한 완충 역할을 할 수 있으며, 대신 사직과 의회 해산이라는 파국을 막으려면 고문관의 선량한 권고가 필요하다는 논리를 제시하였다. 이토는 총리직을 사임하였고, 후임은 구로다 기요타카가 임명되었다. 이토 내각 때 기용된 오쿠마 외무대신은 유임되었다. 오쿠마는 1889년 겐요샤(玄

洋社) 조직원 쿠루시마 츠네키(來島恒喜)가 던진 폭탄에 오른쪽 다리를 잃고, 자살한 쿠루시마의 묘를 만들어주고 유족에게도 금전적 지원을 해 준 일화가 있다. 이토는 1888. 4. 30. 추밀원의장에 취임하여 1889년 1월까지 추밀원에서 헌법 초안을 심의한다. 추밀원의 심의를 마친 대일본제국헌법은 1889. 2. 11. 공포되고, 1890. 7. 1. 중의원 선거를 거쳐 제국의회를 구성한 후 1890. 11. 29. 시행되었다. 공포식에서 이토 히로부미 한 사람에게만 그날 근거 규정이 마련된 최고 훈장인 욱일동화대훈장이 수여되었다.

천황이 1890. 11. 29. 제국의회 개회일 행사에 참석하고 마차를 타고 귀가하는 장면을 러시아 공사관 경내 정자에 모여 있던 외국 공관원 부인들이 지켜보고 있었다. 이러한 행위가 불경스럽다고 여긴 일부 군중들이 러시아 공사관에 돌을 집어 던지고 진입을 시도하려는 소동이 있었다. 니콜라이 2세의 일본 방문을 협의 중이던 러시아는 이 사건을 계기로 신변보장에 의구심을 품게 되었고, 주일 셰비치 러시아 공사는 1890. 12. 14. 아오키 슈조 외무대신에게 관련자들의 재판 결과를 통지해 달라고 요청하였고, 1891. 1. 8. 일본 잡지 덴소쿠(天則)에 실린 외국인 습격을 선동하는 논문에 대해 단속을 요구하는 비밀 서한을 보냈다. 당시 현장에서 2명이 체포되었으나 처벌받지 않고 석방되었다. 아오키 슈조는 1891. 1. 31. 셰비치 공사에게 일본 형법에 외국 사절에 대한 모욕, 폭행에 적용할 조항이 없음을 알리고 제국의회에 제출할 형법개정안 151조에 일본국의 빈객인 외국의 군주, 황족, 대통령 또는 일본국에 주재하는 외국 사신에 대하여 모욕을 가한 자는 제156조(관리 및 의원을 그 직무집행 시에 모욕한 자는 11

일 이상 2년 이하의 금고에 처한다.)의 예에 의하여 처벌한다는 조항을 넣겠다고 알리고 러시아 정부는 이 이상의 것을 바라지 말고 일본 정부의 공문을 접수해 주기 바란다고 요청하였다. 아오키 슈조는 1891. 2. 6. 세비치 공사에게 1890. 11. 29. 발생한 우연한 사건을 제국 정부가 깊이 유감스럽게 생각한다는 공문을 보낸다.

바. 메이지 헌법의 특징

메이지 헌법은 천황에게 모든 권한이 집중되어 있었는데(Reign & Rule), 사실상 헌법보다 상위개념이나 다름없는 천황대권을 명문으로 규정하였다. 입법권의 경우 초안에는 천황은 제국의회의 승인(advice and consent)을 거쳐 입법권을 행사한다고 되어 있었으나, 추밀원에서 격론을 거친 끝에 교산(協贊)을 거쳐 입법권을 행사한다고 규정하였다. 사법권의 경우 천황의 이름으로 법률에 따라 재판소가 사법권을 행사한다고 규정하면서 행정재판과 사법재판을 구분하여 사법재판소에서 행정사건을 심리할 수 없도록 하였다.

재판소구성법, 행정재판법 등을 제정하고, 행정재판소를 도쿄에 단심으로 설치하였다. 1890. 6. 30. 제정된 '행정청의 위법처분에 관한 행정재판의 건'(10. 1. 시행)에 따르면, 해관세(海關稅)를 제외한 조세 및 수수료의 부과에 관한 사건, 조세체납처분에 관한 사건, 영업면허의 거부 또는 취소에 관한 사건, 수리 및 토목에 관한 사건, 관유지와 민유지 구분에 관한 사건을 행정재판소의 관할로 하였다. 1890. 10. 10. 제정된 '소원법'에서 행정불복에 관한 일반법으로써 행정심판절차를 규정하였고, 행정재판소는 사법부에 소속된 법원이 아니라 행정부 내에 설치되었다. 행정재판관(관행상 명칭)은 행정재판소 장관과 평정관으로 구성되었는데, 자격은 30세 이상이면서 5년 이상 고등행정관의 직업에 종사하였거나 재판관의 직업에 종사한 자 중 총리대신이 상주(제청)하여 임명한다고 규정하였다.

천황은 총리대신 등 행정부 문관 및 무관을 임면(재판관 포함)하였다. 군부의 경우 천황은 육해군의 편제 및 상비군의 숫자를 결정한다고 규정하였는데(12조), 원안은 육해군의 통수 및 편제는 칙령으로 정한다고 되어 있었다. 칙령의 형식을 취하지 않게 되면, 추밀원(헌법상 추밀고문제도 창설, 천황 자문기구)의 심의가 필요 없어져 의회는 물론 내각의 통제도 받지 않는 천황의 통수권개념이 확립되었고, 이는 모든 전쟁책임이 천황에게 귀속되는 논리가 성립된다. 아이러니한 것은 일본 정부는 천황이 전쟁책임으로부터 면제된다는 논리적 모순을 기꺼이 감수하면서 제2차 세계대전 후 진행되는 도쿄 전범재판에 임하게 된다.

사. 오쓰(大津) 사건

일본이 이렇게 아시아에서 최초의 헌법을 제정하여 입헌주의를 도입할 무렵인 1891. 5. 11. 일본을 공포의 도가니로 몰아넣는 오쓰(大津) 사건이 발생한다.

러시아 황태자 니콜라이 2세는 아버지 알렉산드르 3세의 명으로 세계 일주를 하며 견문을 넓히고 있었다. '아조프 기념'호에 승선하여 1890년 10월 러시아를 출발하여, 오스트리아 빈, 그리스, 이집트, 인도 봄베이, 실론, 방콕, 광둥(廣東), 나가사키(러시아 극동함대의 월동항)(1891. 4. 27.), 가고시마(1891. 5. 6.)를 거쳐 1891. 5. 9. 고베에 도착한다.

시베리아 총독 로바노프(Robanov)가 1857년 시베리아철도 부설을 건의한 이래 차르는 1882년 무렵부터 시베리아 철도 부설계획의 수립과 측량을 독려하고 있었고, 1886년 블라디보스토크를 기점으로 결정한다. 알렉산드르 3세는 1891. 3. 29. 대시베리아철도 건설 방침을 선언하고 세계 일주 중이던 니콜라이 2세에게 블라디보스토크에서 기공식 행사를 하라고 명한다. 니콜라이 2세의 일본 방문은 이러한 시베리아횡단철도(TSR) 기공식 참석을 위하여 블라디보스토크를 가는 길에 들르게 된 것이었다.

당시 일본에서는 니콜라이 2세의 방문이 일본침략을 위한 정탐이라는 소문과 세이난 전쟁 때 죽은 사이고 다카모리가 시베리아에 도주해 있다가 니콜라이 2세와 함께 돌아올 것이라는 등의 소문이 유포되고 있었다.

교토에서 비와코(琵琶湖)를 둘러보고 귀가하던 니콜라이 2세는 1891. 5. 11. 시가현(滋賀縣) 오쓰시(大津市)에서 인력거를 타고 그리스 황태자 게오르기오스와 아리스가와노미야 다케히토 친왕(有栖川宮威仁 親王) 일행과 가던 중 시가현 순사였던 쓰다 산조(津田三藏)가 휘두른 사브르칼(saber, 洋劍)에 우측 두부를 9cm 정도 찢어지는 부상을 입었고, 게오르기오스가 순사를 쫓아가 지팡이로 가격해 쓰러뜨렸다.

소식을 들은 메이지 천황은 5월 12일 밤에 교토에 도착하여 면회를 신청하였고, 5월 13일 니콜라이 2세가 묵고 있는 호텔을 방문하여 위로하였다. 천황은 니콜라이 2세가 고베항으로 갈 때 부두까지 배웅하였다. 니콜라이 2세는 5월 19일 천황을 선상의 조찬에 초대하였고, 천황은 신하들 반대를 물리치고 러시아 군함을 방문하여 조찬을 함께한다.

일본 전역에서는 학교 휴교령이 내려지고, 신사에서 쾌유를 기원하는 기도회가 개최되었으며, 니콜라이 2세 앞으로 위문전보 만여 통이 전달되었다. 야마가타(山形)현의 한 마을에서는 5월 13일 앞으로 '쓰다'라는 성과 '산조'라는 이름을 붙일 수 없다는 조례를 제정하였다. 하타케야마 유코(畠山勇子)라는 여성이 5월 20일 죽음으로 사죄한다며 교토 부청(府廳) 앞에서 면도칼로 목을 그어 자살하는 일이 벌어진다.

재판에 회부된 쓰다 산조에게 일본 정부는 사형을 요구하였는데, 이토 히로부미는 계엄령을 발동해 사형이 가능하도록 하자는 제안을 하는가 하면, 고토 쇼지로는 납치해 사살하자는 등의 격론이 벌어졌다. 러시아 정부는 범인의 사형을 강력히 요구하고 있었던 상황이었다. 당시 전쟁 가능성까지 제기되면서 러시아가 일본에게 영토의 할양을 요구할 수도 있다는 우려와 일본이 러시아의 식민지로 전락할 수도 있다는 공포감이 만연하였다고 한다.

쓰다 산조의 재판은 대심원에서 진행되었다. 법률에 따르면 황족(천황, 황후, 황태자)에게 위해를 가하면 대역죄(형법 제116조)로 사형이 가능하였으나, 황족 이외의 일반인에 대한 살인미수로는 사형이 불가능하였다(형법 제292조). 대심원장 고지마 고레카타(兒島惟謙)는 정부의 사형요구에 강력히 반발하였고, 1891. 5. 27. 오쓰 지방재판소에서 열린 대심원 특별 법정에서 무기징역형의 판결을 선고한다. 당시 야마가타 아리토모의 뒤를 이어 총리대신으로 있던 마쓰카타 마사요시(松方正義)는 고지마 대심원장에게 아오키 외상이 러시아 공사에게 황태자 체류 중 불경의 행위 발생 시 일본 황실에 관한 법률에 따라 처단해야 한다고 한 바 있어 국제적으로 식언을 할 수 없다는 내각의 희망을 전달했다고 한다('와다 하루키'는 이 발언을 고지마를 설득하기 위한 거짓말로 보고 있음). 이 판결 후 야마다 아키요시(山田顯義) 사법대신은 사임한다.

러시아 외상 기르스는 1891. 6. 3. 주일 셰비치 공사에게 판결 결과에 대하여 불쾌감을 표시하라고 지시했고, 셰비치는 사직한 아오키 외상 후임인 에노모토 다케아키 외상에게 "상황의 주인에게 충분하지 못하다고 느껴지며, 일본 정부가 약하다는 징후를 발견하지 않을 수 없다."라고 적힌 문서를 건네자 에노모토는 이런 표현의 문서를 건네는 것은 삼가달라고 강력히 요구하였고, 셰비치는 문서로 전달하지 않아도 좋다는 허가를 내려달라고 러시아 황제와 기르스 외상에게 요청하여 동의를 받는다.

쓰다 산조는 몇 달 후인 1891. 9. 29. 아바시리(網走)의 감옥에서 폐렴으로 사망한다. 이 판결은 열강에 대하여 치외법권 폐지를 주장하는 주요 근거로 거론되는 명판결로 평가받게 된다.

1890년과 1891년은 러시아 외교의 전환점이 되는 시기라고 할 수 있다. 보불전쟁에서 프로이센에 굴욕을 당한 프랑스는 러시아에 접근하고, 1890년 1월과 2월에 걸쳐 러시아 국채가 파리에서 판매된다. 러시아의 기르스 외상은 1891. 8. 3. 황제에게 프랑스와의 협정을 제안하고, 1891. 9.

8. 협정서 문안을 정리하는데 양국이 평화를 위협하는 문제에 관해서 협의할 것, 평화가 위험에 노출되는 경우 즉각 그리고 동시에 취해야 할 필요한 조치에 관하여 양국은 협정을 맺을 것을 약속한다는 내용이었다.

4장

입헌제 구현

가. 제국의회 탄생

헌법과 함께 중의원 선거법, 귀족원령, 황실전범이 제정된다. 황실전범은 천황이 사망해야 황위를 계승한다고 규정하여 양위는 할 수 없음을 명문으로 규정하였다(10조, 궁내성 초안에는 양위규정이 있었으나 이토 주장으로 삭제함).

이토는 귀족원 초대의장이 된다. 일본 역사상 최초의 총선이 1890. 7. 1. 실시되는데, 25세 이상으로 15엔 이상 세금을 납부한 남성에게만 선거권이 부여되었고, 전체 인구의 약 1%에 해당하였다. 총선 결과는 야당에 해당하는 민당(民黨)이 압승을 하였다. 이때만 하더라도 총리대신은 다수당의 당수가 아닌, 천황이 자신의 뜻에 따라 임명하던 시절이라 다수당이더라도 내각에 참여하지는 못하였다. 총리대신은 야마가타 아리토모(총선 후 첫 총리라는 점 때문에 의회제도의 첫 총리로 알려짐)가 임명되고, 1890. 12. 6. 제국의회에서 시정방침에 관한 연설을 하는데, 일본의 독립과 지위를 확립하기 위하여는 주권선뿐 아니라 안위와 밀접한 관계에 있는 이익선을 보호해야 하고, 이익선 구축의 첫 단계는 한반도를 거점으로 확보하는 것이라는 내용이 포함되어 있었다. 이로써 1873년 메이지 정부에서 제기되었던 정한론은 17년 지나 일본 정부의 공식적 정책으로 전환된다.

야마가타는 1888년 12월부터 1889년 10월까지 지방정부제도를 조사하기 위하여 프랑스, 독일, 오스트리아를 방문하였는데, 1889년 6월 오스트리아에 머물 당시 이토가 일찍이 강의를 들은 바 있던 로렌츠 폰 스타인 교수를 만나 국가정책에 관한 조언을 듣는다. 조언의 요지는, 주권선(주권이 미치는 국토의 범위)과 이익선(국토의 존망과 관련된 외국의 상태) 개념 및 러시아가 건설 중인 시베리아횡단철도의 의미에 관한 것이었다.

시베리아횡단철도는 황량한 토지에 선로 하나 부설하는 것이니 러시아가 병력을 이동시켜 수송선을 타고 일본을 공격하는 것은 어려운 일이나, 조선을 점령하려고 한다면 대규모 해군을 배치할 수 있다는 점에서 일본에 커다란 문제가 될 수 있고, 조선을 즉시 점령할 필요는 없으나 조선을 중립국으로 두는 것이 일본의 이익선이 되며, 스위스나 벨기에 또는 수에즈운하처럼 조선을 중립국으로 두는 것에 대해 영국, 러시아, 청, 독일, 프랑스 등의 승인을 받으면 된다는 것이다.

야마가타는 1891년 3월 펴낸『외교정략론』에서 "시베리아철도는 이미 중앙아시아로 진출해, 몇 년 지나지 않아 완공되면 러시아의 수도를 출발하여 십수일 만에 흑룡강에서 말에게 물을 먹일 수 있게 된다. 우리는 시베리아철도가 완성되는 날이야말로 조선에 많은 일이 일어날 때라는 점을 잊지 말아야 한다. 또 조선에 많은 일이 일어날 때가 바로 동양에 일대 변동이 일어나는 시기라는 점을 잊지 말아야 한다.", "우리나라의 이해에 더욱 긴절한 것은 조선의 중립", "조선의 독립은 시베리아철도가 완성을 알리는 날과 함께 박빙의 운명에 처하게 될 것", "일·청 양국이 조선의 공동보호의 주체가 됨으로써 동양의 균세를 이루고, 상호 교의를 기대하면서 친밀하게 될 터."라고 밝히면서 조선의 운명에 일본이 적극적으로 개입하려는 입장을 펼치고 있다.

나. 의회정치의 학습기

일본의 첫 제국의회는 예산안 때문에 정부와 대립하다가 1891. 12. 25. 해산되고, 총선이 1892. 2. 15. 실시되는데, 야당에 해당하는 민당(民黨)이 또 압승을 거둔다. 이번에는 이토 히로부미가 총리대신으로 임명되어 1892. 8. 8. 새로운 내각이 출범한다. 이토 내각은 일본 정부가 서구열강과 체결한 불평등조약의 개정 문제와 청국 영향력의 통제 문제에 초점을 둔다. 이번 의회도 내각과 대립하다가 1893. 12. 30. 해산되고, 세 번째 총선이 1894. 3. 1. 실시된다. 또 민당이 압승을 거둔다. 세 번째 의회 해산이 검토되던 어수선한 정국은 청나라가 마련해 준 뜻밖의 상황의 전개로 이토 내각에 의하여 조선파병이라는 외교 문제로 전환된다. 청과 전쟁을 벌일 빌미를 찾고 있던 일본 정부는 1894. 8. 1. 청국에 선전포고를 하고 조선 땅에서 청일전쟁을 일으킨다. 내각이 붕괴될 상황에 처해 있던 이토는 청일전쟁의 마무리까지 모두 마친 후 1896. 8. 31. 사임할 때까지 총리대신 역할을 수행한다.

다. 변수

갑신정변의 실패로 망명생활 중이던 김옥균이 1894년 3월 상하이 동아양행(東亞洋行) 호텔에서 자신의 수발을 들던 홍종우(洪鍾宇)에게 암살되는 사건이 벌어진다. 이 호텔은 1886년 상하이에서 일본인이 개업한 숙박시설이었는데, 김옥균 암살사건으로 유명세를 타게 된다. 일본에 있던 김옥균은 명성황후 세력이 보낸 이일식(李日植)에 의해 상하이로 유인된 것으로 알려져 있다. 이토는 조선의 명성황후와 관계개선 차원에서 김옥균의 시신을 조선 정부에 인계하였고, 시신은 양화진에서 능지처참된다. 일본의 보호하에 있던 인물이 중국에서 살해되었다는 점에서 일본 국내의 비판여론이 고조되면서 갑신정변 때와 같이 청국 응징론이 대두되었다. 세 번째 총선 직후 열린 1894. 4. 24. 의회의 합동회의에서 정부의 적절한 조치를 촉구하였다.

조선에서는 동학농민운동이 일어나고, 조선은 청국에 대하여 출병을 요청한다. 청국의 출병은 당시 조선에 체류 중이던 위안스카이의 강력한 권고가 작용하였다. 이러한 출병 요청은 1885년 일본이 청국과 체결한 텐진조약의 사전통지조항의 작동으로 이어졌고, 일본이 국론 집결을 위한 군사력 동원의 호기로 활용하면서 청일전쟁으로 이어지게 된다.

스웨덴 출신 귀족이자 러시아 해군 중장으로 발트함대 사령관 대리직을 역임한 이폴리트 보가크의 아들인 콘스탄틴 보가크 중령은 1892년 4월 주청 러시아 공사관 무관으로 텐진에 부임하고, 1893년 3월 일본 주재 무관도 겸임하면서 1년에 2개월은 일본에 체류하였는데, 1893. 5. 28.자

보고에서 조선의 대반란 움직임을 알리고 있다.

"현지에서 수취한 최초의 정보에 따르면 운동은 주로 선교사 특히 미국인을 타깃으로 하고 있다고 했다. 그러나 최신 정보에 의하면 전혀 그렇지 않고, 조선의 쟁란은 훨씬 더 넓은 영역에서 벌어지고 있는 것이 분명해졌다. 문제의 소요는 이미 금년 초에 서울에서 감지되었다. 나중에 분명해진 바에 의하면 이는 동학당이라는 결사를 필두로 한 몇개인가의 비밀결사의 소행이었다. 동학당은 불과 40~50년 전에 창립되었을 뿐이지만, 회원은 이미 20만 명 가까이에 달한다. 대다수 회원은 열렬한 광신도로 종교적인 동시에 정치적인 목적을 추구한다. 이 결사는 불교, 유교, 다신교가 혼합된 새로운 종교를 설파하는 한편, 조선을 모든 외국인에게서 해방시킬 것을 요구하고 있다."

보가크는, 일본의 경우 1880년대 중반에 조선을 병탄하려는 기세였지만 청국의 개입으로 톈진조약이 체결되어 일본의 움직임에는 제동이 걸렸으나, 방곡령(防穀令) 사건의 발생으로 일본이 보상을 요구하여 조일 사이에 긴장감이 팽배했고, 일본에서는 다수파와 유력 신문들 모두 정부의 대조선 정책이 저자세라고 비난하고 있으며, 그들은 조선에서 청국의 영향력을 일소하라고 요구하며, 러시아에 대하여는 북쪽으로 밀고 내려와 조선 왕국을 병탄하려고 준비하는 허수아비이자 적이라고 보고 있다는 보고를 남기고 있다.

방곡령은 조선 말기 흉년이 들 때 시행되던 식량수출금지령이다. 방곡령 사건은 함경도 감사 조병식이 1889년 원산항에서 일본으로 수출되는 미곡, 콩의 유출을 금지하자, 일본 정부는 조약 위반이라며 해제를 요구하였고, 조병식이 일본 상인들로부터 곡물을 압수하자 일본 정부가 조병식의 처벌과 보상을 요구한 사건을 말한다.

5장

조선, 황혼이 깃들다

제1차 아편전쟁에서 영국이 승리하여 중국의 개방이 본격화되자 프랑스는 베트남에 함대를 파견하여 1850년대부터 1880년대까지 공격하였고, 베트남은 결국 캄보디아, 라오스와 함께 프랑스령 인도차이나로 편입된다. 중국은 제2차 아편전쟁 후 주요 항구와 도시가 속속 열강들에게 잠식되는 와중에 러시아는 극동 지역에 하바로프스크, 블라디보스토크를 건설하는 한편, 쓰시마 섬까지 진출하였다가 영국의 항의로 물러난다. 일본은 페리 제독의 강요로 수교를 한 후 서구열강들에게 문호를 개방하면서 서구문물 도입에 매진한다. 수에즈운하가 1869년 개통되고, 미국은 1870년 대륙횡단철도가 완공된다. 베트남 지역이 프랑스의 보호령으로 귀속되는 1880년대 무렵 일본의 메이지 정부는 헌법제정을 준비하면서 국가의 기틀을 마련하고, 청 정부는 북양대신 겸 직예총독이었던 리훙장이 북양(北洋)함대를 창설하는 등 해방(海防)정책을 추진하는 가운데, 한반도는 영국, 프랑스, 청, 일본, 러시아 등 서구열강과 주변 국가들의 각축장으로 국제무대에 등장한다. 1890년대 접어들어 한반도를 둘러싸고 전운(戰雲)이 감돌고 청일전쟁, 러일전쟁을 거쳐 조선과 청, 두 나라의 왕조는 마침내 막(幕)을 내린다.

가. 외교적 환경

조선은 1863년 고종이 즉위하여 아버지인 흥선대원군의 섭정체제를 거쳐 1873년 고종의 친정체제가 시작되었다.

리훙장은 1872년 중국 최초의 반관반민(半官半民) 해운회사인 윤선초상국(輪船招商局)을 창설하고, 1875년 카이핑(開平, 톈진에서 동북방향으로 100km 지역)에서 탄광 측량을 하고, 1877년 개평광무국(開平鑛務局)을 설립, 1879년 초 탕산(唐山)에서 석탄 개발을 시작한다.

일본 정부는 점진적 정한론방침에 따라 운요호 사건을 일으키는데, 1875. 9. 29. 함선 3척으로 구성된 함대 파견을 결정하고, 함장은 이노우에 요시카(井上良馨)였다. 일본 함대는 강화도 부근에서 조선으로 하여금 발포를 유도한 후 초지진을 초토화시키고, 영종도에 상륙하여 주민들을 상대로 살상 및 방화를 자행한다. 구로다 기요타카를 전권대사, 이노우에 가오루를 부사로 하여 오카모토 류노스케 대위를 포함한 일본 정부의 대표단이 1876. 1. 15. 부산항에 도착한다. 페리제독이 일본 땅에 상륙한 지 23년 후의 일이다. 고종은 "나는 경을 장성같이 믿고 있다."고 하면서 신헌에게 교섭과 관련된 전권을 위임한다. 조선 조정에서는 격퇴론과 화친론이 대립하다가 일본안을 그대로 수용하기로 하고, 신헌은 1876. 2. 10. 조일수호조규를 체결한다. 신헌은 1810년 출생하여 1884년 사망한 인물로 정약용, 김정희 문하에서 실사구시 학문을 수학하였고, 개화파 인물인 강위, 박규수와도 폭넓게 교유하였고, 학문적 소양이 많아 유장(儒將)이라 불렸다고 한다. 1882년의 조미수호조약 체결 때도 관여하였다. 양국은 조일수호조규를 보완하기 위하여 조일수호조규부록과 조일무역규칙이 1876. 8. 24. 제정되는데, 일본 수출입상품에 대한 무관세 및 일본인의 조선 내 일본 화폐 사용이 가능하다는 내용이 포함되었다. 1883년 조선에 해관이 창설되면서 해관세 납부용 화폐로 멕시코 은화, 일본 은화 및 지폐가 지정되자 개항장을 중심으로 외국 화폐가 본격적으로 유통된다.

해군 제독 로버트 윌슨 슈펠트(Robert Wilson Shufeldt)는 1880년 일본 외무경이었던 이노우에 가오루의 소개장을 가지고 부산항에 입항하여 수교를 시도하다 실패하자, 청의 리훙장에게 수교 알선을 부탁하였다. 중국 내 러시아 세력을 막으려고 미국을 활용하는 한편, 조선에 종주권을 행사하려던 청 정부는 적극적으로 미국과의 수교를 주선하기 시작한다. 조미수호통상조약은 1882. 5. 22. 제물포에서 미국 전권대사 슈펠트(Shufeldt) 해군 제독과 조선 전권대신 신헌(부관은 김홍집)이 체결하였고, 초안은 이미 미국과 청 정부가 톈진에서 협상을 거쳐 만들어 온 내용 중 조선측에서 요구한 쌀 수출은 금지한다는 문안을 삽입한 것 이외에는 그대로 반영된다. 당시 청국에서는 마젠중(馬建忠)과 딩루창(丁汝昌) 제독이 참석하였다. 청 정부는 미국과 협상 과정에서 조선이 중국의 속국이라는 점을 명문화하려 하였으나 미국의 거부로 무산되었다. 미국은 당시 태평양확장정책을 추진하고 있었으므로, 조선이 중국의 속국으로 있는 것보다는 독립국으로 있어야 시장 확대에 유리하다고 판단하였을 것이다. 조선 정부는 청, 러시아 및 다른 서구 열강들과도 수교를 하는데, 청과는 1882. 11. 27., 영국과 독일과는 1883. 11. 26., 이탈리아와는 1884. 6. 26. 수교한다. 러시아와는 당시 청국 주재 대리공사로 있던 베베르와 김옥균이 교섭을 진행하여 1884. 7. 7. 비준이 이루어졌고, 프랑스와는 1886. 6. 4. 수교를 한다. 일본과 청을 제외한 서구열강들의 공관은 경복궁의 서쪽에 위치한 지금의 정동길에 위치하고 있어 당시 공사관거리라는 의미인 legation street라 불렸다.

조선에서는 고종이 친정체제를 구축하면서 명성황후를 중심으로 일본의 영향을 받은 개화파가 세력을 넓히고 있었고, 1881년 일본의 지원을 받아 신식 군대인 별기군을 창설하는 한편, 1882년 훈련도감의 군인들을 해고한다. 그런데 해고된 군인들에게 불량미가 섞인 쌀을 체불임금으로 지급한 것이 발단이 되어 임오군란이 일어난다. 체불임금 문제로 시작된 불만은 조선 정부의 고압적인 대응으로 점차 확산되면서 선혜청 관리들과 일본 교관들이 살해당하고, 일본 공사관이 습격을 받아 불에 타는 등 사태가 걷잡을 수 없이 커지자, 조선 정부는 청 정부에 군대 파견을 요청한다.

청 정부는 우창칭(吳長慶)이 이끄는 3,000명 규모의 군대를 조선에 보내 상주(常駐)시키는데, 딩루창(丁汝昌), 위안스카이(遠世凱)도 포함되어 있었고, 마젠창(馬建常)은 재정고문으로, 묄렌도르프는 외교고문으로 파견된다. 마젠창의 동생인 마젠중(馬建忠)은 1876년부터 1879년까지 프랑스 유학 후 귀국해 '철도론'을 발표하여 철도가 부국강병의 요체임을 주장했던 인물로 리훙장의 지시로 대원군을 톈진으로 연행하는 임무를 맡았고, 조선과 미국, 영국, 독일과의 수호통상조약 체결에 청 정부의 중재 역할을 수행한다. 임오군란을 계기로 청과 일본의 힘겨루기 국면이 전개되는데, 아직은 일본이 청에게 대적하기에는 역부족인 상태였다.

조선 정부는 박영효를 내세워 일본 정부와 1882. 8. 30. 제물포조약을 체결하고 일본의 인명손실과 공사관 피해 등 배상금조로 일본에 50만 엔을 지급하기로 한다. 명성황후 세력은 이를 계기로 반일친청 정책을 추진하게 된다. 일본 정부는 국면전환을 모색하였고, 배상금으로 수령한 50만 엔 중 40만 엔을 내정개혁명목으로 조선 정부에 반환하고, 박영효, 김옥균, 서광범 등 개화파 인사를 중심으로 친일세력을 확대하는 데 주력한다.

청 정부는 조선의 종주국임을 나타내는 내용을 조약에 담았고, 이러한 태도는 외교가에서 청 정부에 매우 부정적인 인상을 남기면서 그렇지 않아도 기울어져 가던 청 왕조의 국가적 이미지에 악영향을 미치게 된다. 조청상민수륙무역장정(朝淸商民水陸貿易章程) 서문에서, "조선은 오랫동안 번봉(藩封)에 속했다."라고 기재한 뒤, 상무위원(商務委員)을 서로 개항장에 주재시키기로 하고, 제1조에서 "차후부터 북양대신(北洋大臣)의 서찰을 가지고 파견된 상무위원은 개항된 조선의 항구에 주재하면서 전적으로 상민을 보호하기 위한 것"으로 하고 청국 상무위원에게는 영사재판권의 행사를 인정하고 피고가 조선 상민, 원고가 청국 상민일 경우 조선의 관리와 합동으로 심리할 수 있도록 규정한 반면, 청국 주재 조선 상무위원에게는 영사재판권이 부여되지 않았다. 청 정부는 상무위원으로 천수탕(陳樹棠)을 파견한다. 1884. 4. 2. 인천구화상지계장정(仁川口華商地界章程)이 체결되어 인천에 청국의 조계지가 설치되었다. 원산과 부산은 조약 체결 없이 조계지로 취급되다가 1910. 3. 11. 고마쓰 미도리(小松綠) 통감부 외무부장과 주한 마정량(馬廷亮) 총영사 사이에 '인천, 부산 및 원산의 청국거류지 장정'에 의하여 공식적으로 조계지가 된다.

러시아와 수교하면서 조선 외교가에 등장하게 되는 카를 베베르는 1841년생의 발트 출신 독일계 후손으로, 페테르부르크제국대학 동양어학부를 수료하고, 1866년 베이징으로 유학 가 있다가 현지 채용 형식으로 러시아 외무성에 들어간 인물이다. 1870년대 전반 하코다테(函館)와 요코하마(橫浜) 부영사를 역임했고, 1876년부터 톈진서 근무할 당시 연해주 지역을 여행하다가 이주 조선인들을 목격하고 근면하다는 인상을 기록에 남긴다.

조선 정부와 수교에 소극적이었던 러시아는 조선이 미국, 영국, 독일 등 국가와 수교하자, 톈진 영사였던 베베르를 블라디보스토크로 파견하여 국교수립의 가능성을 모색하게 된다. 1860년부터 1870년까지 4,444명이 러시아 중앙부에서 연해주로 이동하였는데, 1869년부터 1870년까지 조선 북부에서 기근 때문에 탈출한 주민은 6,500명에 이르러, 농경민을 제공하는 데 큰 역할을 하고 있었다는 점에서 러시아로서는 굳이 조선과 공식적인 외교 관계까지 맺는 것은 큰 득이 되지 않는 것으로 판단하고 있었다.

조선의 외교사에 등장하는 황쭌셴(黃遵憲)은 1877년부터 주일 청국 공사관 참사로 근무하였는데, 1880년 일본에 수신사로 와 있던 김홍집에게 러시아 남하정책에 대한 방책으로 한청일 삼국이 협력하여 미국과 연합세력을 구축하는 것이 최선이라는 요지의 자신의 저서『사의조선책략(私擬朝鮮策略)』을 주었다. 김홍집은 이 책을 고종에게 전달하였고, 조정에서는 이 문제로 논란이 벌어진다. 조미수호통상조약의 초안 작성자도 황쭌셴이었다. 그의 저서 중 기념비적인 저술로 알려진『일본국지(日本國志)』는 1880년부터 1887년까지 7년에 걸쳐 완성된 책으로 40권 분량에 12부분과 연표로 이루어져 있고, 고대 일본의 주요 내용과 메이지 초기 10년 동안을 체계적으로 설명하였다.

조선에서 발생한 임오군란 사태의 처리에 관여했던 참사원(參事院) 의관(議官) 이노우에 고와시(井上毅)는 1882. 9. 17. 작성한 '조선정략 의견안'에서, 러시아를 경계하면서 동양의 균세(均勢)를 보전하기 위하여 조선의 독립을 보호하고, 러시아의 남침을 막아야 한다고 주장하면서 조선, 청, 일본의 삼국동맹설은 몽상에 지나지 않으므로 조선으로 하여금 중립국이 되도록 하고 일본, 청, 미국, 영국, 독일 다섯 나라가 함께 조선을 보호하는 방책을 제시하였다.

조선 정부는 일본과 수교를 계기로 다른 나라로 관리들을 파견하는데, 1880년 수신사를 김홍집으로 한 사절단을 일본으로 보냈다. 다음 해인 1881년 역시 일본으로 어윤중을 단장으로 한 신사유람단을 보냈고, 수행원으로 데리고 간 유길준, 윤치호는 일본에 남아 유학생활을 하게 된다. 1881년 청나라로 영선사 김윤식을, 1882년 일본으로 수신사 박영효, 고문 김옥균을, 1883년 미국으로 보빙사 민영익을 파견하였다. 당시 조선에서는 사의조선책략(私擬朝鮮策略)을 둘러싸고 유생들의 위정척사론이 거세게 일어나고 있었으므로 신사유람단 파견은 비밀리에 진행되었다. 후쿠자와 유키치는 일본에 온 조선의 관리들에게 개혁 사상을 전파하는 데, 박영효과 김옥균에게 큰 영향을 미친다.

조선에서는 1883년 10월 순한문으로 작성된 한성순보가 창간되었는데, 일본인이 고문으로 있었고, 논조는 친일배청 성향을 띠고 있었다. 1888년 7월 폐간된다. 1884년에는 일본이 일본~부산 간 전신을, 1885년에는 청나라가 인천~서울~의주 간 전신을 설치하였다. 조선에서는 수교의 여파로 박문국, 전환국, 기기국, 우정국, 직조국 등이 신설된다.

화폐를 주조하는 전환국의 경우, 청이 고문으로 조선에 보낸 묄렌도르프가 재정 궁핍 타개책으로 당오전(當五錢) 주조를 건의, 실질가치가 상평통보(常平通寶) 일문전(一文錢)의 2배인 것을 5배의 명목가를 부여하여 1883년 5월부터 유통시켰고, 7월 화폐주조를 위한 상설기관으로 하나의 국(局)을 설치하라는 고종의 명에 따라 전환국이 설치된 것인데, 상평통보(常平通寶), 당오전(當五錢) 외 15종의 동전을 주조하여 유통되었고, 독일에서 압인기 등 조폐기기를 구입하고 기술자 3명을 초빙하였다. 묄렌도르프는 1884년과 1885년 전환국 총판(總辦)으로 근무하였다.

1880년대는 직예총독(直隷總督) 리훙장이 개혁을 추진하던 시절로서 러시아와 이리조약을 체결하고, 프랑스와 청프전쟁을 치르는 등 러시아, 프랑스, 일본을 상대로 적극적 군사외교행보를 펼쳤다. 1881년부터 예부(禮部)에서 담당하던 베트남을 포함한 조선 관련 정책을 자신이 직접 추진하기 시작하였고, 1883년 북양함대를 창설하여 뤼순에 해군기지를 설치하는 등 군비증강에 본격적으로 나선다. 프랑스는 1858년 9월 다낭,

1859년 2월 사이공을 점령한 후, 1862년 제1차 사이공 조약을, 1874년 제2차 사이공 조약을 체결하여 베트남을 독립국으로 승인하되 하노이를 개항하고 포교의 자유를 허용하게 한다. 프랑스는 보불전쟁 패배 후 베트남 진출에 적극적이었고, 베트남은 프랑스와 1883년 계미조약(제1차 후에조약)을, 1884년 갑신조약(제2차 후에조약)을 체결하여 프랑스의 보호국이 된다. 프랑스와 청나라는 베트남 북부 통킹 지역을 둘러싸고 협상을 진행하다가 청나라가 1884. 8. 6. 프랑스에 선전포고를 하면서 1885년 4월까지 청프전쟁이 일어났고, 중국은 톈진협약을 통하여 프랑스의 베트남에서의 보호국지위를 인정하고, 1885. 6. 9. 중법상약(中法商約)을 체결하여 중국이 철로를 부설할 경우 프랑스의 권리를 보장하기로 약속한다. 프랑스는 미얀마와 태국을 제외한 인도차이나 반도를 프랑스령으로 귀속시킨다. 청프전쟁에 패배한 청 정부는 1885년 10월 총리해군사무아문(總理海軍事務衙門)을 설립하여 해양방어와 철로부설 업무를 관할하도록 하고, 리훙장은 회판대신(會辦大臣)으로 임명된다.

(1) 갑신정변

베트남을 놓고 청불전쟁으로 청군 3,000명 중 절반이 청나라로 철수한 상황에서 근대국가를 수립하기 위한 조선의 개화파와 청나라 세력을 한반도에서 밀어내려는 일본의 이해관계가 일치하여 발생하게 된 정변이 조선 근대사에서 갑신정변으로 알려지는 사건이다. 애당초 고토 쇼지로와 이타가키 다이스케가 자금을 지원하여 조선의 국정개혁운동에 착수하였으나 일본은 정부 차원에서 갑신정변을 지원하게 된다. 조선은 청과 일본으로부터 본격적인 내정간섭을 당하는 단계로 접어들게 된다.

주조선 다케조에 신이치로(竹添進一郎) 일본 공사는 1884. 11. 12. 이토와 이노우에에게 기밀보고서를 보내 ① 갑안: 친일세력을 선동하여 내란을 일으켜 청군을 격퇴한다는 안과 ② 을안: 평화를 지속하면서 친일세력을 보호한다는 안을 건의하여 갑안이 채택된다.

정변은 김옥균(3번 일본시찰), 박영효(철종 부마), 서광범(미국, 일본, 유럽시찰, 1892년 미국 시민권 취득) 등이 주도하여 1884. 12. 4. 우정국(총판 홍영식) 피로연에서 대신(大臣) 6명을 암살한다. 당시 민영익은 부상을 입는다. 1884. 12. 6. 14개조 혁신정강이 발표된다. 위안스카이는 신변보호를 내세워 고종을 청나라 군대의 병영으로 데려간다. 홍영식은 살해되고, 김옥균, 박영효 등은 일본으로 망명을 한다. 실패 원인으로 외세의존이 지적되고 있는데, 일본에서는 일본 공사관의 어설픈 계획 등 원인이 일본에 있었다고 평가하고 있다.

한편, 이 무렵 일본에서는 이른바 오사카 사건이 일어난다. 자유민권운동의 지도적 인물이었던 오이 겐타로(大井憲太郎)는 조선의 개혁세력과 일본의 자유민권운동이 연대하는 양국의 민주주의 혁명을 일으킬 목적으로 세력을 규합하여 1885년 2월 폭탄제조, 자금조달을 위한 무장강도 등 행각을 벌이다가 내부 밀고로 1885년 11월 139명이 체포되었다. 오이 겐타로는 징역 9년을 선고받았는데, 1889년 대일본제국헌법 반포기념 특사로 석방된다.

갑신정변 후 청국은 종주권 강화 차원에서 1885년 10월 총판조선상무

직위보다 격상된 주찰조선총리교섭통상사의(駐紮朝鮮總理交涉通商事宜) 직함을 만들어 위안스카이를 그 자리에 앉힌다. 당시 26세였던 위안스카이는 훗날 중화민국 초대 대총통이 되는 인물로 청일전쟁이 일어나는 1894년까지 9년간 조선에 체류하며 영향력을 행사한다. 한성상무공서(漢城商務公署)는 한성총리공서(漢城總理公署)로 이름을 바꾸고, 1886년에는 용산분서(龍山分署)를 설치한다. 청국은 조선을 대등한 국가로 인정하지 않고 있었기 때문에, 조선에서는 공사관이나 공사라는 명칭도 사용하지 않았다.

(2) 청의 마지막 무대

이토는 갑신정변 사태를 조선의 내부 정변 문제가 아닌, 외교 문제로 파악하였고, 조선 및 청과 외교정책 차원에서 교섭을 진행한다는 방침을 세운다. 이노우에 가오루 전권대사가 1884. 12. 30. 인천항에 도착하는데, 수행원으로 육군 중장 다카시마 도로노스케, 육군 소장 가바야마 스케노리를 대동하고 군함 7척과 육군 2개 대대와 함께 온다. 이노우에는 조선의 김홍집과 교섭 끝에 1885. 1. 9. 한성조약을 체결한다.

이토는 청 정부와 교섭을 위한 전권대사로 임명되고, 일본 정부에 두 가지 요구사항을 관철시킨 후 협상에 임한다. 하나는 정부의 지지와 재량권을 달라는 것이고, 또 하나는 군부에서 제기될지 모르는 비판에 방파제 역할을 해 줄 수 있는 사쓰마 파 원로인 사이고 쓰구미치를 동행시켜 달라는 것이었다. 이토는 1885. 4. 4. 리훙장과 텐진에서 6차례 회담을 가지고(당시 이토는 43세, 리훙장은 62세였다.), 4월 18일 톈진조약을 체결한다. 주요 내용은 ① 양국 군대는 조선에서 철수하고, ② 군사교관을 조선에 파견하지 않으며, ③ 조선에 파병 시 사전에 통지하되, 마무리 후 즉시 철수한다는 것이었다. 파병 시 사전통지한다는 조항은 9년 후 발발하는 청일전쟁의 도화선 역할을 하게 된다.

톈진조약의 내용에서 보듯이, 모두 조선과 관련된 일이었음에도 조약은 조선 정부의 관여 없이 이루어져 조선이 대등한 주권국가로 취급받지 못하고 있었음을 보여주고 있다. 이 조약의 체결로 일본은 배상금은 못받았지만, 이토가 국제적 인물로 부상하는 계기가 된다. 도쿄에서는 청과 전쟁을 해야 한다는 시위가 연일 벌어진다.

후쿠자와 유키치(福澤諭吉)는 1885. 3. 16.자 지지신포(時事新報)에 실린 탈아론(脱亞論)이라는 사설에서 "우리 일본의 국토는 아시아의 동편에 있지만, 국민의 정신은 아시아의 고루함에서 벗어나 서양 문명으로 이동하고 있다. 그런데 불행히도 우리 이웃 나라는 지나(支那)와 조선 정도다. … 내가 보기에 이 두 나라는 서구 문명이 동쪽으로 전진하는 가운데 독립을 유지할 수 있는 길이 없다. … 그 국토는 세계 문명국에 의해 분할될 것이다. 이것은 의심의 여지가 조금도 없다. 우리나라는 이웃 나라의 개명을 기다려 함께 아시아를 흥하게 할 만한 여유가 없다. 차라리 그 대열에서 벗어나 서양의 문명국과 진퇴를 같이하고, 지나와 조선을 대하는 방법도 이웃 나라임을 고려해서 특별히 대하는 것이 아닌, 서양인이 그들을 대하는 것처럼 대하면 된다."라고 말하고 있다(가토 요코, 『그럼에도 일본은 전쟁을 선택했다』에서 재인용).

(3) 태풍 속의 고요(1885-1894)

당시 조선은 비록 불안한 국제적 위상으로 곤경에 처해 있었으나 어느 특정 국가가 우위를 점하지는 못하는 외교적 세력 균형기를 맞이하여 외교 다변화정책을 추구하고 있었다. 부국강병에 매진할 수 있는 기회가 제공된 시기였다고 평가할 수 있다.

고종은 강화도조약 체결에 즈음하여 서구의 기술문명을 받아들여야 한다는 필요성을 인식하고 있었고, 일본 정부는 조선에 대하여 외교 문제의 전담부서 설치 및 유학생 파견의 필요성을 제기하고 있었다. 고종은 청나라로부터 무기를 수입하는 교섭과정에서 새로운 국가기구 신설을 검토하게 되고, 1880. 12. 21. 군사 및 외교업무를 담당할 '통리기무아문'이라는 조직을 설치하여 12사(司) 직제를 만들어 소관업무를 규정하고, 독판, 협판, 참의 등의 직위를 신설한다. 통리기무아문은 1882년의 임오군란 때 대원군이 등장하며 폐지된다. 그 후 통리기무아문과 같은 역할을 하는 기구가 이름을 바꾸어 설치된다.

기무처 → 통리내무아문 → 통리군국사무아문 → 갑신정변 후 의정부에 흡수 → 통리아문 → 통리교섭통상사무아문

고종은 갑신정변 후 위안스카이가 청나라 군대의 병영으로 데려간 이래 계속 그곳에 기거하면서 정무를 보고 있었다. 위안스카이는 조선의 조정 인사에도 관여하였다. 조선에 주재하고 있던 미국, 영국, 일본 등 외교관들은 위안스카이가 의도적으로 조선의 외교활동을 방해하면서 조선

근대화에 걸림돌 역할을 하고 있다고 여기고 있었다.

고종은 1885년 내무부를 설치하여 7국(局) 체제를 갖추었다가 7사(司) 체제로 개편하는데, 자신의 권력기반을 공고히 하기 위하여 의정부와 다른 별도의 조직을 구축하고자 하였다. 의정부는 일상적인 국정 업무 전반을, 내무부는 개화자강 업무를 다루게 한다는 계획이었다. 이러한 시도는 두 기관의 업무중복 및 충돌로 이어지고 의정부 반발로 내무부 관리의 파직을 요구하는 사태가 일어나기도 하였다. 이러한 상황은 고종의 통치력에 의문을 제기하게 하였고, 조선의 관리들은 친러, 친일, 친청세력으로 분열되기 시작하였다.

1881년에 일본에 갔다가 학업을 위하여 남게 된 유길준은 1885년 12월 청, 영국, 프랑스, 일본, 러시아 등 5개국과 조약을 통하여 조선의 중립을 인정받자는 주장을 하였다.

고종은 임오군란과 갑신정변을 겪으며 러시아에 접근하기 시작한다. 김관순은 1884년 5월 러시아 남우수리 지방 국경 코미사르인 마튜닌과 접촉하여 현재 청국과 조선의 관계는 전혀 우호적이지 않다는 고종의 메시지를 전한다. 리훙장의 추천으로 주청 독일영사관에 근무하던 묄렌도르프는 고종의 외교 고문이 되어 외교와 세관 업무를 담당하는데, 대한제국 총세무사 자격으로 1884년 2월 일본 제일은행과 해관세 취급조약을 체결하여 일본 제일은행이 대한제국의 개항장에서 해관이 징수하는 관세수수료 등의 예금업무를 볼 수 있게 된다. 일본 제일은행은 1905년 대한제국의 화폐정리사업이 시행될 때 발권은행이 된다. 묄렌도르프는 러시아 공사 베베르를 접촉하여 1884년 7월 조러수호통상조약을 맺으면서, 청나라의 견제책으로 러시아와 외교정책을 추진하게 된다. 묄렌도르프는 베이징 주재 러시아 무관 시네우르에게 영국 공사가 조선을 보호국으로 하려는 생각이 있다면서 러시아, 청, 일본 3국이 보장하는 벨기에식 중립국 방안을 타진한다. 시네우르는 최선의 길은 러시아의 보호국이 되는 것이고 불가리아를 사례로 든다. 묄렌도르프는 1884년 9월 즈푸(芝罘, 현 옌타이)에서 러시아 태평양함대 사령관 크로운 해군 소장에게, 영국이 조선에게 보호국 지위를 제안했고 대가로 거문도를 요구했다고 하면서 영국, 러시아, 일본 3국 공동으로 조선을 보호하자는 구상을 제시한다. 러시아 외무성은 1884. 10. 1. 영국의 보호국이 되어서는 안 되고, 거문도를 영국에 제공해서는 안 된다는 요구만 하는 선에서 처리하라는 지시를 주일 러시아 공사 다비도프에게 타전한다. 묄렌도르프는 나가사키의 러시아 영사를 통하여 도쿄의 러시아 공사 다비도프에게 조선을 러시아의 보호국으로 삼아 주었으면 좋겠으며, 인천에 러시아 함대를 파견해 고종을 지켜달라고 요청한다. 주일 슈페이에르 (발트 출신 독일계) 러시아 일등서기관은 1884. 12. 28. 군함 '라즈보이니크' 호를 타고 인천에 도착하여 묄렌도르프로부터 조선이 러시아의 보호국이 되거나 여의치 않을 경우 중립국으로 하는 국제조약을 추구하고 있다는 문서를 전달받고 1885. 1. 1. 고종을 알현한다. 당시 고종으로부터 명시적인 보호요청은 없었다. 이에 대한 알렉산드르 3세가 승인한 기르스 러시아 외상의 의견은 "계속해서 애매한 답변을 하고, 여하한 의미에서도 적극적인 약속은 하지 않지만, 그들에게서 우리의 지지 가능성에 대한 기대를 박탈하지 않도록 해야 한다."라는 것이었다.

고종은 1885년 2월 남우수리 지방 국경 코미사르인 베네프스키 대령에게 2명의 사자를 보내 일본의 침략적인 행동을 억제해 달라고 러시아에 요청하였다. 묄렌도르프는 1885년 3월 외교사절의 일원으로 도쿄를 방문하여 러시아 공사 다비도프에게 러시아로부터 군사교관이 필요하다는 제안을 하며 러시아가 거문도를 점령하면 어떻겠느냐는 의향을 타진한다. 묄렌도르프는 일본에 있을 때 김옥균을 조선에 인도하라는 요구를 하기도 하였다.

이러한 상황을 예의주시하던 영국은 1885. 4. 26. 거문도를 점령한다. 1885. 6. 9. 서울에 도착한 러시아 일등서기관 슈페이에르는 미국인 군사교관의 파견을 추진하던 조선 정부에 러시아의 단독 파견을 주장하였으나, 리훙장의 지지를 받고 있던 미국 교관 방침이 실현되고, 리훙장의 압력으로 묄렌도르프는 외교고문직에서 해임되고, 1885. 10. 6. 베베르가 주조선 러시아 공사로 부임한다.

청 정부는 1883년부터 1885년까지 벌어진 청프전쟁을 계기로 철도부설의 필요성을 절감하고 1885년 총리해군사무아문(總理海軍事務衙門)을 설립하여 순친왕(醇親王) 혁현(奕譞)을 총리해군사무대신으로, 직예총독 겸 북양대신 리훙장을 회판(會辦)으로 임명하여 철도업무를 주관하도록 하였고, 청일전쟁에서 패배한 후 1895년 철로총공사를 설립하여 성선회(盛宣懷)를 독판철도대신으로 임명하면서 본격적으로 철도를 부설하기 시작한다. 자력으로 자금을 조달할 수 없었던 청 정부는 외채를 도입하여 철도를 건설한다. 외채를 제공한 러시아, 일본, 독일, 프랑스는 대가로 철로 부설권을 취득하여 각기 중국 영토 내 세력범위를 확정 짓게 된다.

명성황후 사촌인 민영익(내무부사, 내무부 책임자)은 1886. 8. 5. 고종의 지시로 베베르에게 원조를 요청하였고, 1886. 8. 9. 러시아에 군함을 파견해 달라는 내용이 담긴 편지를 베베르에게 전달한다(러시아 역사가 벨라박이 러시아 외무성 문서 속에서 발견함). 민영익은 베베르에게 전달한 같은 내용의 편지를 위안스카이에게 보내주었고, 위안스카이의 추궁을 받게 된 고종은 편지는 위조된 것이라 하면서 4명의 관리에게 책임을 물어 유형에 처한다. 위안스카이는 베베르에게 보낸 편지를 회수하라고 요구하였고, 러시아는 그런 편지는 모른다고 대응하였다.

리훙장은 1886년 9월부터 10월 24일까지 러시아 공사 라디겐스키와 교섭을 진행하면서 영국과 러시아 문제의 해결을 주선하는데, 그 기회에 리·라디겐스키(러시아공사) 협약을 맺어 영국과 러시아로부터 조선에 대한 종주권 인정받는 효과를 시도하였다. 러시아는 청 정부에 영국이 거문도에서 물러나면 장차 조선의 어떤 지역도 점령하지 않겠다는 약속을 구두로 하였고, 청 정부가 이러한 사실을 영국에 통보하자 영국 군대는 1887. 2. 27. 거문도에서 철수하였다.

일본은 러시아를 견제하면서 청국과 공조하는 정책을 구사한다. 이노우에 외무경은 1885. 6. 5. 주일 청국공사 수청쭈(徐承祖)에게 조선의 대러시아 동향을 알려주면서 "조선 왕의 임정(臨政)을 약간 구속하고, 외교상의 망동을 하지 않도록 할 필요가 있다."라고 하자, 수청쭈는 소극적인 반응을 나타낸다. 이노우에 외무경은 청국과 공동으로 조선의 내정개혁을 단행한다는 방침을 세운 후, 1885. 6. 10. 베이징에 주재 중인 에노모토 공사에게 리훙장과 교섭할 8개조를 제시하였고, 에노모토는 1885. 7. 2.부터 리훙장과 회담하였으나 별다른 성과는 없이 끝났다. 이노우에는 청국에 '일청양국합동보호안'을 제시하면서 일본은 조선의 독립을 추구하기 때문에 조선을 속국으로 간주하는 청국과는 입장이 다르다고 강조하였다.

민영익이 미국에 보빙사로 다녀온 후 미국의 교육상황을 고종에게 보고하였고, 미 공사관 무관 포크(George C. Foulk, 초대공사 Lucius H. Foote 후임으로 대리공사 역할을 함)는 학교 설립을 건의한다. 조선 정부는 미국에 교사 3인의 파송을 요청하고, 헐버트(Homer Bezaleel Hulbert, 1901년 월간지인 The Korea Review 창간), 길모어(George W. Gilmore), 벙커(Dalzell A. Bunker) 등 3인이 1886. 7. 5. 서울에 도착하고, 6년 과정으로 35명을 선발했다. 육영공원(育英公院, Royal College)이 1886. 9. 16. 문을 열어 조선에서 영어교육을 시작하였다.

구미열강의 각국 공사관이 들어선 정동길은 legation street라고 불리며 국제도시의 면모를 띠게 되었다. 서울은 1887년 전구, 1893년 전화가 설치되었고, 1899년 경교~동대문 구간에 전철 및 경인철도가 개통되었다. 제물포와 서울(손탁호텔)에 숙박시설이 생기고 서양문물이 본격적으로 소개되기 시작한다. 제물포 지역은 서양군인을 상대로 한 당구장도 등장했고, 중국 상인들의 진출로 차이나타운이 형성되기에 이른다.

조선 정부는 외교사절(공사)을 임명하는데, 1887년 8월 박정양은 주미공사, 심상학은 영국, 독일, 러시아, 이탈리아 공사로 임명하였으나 박정양의 경우 중국의 반대로 1년 만에 소환되었고, 심상학 역시 현지로 부임하지 못하였다.

러시아 외상 기르스는 1888. 5. 8. 아시아국장 지노비예프와 프리아무르 주 총독 코르프가 참석한 회의에서 조선에 관한 문제를 협의하였는데, 러시아가 조선 영토를 획득하는 방안은 지극히 불리한 결과를 반드시 초래할 것이고, 전략적으로 러시아에게 유리한 거점이 될 수도 있지만 방위하기가 극도로 어려우며, 조선은 세력이 약하기 때문에 어딘가의 지배하에 들어가면 우리에게 적대적인 목적의 도구가 될 가능성이 있다고 보았다. 중국이 조선에 대하여 훨씬 강한 영향력을 행사하고 있고, 일본은 조선에 대한 독자적인 기도를 단념하였다가 최근 중국의 침략으로부터 조선을 지키는 수단에 관심을 보이게 되었다고 진단하고 있었다(이러한 러시아 시각에 대하여 당시 러시아는 조선 독립의 주요 적을 중국으로 보고, 일본의 침략 위협은 과소평가하고 있었다고 '벨라 박'은 지적함). 러시아 정부의 조선에 관한 입장은 다음과 같았다. "우리에게 아무런 이익도 되지 않는데 우리가 오로지 조선의 이해에만 전념하고 보호하는 것은 우리를 곤란한 상황으로 몰아넣을 수 있기 때문에, 조선 정부가 대외관계에서 지지를 요청해온다면 서울의 모든 외교 사절에게 원조를 호소하도록 조언할 것이다. 조선 내정에 대해 우리의 간섭은 극도로 신중해야 하며, 국내의 곤란과 내란에 대처하는 경우로만 엄격히 한정해야 한다."

조선 정부는 1894년 갑오경장을 통하여 여러 개혁정책을 추진한다. 형조를 폐지하고, 법무아문을 설치하였고, 1894. 8. 11. 신식화폐 발행장정을 반포하여 은본위제를 도입하고, 화폐 종류를 4종(은, 백동, 적동, 황동: 5냥 은화를 본위화로 함)으로 정하되 외국 화폐를 혼용할 수 있다는 규정을 넣어 일본 화폐가 조선에서 통용되도록 하였다. 재판소구성법이 1895. 3. 25. 제정되어 1심 재판소로 한성재판소, 개항장재판소, 지방재판소, 특별

법원(왕족의 범죄)을 두었고, 2심 재판소로 순회재판소, 고등재판소(1899년 평리원으로 명칭변경, 법무대신이 평리원 재판장을 겸직함)를 두었다.

나. 청일전쟁

일본은 이노우에가 내무대신, 무쓰 무네미쓰가 외무대신으로 있던 이토 내각 시절 의회가 해산되고 1894. 3. 1. 세 번째 총선이 실시되는 등 정치적 혼란 상황이 진행되고 있을 무렵, 조선에서는 1894. 2. 15.(음력 1. 10.) 전북 고부군을 시작으로 동학농민봉기가 일어난다. 농민군은 1894. 4. 26. 보국안민을 기치로 내세워 본격적인 무력투쟁에 돌입하여 1894. 5. 31. 전주성을 장악한 후, 1894년 6월 초 전라도 일대를 농민군 세력권으로 만들었다. 조선 정부는 위안스카이의 강권으로 1894. 6. 1. 청국에 출병을 요청한다. 조선에 있던 스기무라 후카시(杉村濬) 임시 대리공사는 1894. 6. 2. 무쓰 무네미쓰 외무대신에게 조선의 출병 요청 사실을 보고하였고, 일본 각의에서 8,000명 규모의 파병을 결정한다. 스기무라는 1880년부터 외무성 소속으로 조선에서 근무하며 4년간 수석서기관, 임시 대리공사직을 수행하였고, 1874년 일본의 대만 정벌에 참여한 경험과 요코하마 마이니치 신문 기자 경력이 있는 인물이다.

청 정부는 1894. 6. 6. 톈진조약의 파병 사전통지조항에 따라 청군의 파병 사실을 일본에 통고하였고, 1894. 6. 8. 청나라 군대 2,500명이 아산에 상륙한다. 조선의 내정 문제를 기화로 종주권행사의 빌미로 삼으려던 위안스카이의 계획은 의회 해산과 총선의 기로에 서 있던 일본 정부에 정국 돌파카드를 준 셈이 되었다.

일본 군부는 1894. 6. 5. 대본영을 설치한다. 대본영은 1893년 칙령으로 법제화된 기구로 헌법상 근거는 없었고, 총리가 관여하지 않아 내각의 통제를 벗어난 기구였다. 일본 해군육전대 430명이 서울에 들어온 1894. 6. 10. 동학군과 조선 정부군 사이에서는 화약(和約)이 성립되어 사실상 외국 군대는 필요하지 않은 상황이었다. 일본의 선발대 1,000명이 1894. 6. 13. 인천에 상륙하고, 일본 육군 3,000명이 1894. 6. 16. 인천에 추가로 상륙한다. 일본 정부는 청 정부가 받아들이지 않으리라고 예상하고 있던 협상안으로 일본과 청이 공동으로 조선의 내정개혁을 수행하고, 철군은 유보한다는 무쓰 외무대신의 강경노선을 토대로 한 제안을 하고, 청 정부는 6월 21일 반란은 진압되었으니 양국은 철수해야 하고, 개혁은 조선 정부에 맡겨야 한다고 회답한다. 일본은 철병을 거부한다. 주청 카시니 러시아 공사는 6월 22일경 베이징으로 가던 중 톈진에서 리훙장을 만났는데, 리훙장은 청, 일 군대가 조선에서 동시에 철수하는 선에서 교섭을 해달라고 요청한다. 주일 히트로보 러시아 공사가 6월 25일 무쓰 외상에게 전달하였으나 성과는 없었다. 고종은 6월 25일 조병직에게, 반란이 끝났고 외국 군대의 주둔으로 소요 발생 가능성이 있고 청, 일 양국이 합의해 철군하는 것이 바람직하다는 점을 외국 사절들에게 전하도록 하였다.

기르스 러시아 외상은 청일 양국의 충돌을 피하고 싶어 했지만, 조선의 개혁에 관여하려는 의도는 없었다. 히트로보 공사는 전쟁이 날 경우 청국이 승리할 것으로 전망하고 있었고, 카시니 공사는 일본이 러시아와 청의 참가를 배제한 채 조선의 운명을 자기 멋대로 지배하려 하고 있다고 보면서 의심할 것도 없이 일본은 러시아에게 바람직하지 않은 대륙의 이웃이라는 시각을 가지고 있었다.

오토리 게이스케(大鳥圭介) 일본 공사는 6월 26일 열강에게 보여주기 위한 외교적 제스처의 일환으로 고종에게 내정개혁의 필요성을 피력하였다. 일본 육군 4,000명이 6월 27일 인천에 상륙하고, 무쓰 외무대신은 가토 마스오(加藤增雄) 외무서기관을 서울로 보내 오토리 공사에게 "오늘날의 상황 전개상 개전을 피해서는 안 되며, 어떤 수단을 택하든 개전의 구실을 만들어야 한다."라는 지시를 전하도록 한다. 일본 공사관에 근무 중이던 러시아 무관 보가크의 7월 6일자 보고에서는, "일본은 조선에 대해서 일본의 보호국이 되는 것을 인정하라고 직접적으로 요구하고 있다. 바야흐로 일본의 전쟁준비는 진행되고 있고, 중국에 대한 강한 분노가 지배하고 있으며, 불과 사반세기 전에 진보의 길에 들어섰을 뿐인 일본이 어떤 나라가 되었는지 전 세계에 보여주라고 국민이 정부에게 요구하고 있기 때문에, 일본은 아무래도 타협적이 될 수는 없을 것이며 극동의 우리 대표의 입장에서는 사태를 원만한 결말에 이르도록 하라는 임무는 극도로 곤란하다."라는 기록을 남기고 있다. 보가크의 7월 15일자 보고에서는, "청국인은 일본이 군사적인 면에서 어떤 존재인지, 일본의 육해군은 어느 정도인지에 관해서 완전히 무지하다. 청국인이 아무리 행동하려고 해도 그들은 일본과의 일대일 승부에서 패배할 것이라는 점이 내게는 불변의 진리처럼 보인다."라는 기록을 남겼다.

조선 정부는 7월 7일 오토리 공사에게 세 명의 개혁조사위원을 임명했다고 통지하였고, 일본 정부는 7월 10일 내정개혁 방안강목을 제시했다. 청 정부는 7월 16일 일본의 제안을 거부했고, 조선의 외무독판은 일본이 철병한다면 개혁에 착수할 것이라고 회답하였고, 개혁조사위원회 역시 일본이 철병하고 제안을 철회한다면 개혁에 착수하겠다는 내용으로 회답하였다. 일본은 1894. 7. 16. 영국과 영일통상항해조약을 체결하는데, 영사재판권이 철폐되었다. 주영 일본공사관이 1905년 12월 대사관으로 승격되고, 일본은 1911년 관세자주권을 완전히 회복한다.

일본 정부는 1894. 7. 19. 조선에 일본군을 위한 병영을 건설해 달라고 요구하고, 7월 20일 청국에 조선의 독립에 저촉되는 조약을 폐기할 것과 아산에 주둔한 군대의 철수를 회답 기한을 7월 22일로 하여 요구한다. 일본은 7월 23일 전신선 중 청국이 통제하던 서로전선(인천~서울~의주)은 절단하고, 남로전선(서울~부산), 북로전선(서울~원산)은 일본의 통제하에 두는데, 04:00부터 07:00까지 이어진 총격전 끝에 용산 주둔 일본군 혼성여단이 영추문을 통과하여 경복궁을 점령한다. 야마구치 대대장은 고종과 대면하여 결코 위해를 미치지 않을 것을 약속드린다고 말하고, 스기무라 일등서기관은 대원군과 함께 경복궁으로 진입한다. 고종은 오전 9시 미국, 러시아, 독일, 영국, 프랑스 공사에게 경복궁으로 와 달라고 요청하였고, 공사들에게 조선을 구출해 달라고 하였다. 당시 동아시아 해저케이블 가설 현황은 1871년 영국의 Eastern Extention Telegraph에서 영국~인도~싱가포르~홍콩 노선을, 덴마크의 Great North Telegraph에서 블라디보스토크~나가사키~상해 노선을 놓은 상태였고, 조선 전신은 이와 연결된 동아시아 지선의 일부분이었다. 고종은 7월 24일 대원군에게 결재권을 위임하였고, 위안스카이는 청국으로 도주하였다. 대원군은 7월 25일 오토리 공사의 요구에 따라 청한통상삼장정(淸韓通商三章程: 朝淸商民水陸貿易章程, 中江貿易章程, 會寧貿易章程)의 파기를 통고하였다. 청국 공관은 7월 하순까지 모두 폐쇄되었고, 청 대표를 포함한 모든 관원은 인천을 통해 출국하였다. 조선 정부는 청군의 철퇴를 일본에게 위임하였고, 11월 말 청국의 영사재판권의 회수, 청국인의 조선거주 및 이주의 등록제 실시 등을 내용으로 한 보호청상규칙(保護淸商規則)을 제정하고 12월 중순 공포하였다.

청일전쟁의 첫 전투가 1894. 7. 25. 풍도(風島, 현 아산) 해상에서 벌어진다(풍도, 황해, 웨이하이웨이에서 벌어진 해전을 청일전쟁의 3대 해전이라고 함). 일본군은 7월 29일 아산(당시 명칭: 성환)을 점령하고, 패배한 청군은 평양 방면으로 도주한다. 일본은 8월 1일 청에게 선전포고를 하고, 8월 17일 각의에서는 다음과 같은 4개의 정책대안을 논의한 결과 을안을 채택하여 조선을 보호국화한다는 정책목표를 설정한다.

① 갑안: 독립국으로 하여 간섭하지 않음
② 을안: 명의상 독립국으로 공인하면서 제국이 직, 간접적으로 영원히 또는 장시간 그 독립을 보익 부지함
③ 병안: 조선 영토의 안전은 일청 양국이 보장함
④ 정안: 중립국이 되도록 함

조선과 일본은 1894. 8. 20. 조일잠정합동조관(朝日暫定合同條款)을 체결하는데, 경부철도와 경인철도의 부설권을 일본에게 잠정적으로 양도

한다는 내용이다. 영국, 미국, 러시아, 독일 4개국 공사는 1895년 5월 조선 정부에 철도이권을 일본에게만 독점적으로 양도하지 말 것을 요구하는 항의각서를 공동으로 제출한다.

러시아는 1894. 8. 21. 조선정책에 대한 외상, 육군상, 해군상, 재무상 등이 참석한 특별협의회를 열어 청일전쟁 불개입, 중립은 선언하지 않음, 조선의 현상유지 추구, 극동 지역의 군비증강은 육군상과 재무상의 협의를 요한다는 방침을 세운다. 알렉산드르 3세가 1894. 11. 2. 사망하고, 니콜라이 2세가 26세의 나이로 러시아 황제로 즉위한다. 기르스 외상은 1895. 1. 26. 사망하고, 러시아는 향후 6년 동안 로바노프-로스토프스키, 미하일 무라비요프, 람스도르프 등 3명의 외상이 등장한다.

조선과 일본은 1894. 8. 26. 조선은 일본에게 군량미 마련 등 편의를 제공한다는 조일동맹을 체결한다. 일본 정부는 1894. 10. 15. 오토리 공사 후임으로 이노우에 가오루를 특명전권공사로 발령하는데, 청일 충돌을 회피하려 한 오토리 공사에 대한 군부 비판이 심해지자 경질된 것이다. 이노우에는 1894. 10. 25. 인천에 도착한다. 김홍집 내각에서 개혁을 추진하면서 비교적 중립적인 입장에 서 있던 법무대신대리 김학우(金鶴羽)가 1984. 10. 3. 암살된다. 내무협판으로 있던 대원군의 손자 이준용이 지시하였다고 한다. 이준용은 1895. 4. 18. 김학우 암살혐의로 체포되어 재판에 회부되었고, 1895. 5. 13. 10년 유형을 선고받았다. 일본 정부는 1894년 11월 말 대원군을 청과 내통하였다는 것을 빌미로 축출하고, 박영효와 서광범을 미국에서 귀국시킨 후, 1894. 12. 17. 총리대신 김홍집, 외무대신 김윤식, 탁지대신 어윤중, 학무대신 박정양, 군부대신 조의연, 내무대신 박영효, 법무대신 서광범으로 구성된 친일내각을 구성한다. 조선 정부는 1895년 1월 전라, 경상, 충청 3도 지세(地稅)를 담보로 공채발행의 형식으로 500만 엔의 차관조성을 시도한다. 2월 신구파 대립으로 내각이 총 사직하는 소동이 일어나기도 하였다. 조선 정부는 1895. 3. 30. 일본은행으로부터 300만 엔을 대출하는 협정을 체결한다. 이노우에는 일본 정부에 300만 엔을 고종에게 기부하자고 제안하는데, 기부안은 이루어지지 않는다. 조선 정부는 다음 해인 1896년 300만 엔의 변제를 위하여 러시아에 차관을 요청하였으나 비테 재무상은 11월까지는 아무것도 할 수 없다며 거절한다.

야마가타 아리토모는 1군을 이끌고 평양을 거쳐 국경을 넘어 주롄청(九連城)과 펑황청(鳳凰城)을 점령한다.

"현재 조선 국내의 형세를 관찰해 보면, 거의 모든 사람이 낙담할 것이다. 인천에서 의주까지 50일, 150리를 보면 오곡이 풍성하지 않은 토지가 없으며, 산천이 수려하고 아름답지 않은 곳이 없다. 그러나 그 백성들은 대개 어둡고 우매할 뿐만 아니라 산업에 힘을 쏟지도 않는다. 게다가 몽매하여, 순박한 기풍은 드물다. 국민 모두에게 진취적인 기상이 결여되어 있고, 당장 눈앞의 안일함만을 좇아 미래는 생각하지 않는데, 배불리 먹으면 곧바로 잠자는 풍습이 있기 때문이다. 이 나라를 도와서 명실상부한 독립을 갖추도록 하는 것은 정말로 어려운 일이라고 말하지 않을 수 없다(야마가타가 1894. 11. 7. 히로시마의 대본영으로 보낸『조선정책 상주』중 일부)."

야마가타는 1894. 9. 15. 평양에서 새벽부터 10여 시간 전투 끝에 17:00 청군 총사령관 예즈차오(葉志超) 제독의 항복을 받아낸다. 일본군은 9월 17일 황해해전에서 북양함대를 격파한다. 딩루창(丁汝昌, 1895. 2. 12. 자결) 제독의 12척 함대 중 4척을 격침시켰고, 격침된 일본 함대는 없었다. 청 해군은 산둥반도의 웨이하이웨이로 퇴각하는데, 일본군은 웨이하이웨이 부근에서 어뢰 공격을 하여 청국의 독일제 철갑 기함 정원함(定遠艦)을 침몰시킨 후, 그 잔해를 일본 후쿠오카로 가져와 다자이후텐만구(太宰府天滿宮)에 기념관인 테이엔칸(定遠館)을 만들었다. 중국은 참패한 교훈을 잊지 말자면서 정원함(定遠艦)을 복원해 놓고 웨이하이에 관광지로 정원함경구(定遠艦景區)를 조성해 놓았다.

가와카미 소로쿠 병참총감은 1894. 10. 27. 동학농민군을 모두 살육하라는 명령을 일본군에게 내린다. 동학농민군은 10월과 11월 공주를 공격했으나 함락에는 실패하였다. 랴오둥 반도를 공격하던 일본군은 1894. 11. 22. 뤼순과 다롄을 장악한다. 1895. 1. 9.부터 1. 31.까지 산둥반도의 해군기지와 웨이하이웨이를 점령한다. 일본참모본부에서 편찬한 전사(戰史)에 따르면, 청일전쟁에서 일본군 전사자는 13,578명(육군 13,488명, 해군 90명), 부상자는 286,050명(육군 285,853명, 해군 197명)으로 알려져 있다. 청일전쟁 연구자인 하라다 게이치(原田敬一)의 추산에 따르면, 중국과 조선의 사상자는 각 약 3만 명 이상으로 추정하고 있다.

일본은 1895. 1. 27. 어전회의에서 이토와 무쓰를 전권대사로 임명하여 강화회담에 임하게 했다. 강화회담은 1895. 3. 20. 시모노세키 슌판로(春帆樓)에서 진행되었다. 슌판로는 1888년 이토 히로부미가 방문하였던 요정 겸 여관인데 복어 요리를 먹은 후 야마구치현 지사에게 복어금지령을 풀라고 지시하여, 일본 최초의 복어 관허점(官許店)이 되었다고 한다. 청 정부를 대표한 리홍장이 회담이 진행 중이던 1895. 3. 24. 권총으로 저격을 당하여 부상을 입는다. 양국 간 휴전협정이 1895. 3. 30. 조인된다. 러시아의 로바노프-로스토프스키 외상은 1895. 4. 8. 각국에 일본의 뤼순 등 획득에 반대한다는 의견을 전하고, 러시아 정부는 1895. 4. 11. 특별협의회에서 일본이 만주의 남부를 점령하는 것을 단념시키고, 일본이 거절하면 행동의 자유를 확보해 우리의 이해에 따라 행동하겠다고 선언하며, 이를 구미 국가들과 청국에 전하기로 의견을 모은다. 재무상 비테의 제안이었다고 한다.

시모노세키 조약이 1895. 4. 17. 체결되는데, 청국은 배상금으로 2억 냥의 백금을 지급하고, 랴오둥반도, 대만, 펑후 열도를 일본에 넘긴다는 내용이었다. 이토는 조약체결의 공으로 후작이 된다. 리홍장은 강대국의 개입이 있을 것이라는 비밀전문을 독일의 막스 폰 브란트로부터 받은 후 시모노세키 조약에 서명한다.

일본에 주재하던 러시아, 독일, 프랑스의 3개국 공사는 1895. 4. 23. 일본 외무차관에게 이른바 삼국간섭으로 알려지는 랴오둥반도 포기를 요구하는 서한을 제출한다. 우의의 권고라는 표현을 사용하였고, 황화론과 일본에 대한 견제심리 등 복합적인 요인의 산물이었다. 일본은 1895. 4. 24. 이토 수상, 야마가타 육군상, 사이고 해군상 등이 참석한 어전회의에서 거부안, 국제회의 제출안, 수용안 등을 논의하다가 국제회의를 요청하기로 하였으나, 4월 25일 요양 중이던 무쓰 외상의 반대로 주러 니시 일본 공사에게 러시아에 랴오둥반도 중 뤼순, 다롄을 제외하고 포기한다는 안을 제안하였으나 5월 3일 러시아가 거부하는 회신을 보내자 결국 랴오둥반도를 전부 포기하라는 제안을 수용하기로 하고, 5월 13일 랴오둥을 반환한다는 조칙과 함께 시모노세키 조약을 공표한다. 6월 4일에 열린 각의에서, 장래의 대조선 정략은 가능한 한 간섭을 멈추고, 조선으로 하여금 자립하도록 하는 방침을 취해야 한다, 그러므로 달리 움직일 방침을 취할 것을 결정하고, 조선의 철도와 전신의 건에 관해서 무리하게 실행하지 않기로 한다는 내용의 논의를 하였다. 청일 양국은 1895. 11. 8. 랴오둥 반환 조약을 조인하는데, 청 정부는 일본에게 반환대가로 3천만 냥의 백은을 지급하기로 한다.

조선에서는 박영효가 군무와 경무를 장악하려고 군부대신 조의연을 1895. 5. 17. 파면에 이르게 하고, 이 과정에서 고종의 분노를 산 김홍집 총리, 어윤중, 김윤식이 사직하고, 5월 29일 박정양이 총리로 임명된다. 고종은 1895. 7. 6. 내부대신 박영효를 왕비를 살해하려 한 모반 혐의가 있다며 해임하면서 7월 7일 체포명령을 내리고, 박영효는 당일 일본으로 탈출한다. 러시아 정부는 베베르를 멕시코 공사로, 후임으로 도쿄 공사관 일등서기관 슈페이에르를 임명하되 1898년 1월까지는 베베르가 서울에 머물도록 하고, 베베르의 경질은 당분간 비밀에 부치기로 한다. 고종은 러시아 황제에게 러시아 공사의 유임을 원한다는 편지를 보냈다. 1895. 8. 23. 박정양은 총리직에서 내부대신으로, 김홍집이 총리로 복귀한다.

청국은 조약의 조인 후 배상금을 마련하기 위하여 베를린, 런던, 파리의 은행을 접촉하였고, 러시아에게는 보증을 요청하였다. 청 정부는 재정수입을 담보로 제공하였는데, 결국 독일에 자오저우만(膠州灣), 영국에 웨이하이웨이(威海衛), 프랑스에 광저우만(廣州灣), 러시아에 뤼순(旅順)과 다롄항(大連港)을 조계지로 주게 된다. 러시아 외상, 재무상, 청국 공사 사이에 1895. 7. 6. 러시아 정부가 보증을 서되, 프랑스와 러시아 은행이 추진하는 대청 4억 프랑, 금 1억 루블 차관의 외채모집협정이 체결되는데, 채권발행 액수는 2억 엔, 이자는 연 4%, 상환기한은 36년이었다. 비테는 러시아의 국제은행장 로트시체인(독일 국적의 유대인)의 중개로 채권발행에 가담한 프랑스 은행의 요청에 부응하여 1895. 12. 22. 러청은행을 설립한다. 파리-네덜란드 은행과 크레디-리요네 국제은행이 주요 주주이고, 자본금은 6백만 루블, 러시아가 3/8, 프랑스가 5/8 부담하되, 본점은 상트페테르부르크이고, 톈진지점 책임자는 포코틸로프였다. 러청은행은 중국 진출에 주요한 에이전트 역할을 한다. 독일 지질학자인 페르디난트 폰 리히트호펜(Ferdinand von Richthofen, 1877년 발간된 저서 『중국 제1권』에서 비단길로 알려지는 Seidenstraßen, Silkroads 라는 어휘를 처음 사용) 남작은 1869년부터 약 4년 동안 중국을 탐사하며 산둥반도의 석탄 등 자원에 주목하여 채굴권을 확보한 후 칭다오에 항구를 구축했다.

전쟁에 필요한 세 가지로 돈, 돈, 그리고 더 많은 돈이라는 말이 있다. 청일전쟁 후 일본은 랴오둥반도의 반환금을 포함한 배상금 2억 3,000만 냥, 일본 돈으로 약 3억 6,000만 엔에 달하는 금액을 확보한다. 당시 일본의 1년 국가 예산은 약 1억 엔이었고, 전비(戰費)로 임시군사비 약 2억 엔을 지출하였다. 이 배상금은 잉글랜드 은행을 통해 파운드화로 일본 요코하마 정금은행의 런던지점에 입금되어 53%는 영국의 전쟁채권과 무기구매대금 상환에 사용되고, 나머지는 영국 국채 및 황금구매에 사용되면서 일본의 금본위제 확립의 밑거름이 되었다고 평가받고 있다. 일본은 전쟁을 할 때 일반회계에 속하는 통상의 군사비와 구분되는 임시군사비특별회계를 편성하였는데, 청일전쟁, 러일전쟁, 제1차 세계대전, 시베리아출병, 중일전쟁, 태평양전쟁 모두 임시군사비특별회계로 편성하였다.

청국은 청일전쟁 패배 후 서구열강의 요구로 후베이성(湖北省) 사스(沙市), 쓰촨성(四川省) 충칭(重慶), 장쑤성(江蘇省) 쑤저우(蘇州), 저장성(浙江省) 항저우(杭州)를 추가 개항한다. 상하이는 1895년부터 청 정부에서 외국 기업의 공장개설을 허용함에 따라 무역 중심에서 제조업 중심으로 변모하기 시작하면서 중국 제일의 경제도시로 발돋움하게 된다. 상하이는 1940년대까지 중국 내 주요 경제활동의 절반가량을 책임지는 경제 중심지 역할을 한다. 일본은 삼국간섭이라는 굴욕적인 외교 현실을 경험하는 한편, 대규모 전쟁을 수행하기 위하여는 징병제가 필요하다는 인식을 하게 되었고, 참정권의 중요성이 제기되면서 보통선거운동으로 이어진다. 나카무라 다하치로(中村太八郎), 기노시타 나오에(木下尙江) 등이 중심이 되어 1897년 나가노현의 마쓰모토를 거점을 한 '보통선거기성동맹회'가 조직된다. 일본은 러일전쟁, 다이쇼 정변 등을 거쳐 1925년에 이르러 25세 이상 남성 모두에게 선거권이 부여된다.

한편, 한국 정부와 청 정부는 1899. 9. 11. 한청통상조약을 체결하여 1899. 12. 15. 비준하는데, 양국 모두에 영사재판권을 부여한 평등한 내용을 담고 있다. 청국 정부는 1906년 2월 서울에 총영사관을 설치한다. 한국과 청의 관계는 19세기가 끝나갈 무렵에 이르러 국제법적으로 평등한 관계가 된 것이다.

다. 고조되는 긴장

다니 다테키(谷干城)가 조선의 일본 공사 후임에 관하여 이토에게 보낸 1895. 7. 5.자 편지에서 미우라 고로(三浦梧樓, 1846년생, 조슈번 야마구치 현 출신, 육군 중장으로 예편)를 추천한다. 미우라의 장점으로 심리의 학을 터득, 인품의 높이와 지조의 깨끗함이 크게 향상, 박영효와 친한 사이, 시바 시로(柴四郎)(다니 다테기가 농상무대신 시절 비서관이었고, 김옥균, 박영효와는 1880년대부터 알고 지냈으며, 1892년 3대 의회에서 후쿠시마 현 선출 국회의원을 지냄)가 손발이 되어 일할 것이라는 내용이었다. 미우라의 임무는 삼국간섭으로 인한 난국 타개 방안으로 채택된 명성황후 시해를 실행하는 것이었는데, 시바 시로, 일등서기관 스기무라 후카시, 주재 무관 구스노세 유키히코(楠瀬幸彦, 초대 러시아 무관, 1894년 12월 러시아에서 조선으로 부임, 시바 시로 동생인 시바 고로와 육사 동기생) 등과 시해 방침을 세웠다는 견해가 유력하다. 미우라는 1895. 8. 17. 조선의 일본 공사로 발령받아 9월 1일 서울에 도착하고, 전임자였던 이노우에는 9월 17일 귀국한다.

궁내부 고문관으로 있던 오카모토 류노스케가 10월 8일 03:00 대원군을 설득해 경복궁으로 데리고 갔다. 새벽 명성황후는 시해된다. 미우라 부임 38일째 날이다. 미우라는 08:00 스기무라와 함께 고종을 방문하였고, 일본인들에게 명성황후 유해를 확인한 후 화장하라고 지시한다. 고종은 대원군, 미우라와 3자 회담을 하는데, 미우라는 군부대신 안경수, 학부대신 이완용, 농상공부대신 이범진, 경무사 이윤용을 해임하고, 이재면을 궁내부대신, 김종한을 궁내부협판, 조의연을 군부대신, 서광범을 학부대신, 정병하를 농상공부대신, 유길준을 내부협판으로 임명하고, 고종에게 민씨를 폐비하여 서인으로 한다는 칙서에 서명할 것을 약속하게 한다. 베베르와 미국공사관 일등서기관 앨런이 고종을 만난 후 10월 8일 15:30 서울 소재 각국 외교사절이 회동한다. 미우라는 참석한 공사들에게 사건은 반드시 조사하겠다고 말한다. 미우라는 10월 8일 22:00 외무대신 임시대리 사이온지 긴모치에게 "오늘 아침의 사변은 … 표면적으로는 조선인들의 일이지만, 이면에는 다소의 일본인들이 가담했고, 그리고 사실 본관이 묵시한 것이었다."라고 보고한다.

일본의 조간신문 10월 9일자에는 "오늘 아침 5시 대원군이 훈련대 2개 대대를 이끌고 왕궁에 돌입했다. 위병은 이를 막을 수 없었다. 왕비의 소식은 아직 알 수 없다. 미우라 공사는 즉시 입궐했다."고 경성사건을 보도하고 있다. 10월 10일 왕비를 폐(廢)하는 조칙이 발표되었고, 10월 15일 고무라 주타로 외무성 정무국장을 책임자로 하는 사건조사단(안도 검사정, 이슈인 고로 해군 대좌, 다무라 이요조 육군 중좌, 야마자 엔지로 인천의 영사관보)이 서울에 도착한다. 10월 17일 미우라에 대한 공사직 해임과 귀국명령을 내리고(부임 47일째, 20일 정도는 이노우에와 함께 있었음), 고무라를 후임 공사로 임명하였다. 일본 정부는 조사결과 44명을 우지나로 보낸 후 재판에 회부하였고, 1896. 1. 14. 히로시마 지방재판소 예심절차에서 전원 증거불충분으로 석방한다. 일본 정부는 1895. 10. 21. 위문사절로 이노우에 가오루를 서울로 보내고, 사이온지 외상대리는 10월 25일 각국에 나가 있는 일본 공사들을 통해 "조선국 내정 사무에 관해서는 일본국 정부의 정략은 무간섭 방침을 취하는 것이며, 흔연히 다른 조약국들과 함께 장래를 기대한다는 생각을 하고 있을 뿐이다."라는 내용의 성명을 발표한다.

고종은 1895. 11. 26. 민비 폐비의 칙령을 취소하고, 군부대신 조의연과 경무사 권영진을 파면하고, 이도재를 군부대신으로 임명한다. 왕비 살해 혐의로 12월 29일 이주회, 윤석우, 박선 3인에 대하여 사형판결이 선고된다. 조선은 12월 30일 단발령이 시행되고, 1896년 1월 조선의 4개 도(道)에서 의병이 봉기한다. 왕비가 살해당하는 참변을 겪으며 신변의 안전을 보장하기 어렵다고 판단한 고종은 러시아에 의탁하기로 한다. 조선을 둘러싼 러일 간 각축전(角逐戰)이 본격적으로 전개된다.

러시아 대리공사 슈페이에르가 1896. 1. 8. 서울에 도착하고, 1896. 1. 27. 도쿄 공사관을 통해 러시아 정부에 보낸 전보에서 일본군 수비대에 필적하는 러시아군 병력의 파견을 요청한다. 주일 히트로보 러시아 공사는 일본과는 협정의 모든 수단을 미리 시도해야 한다고 주장하였고, 러시아 외상은 조선의 내정 문제로 보고 군대 파견 요청을 거절한다. 고종은 1896. 2. 2. 러시아 공사관에 피신해 있던 이범진을 통하여 황태자와 함께 러시아 공사관으로 피신하고 싶다는 편지를 베베르와 슈페이에르에게 보낸다. 2월 9일 실행하려던 계획은 공사관 병력의 부족을 우려하여 연기되고, 2월 10일 인천에 정박 중인 순양함 '아드미랄 코르닐로프'호에 있던 사관 5명, 수병 107명 및 대포 1문이 러시아 공사관에 배치된다.

고종은 1896. 2. 11. 러시아 공사관으로 이른바 아관파천(俄館播遷)을 단행한다. 고종은 조칙을 발표하여 김병시 총리, 이재준 궁내부대신, 박정양 내부대신, 조병직 법부대신, 이완용 외부대신, 이윤용 군부대신, 윤용구 탁지부대신을 임명한다. 이완용, 이윤용은 당시 미국 공사관에 피신해 있었고, 서로 형제지간이다. 김홍집 총리와 정병하 농상공부대신은 경무청에서 파견된 순검들에게 체포되어 살해되고, 유길준 내부대신, 조의연 군부대신, 장박 법부대신은 일본으로 도피한다. 슈페이에르 공사는 08:30 고종이 보호를 요청하였다고 외국 대표들에게 통지하고, 11:00 미국 공사 실(John Sill)에게 외부대신 이완용의 이름으로 각국 공사들이 고종을 알현할 수 있도록 허락하셨다는 것을 연락해 달라고 요청하였고, 각국 공사들이 12:00 고종을 배알하였다. 슈페이에르는 1896. 2. 13. 러시아 정부에 "제국 공사관의 정신적 지지하에 국왕이 단행한 평화적 쿠데타가 무사히 성공했다고 평가할 수 있다."라고 타전하였다. 조선 정부는 러시아에 군사교관 파견과 차관원조를 요청하여 재무성의 에이전트인 포코틸로프가 1896년 여름 서울에 도착하였고, 6년간 청국 주재 무관을 지낸 푸차타 대령이 1896. 10. 21. 포함(砲艦) '그레먀시이'를 타고 조선에 도착하여 1896. 12. 2. 조선 관리들과 소위원회를 설치하여 푸차타안을 마련하였다. 6,000명 규모의 군대를 조직하되, 기간은 5년으로 하여 29명의 장교와 131명의 병사를 러시아에서 파견한다는 안이다.

고무라 공사는 1896. 5. 14. 당시 서울에 머물고 있던 베베르와 고무라-베베르 각서를 작성하여 조인한다. 당시 히트로보의 귀국으로 슈페이에르가 도쿄 대리공사로 임명된 상태였다. 각서는 조선 국왕이 환궁할 것을 충고, 양국 병력 주둔 근거 등을 내용으로 하고 있다. 고무라는 1896. 5. 31. 서울을 떠났고, 외무차관으로 승진한 후, 1898년 미국 공사, 1900년 러시아 공사, 1901년 청국 공사, 1901년부터 1905년까지 외무대신으로 근무한다. 후임자로 조선에는 하라 다카시(原敬)가 부임하는데, 1897년 2월부터 가토 마스오(加藤增雄)가 대리공사 역할을 한다.

러시아의 마지막 황제 니콜라이 2세의 대관식이 1896. 5. 26. 열린다. 대관식에 참석한 청, 일본, 조선 사절의 치열한 외교전이 전개된다.

러시아는 청 정부에 리훙장을 사절로 보내줄 것을 요청한다. 철도부설권 획득을 위한 비밀교섭이 목적이었고, 배까지 제공해 준다. 우흐톰스키에게 수에즈운하에 있는 포트사이드까지 가서 리훙장을 영접하도록 한다. 1896. 6. 3. 상트페테르부르크에서 '카시니'밀약으로 알려진 러청방적상호원조조약(露淸防敵相互援助條約)을 리훙장, 비테, 로바노프-로스토프스키가 조인하였다. 내용은 비밀에 부치기로 합의하는데, 일본이 러시아나 청국, 조선의 영토를 공격하면 함께 대응한다는 내용으로, 지린성과 헤이룽장성을 관통하는 블라디보스토크 행 중동철도부설권을 러시아와 프랑스 은행에 부여한다는 내용이 포함되어 있다. 쑹화강(松花江) 기슭에 위치한 작은 촌락이었던 하얼빈은 철로 설치 후 시 건설이 진행되면서 1903년 인구가 4만 명을 넘어서고 1930년대에는 인구 50만 명의 대도시로 성장한다. 동청철도협정은 1896. 9. 8. 베를린에서 우흐톰스키, 로트시체인이 주 러시아 청국 공사 허경징(許景澄, 청조 말기 三忠의 한 사람으로 일컬어지는 인물로 시태후의 미움을 사 처형됨)과 조인한다. 치타-블라디보스토크 구간을 북만주 관통 최단거리(만저우리-치치하얼-하얼빈)로 연결하는 1,760km의 철도를 부설할 수 있고, 그 부속지를 조차해 경찰 및 경비병을 배치할 수 있게 되었다. 철도의 건설 주체는 러시아 정부가 아니라 민간기업이 하기로 해 1896년 12월 동청철로공사를 설립하게 된다. 동청철로공사의 자본금 500만 루블은 러시아 정부의 보증하에 러청은행으로 하여금 채권을 발행하게 하여 조달하였고, 그 자금으로 동청철로공사의 주식을 발행한 후, 주식을 다시 러청은행에서 매입하여 러시아국립은행에 보관함으로써 사실상 러시아 정부가 운영하였다. 러시아는 동청철로공사 설립에 관한 계약, 동청철로 부설권 및 경영에 관한 계약 등의 형식을 통하여 철로 부설권 외에 철로수비권, 철로부속지 수용권, 면세특권(철로운수를 통해 발생하는 수입, 철로운영에 필요한 부속 및 재료에 대한 관세 등에 대한 면세), 부속지 행정권, 광산채굴권, 삼림벌채권 등을 획득한다.

　　일본에서는 야마가타 아리토모가 1896. 2. 21. 러시아 황제 대관식에 참석할 전권대사로 결정되고, 3월 15일 요코하마를 출발하여 미국을 경유해 유럽으로 돌아서 상트페테르부르크로 갔다. 이토 총리는 본인이 가려고 했었으나, 야마가타에게는 내가 가지 않으면 안 된다는 강한 의욕이 있었다고 한다. 일본 사절로 참석한 야마가타 아리토모는 1896. 5. 24. 러시아 외상과 첫 회담에서 조선 영토의 군대 파견지역을 남부와 북부로 나누고 양국 군대 사이에 상당한 거리를 둔다는 러일 세력영역분할안을 제안한다. 양국은 1896. 6. 9. 조선 문제에 관한 모스크바 의정서를 조인하는데, "조선국의 안녕과 질서를 어지럽히거나 또는 장래에 어지럽혀질 위구가 있으면, 그 합의에 따라서 추가로 군대를 파견해 내국 관헌을 원조할 필요가 인정될 때에는 양 제국 정부는 그 군대 사이에 모든 충돌을 예방하기 위해서 양국 정부의 군대 사이에 전혀 점령되지 않은 공지가 존재하도록 각 군대의 용병 지역을 확정할 것"이라는 내용이다. 당시 주러 니시로쿠지로 일본 공사는 러시아가 조선을 보호국으로 한다든지 일본과 분할한다든지 하는 결정적인 행동을 할 의욕이 없음을 간파했다고 와다 하루키는 분석하고 있다.

조선 사절로는 민영환을 특명전권공사로 임명하였고, 수행원은 영어가 능통한 윤치호(학부협판), 김득련(중국어 역관), 김도일(러시아어), 러시아 공사관의 서기관 스테인, 손희영 등이었다. 조선 사절단은 상하이에서 배를 놓쳐 서쪽 항로 대신 동쪽 항로, 즉 태평양 항로로 미국을 거쳐 러시아에 도착하여 1896년 5월부터 8월까지 체류하면서 러시아와 조선의 동맹조약 체결을 제안했지만 러시아 정부는 불응한다. 로바노프-로스토프스키 외상(1896. 8. 30. 사망하고 1897년 1월 니콜라예비치 무라비요프 백작이 후임으로 임명됨)은 조선에 대한 원조를 거부하지는 않겠지만 일본과 싸우고 싶지도 않다고 말한다.

미국 국적을 취득한 서재필이 1896년 초 귀국하여 4월에 독립신문을 창간한다. 중국에서 오는 사신을 영접하던 영은문이 1896년 7월 헐리고, 독립문 건설을 시작하여 1897년 11월 완성된다. 독립협회가 설립되고, 회장은 안경수, 위원장은 외부대신 이완용, 고문은 서재필이 맡는다. 조선 정부는 1896년 7월 철도국을 설치하고, 국내철도규칙(칙령 제31호)을 반포하면서 한국에 부설하는 철도는 표준궤를 채택하도록 하였는데, 이는 중국의 철도와 연결시키기 위함이었다. 그런데 광궤를 채택한 러시아의 압력으로 1896. 11. 15. 광궤로 개정되었다가 미국과 일본의 반발로 결국 표준궤로 개정하였다.

의정부 고관들과 대신들이 1897. 2. 18. 비밀회의를 열어 고종의 안전한 귀환을 보증하라고 푸차타 대령에게 대표를 보내고, 고종에게 귀환할 것을 요청한다. 고종은 1897. 2. 20. 경운궁(덕수궁)으로 환궁하고, 국정쇄신을 위해 국호제정과 칭제를 추진한다. 당시 일본과 러시아 세력이 균형을 이루고 있던 국면이라 조선으로서는 운신의 폭이 넓어진 상태였다. 무라비요프 외상은 1897. 3. 30.자 및 4. 8.자 베베르에게 보낸 훈령에서 군사개혁은 전면적으로 러시아의 손에 맡긴다는 확약을 고종에게서 받아내라고 지시한다. 베베르는 1897. 9. 15. 서울을 떠나 1900년까지 멕시코에서 공사로 근무한다. 조선에 우호적이던 베베르는 외무성을 그만두고 조선 궁내부 고문 역할도 고려한 것으로 알려져 있는데, 일본 공사관에서 방해공작을 전개하였다고 한다. 조선 정부의 재정고문으로 결정된 알렉세예프가 1897. 9. 25. 서울에 도착한다. 알렉세예프는 러시아 재무성 관세국 관방주임으로 근무하였고, 일본 화폐의 조선 내 통용금지를 건의한다. 고종은 조선의 세관장으로 근무하던 영국인 브라운을 파면하려 하였으나 실패하였고, 비테 역시 브라운의 파면을 요청하였으나 뜻을 이루지 못하였다. 1897년 9월 말 추가로 파견된 러시아 군사교관이 경비대 제2그룹 1,000명의 훈련을 시작하였다.

고종의 황제 즉위식이 1897. 10. 12. 원구단에서 거행되었고, 대한제국이 선포되었다. 연호는 8월 14일 광무로 바꾸었다. 명성황후의 국장(國葬)이 1897. 11. 21.부터 11. 22.까지 양일간 홍릉에서 진행되었고, 일본 제실(帝室)은 향로를 증정하였다. 러시아 정부가 가장 먼저 대한제국을 승인하였다. 주한 러시아 공사가 1897년 8월 절영도(부산 영도)에 석탄 창고용 토지를 조차하고 싶다는 요청을 하였다. 러시아는 사람을 보내 조차할 토지를 선정하였고, 1898. 1. 21. 군함 '시부치'가 입항하여 수병들이 상륙해 러시아가 조차하기를 희망하는 구역에 소나무와 삼나무 묘목을 심는 모습을 연출하였다.

1897년 1월 무렵부터 자오저우만(膠州灣)의 조차를 요구하고 있던 독일은 1897. 11. 1. 산둥성(115개의 교회와 작은 집회소가 있었고, 66명의 독일인 선교사가 있었음) 조주부(曹州府) 장자장(張家庄)에서 일어난 두 명의 독일 선교사 살해사건을 빌미로 독일 동양함대를 보내 자오저우만을 점령한다. 독일은 1898. 3. 6. 청 정부와 자오저우만 조차계약(中德膠澳租界條約)을 체결하여 99년간 조차지 설정, 독일군의 자오저우만 항구 출입 허용, 철로부설[교제철로(膠濟鐵路, 1904. 6. 1. 준공됨)] 및 철로연선 15km 이내 광산개발 허가, 독일자본과 중국자본이 연합하여 공사(公司)를 설립하여(산둥철로공사) 철로부설 등의 이권을 획득한다.

러시아는 청국 정부의 허가를 받아 뤼순과 다롄으로 진출한다. 두바소프 제독이 파견한 러시아 소함대가 1897. 12. 15. 뤼순에 입항하는데, 입항 하루 전날 리훙장은 비테에게 1억 냥 차관의 보증을 요청한다. 순양함 '드미트리 돈스코이'가 1897. 12. 20. 다롄으로 입항한다. 반노프스키의 후임으로 쿠로파트킨이 1898. 1. 13. 육군장관 서리로 임명되고, 7월에 정식으로 육군 장관이 된다. 쿠로파트킨은 1848년생으로 직업군인의 아들이고, 30년 동안 러터전쟁 시기를 제외하고는 줄곧 중앙아시아에서 근무하였다.

일본은 1898. 2. 16. 러시아가 랴오둥 반도를 취하는 것을 받아들이되 조선에서 보상을 받으려는 정책을 추진한다. 주러 하야시 다다스 일본 공사는 무라비요프 외상에게 ① 일본과 러시아는 한국의 독립을 유지한다, ② 군사교관은 러시아 정부에 일임한다, ③ 재정고문은 일본 정부에 일임한다, ④ 상공업상의 이익에 관해서는 오해를 피하기 위하여 신규조치를 취할 때에는 미리 조정한다는 내용의 의정서를 건넨다. 주일 로젠 러시아 공사와 니시 일본 외상 사이에 ① 러시아와 일본 정부는 한국의 주권 및 완전한 독립을 확인하고, 내정 상의 모든 것에 직접적으로 간섭하지 않음, ② 조선이 권고와 조력을 어느 일방 국가에게 구할 때 서로 협상 처리함, ③ 러시아는 일본의 조선 내 상공업발달 및 일본 거류민이 많다는 사실을 인정한다는 내용의 의정서가 1898. 4. 25. 작성된다. 일본의 러시아에 대한 외교정책은 야마가타의 조선 내 세력영역분할안을 토대로 한 모스크바 의정서에서 한발 더 나아가 조선 전체에 대한 일본의 이익을 인정받는 단계로 발전하고 있었다.

대원군이 1898. 2. 22. 사망하고, 독립협회는 같은 날 집회를 열고 고종에게 올리는 상소문을 채택한다. 러시아의 재정고문과 군사교관 초청에 대한 비판을 담은 내용이다. 그날 밤 러시아공사관에서 통역일을 하는 러시아 국적을 가지고 한성 부윤까지 지낸 김홍륙(金鴻陸)이 러시아 공사관 앞에서 습격을 당한다.

주청 프랑스 공사 두바일(Dubail)은 1898년 윈난(雲南), 광시(廣西), 광둥(廣東) 3개 성을 프랑스의 세력범위로 선포하고 다른 나라에 조차하지 말 것을 청 정부에 요구한다. 프랑스의 베트남 식민당국은 프랑스의 동방회

리은행(東方匯理銀行) 등 4개 은행을 규합하여 1899년 9월 전월철로공사(滇越鐵路公司)를 설립한다. 청국과 프랑스는 1903. 10. 28. 전월철로장정(滇越鐵路章程)을 맺어 하노이 변경으로부터 윈난성 쿤밍(昆明)에 이르는 철로를 부설하되, 18년이 경과하면 청국이 철로는 매수할 수 있고, 80년 후에는 무상으로 청국이 철로소유권을 취득할 수 있도록 하였다.

베이징의 파블로프 대리공사는 1898. 3. 3. 청국 정부에 동청철도 남부 지선의 부설권 및 뤼순과 다롄의 조차를 요구한다. 러시아에게 다롄의 조차만 허용하겠다고 했던 청국 정부는 1898. 3. 27. 결국 랴오둥 반도의 조차에 관한 조약을 체결하고, 러시아는 뤼순, 다롄 및 부근 해상을 25년간 조차하고, 동청철도 간선(幹線)에서 다롄만에 이르는 지선(支線)의 부설권을 부여받는다. 두바소프 제독이 1898. 3. 28. 뤼순과 다롄항에 입항하여 군대를 상륙시킨다. 하얼빈-다롄 구간은 1898년 8월 착공하여 1903년 7월 개통된다. 러시아는 1899년 8월 뤼순과 다롄을 포함한 지역을 관둥주(關東州)라고 하고 그 주의 군사령관 겸 태평양함대 사령관에 알렉세예프(1843년생)를 임명한다. 두바소프 제독은 크론슈타트 진수부 사령관으로 부임한다. 영국은 1899년 홍콩의 신계 지역에 대한 99년의 임차권을 얻어낸다.

독립협회는 1898. 3. 10. 종로에서 만민공동회를 개최하는데, 8,000명이 모였고, 군사교관과 재정고문을 외국인에게 맡긴다는 것은 2천만 동포의 치욕이며 분노의 대상이라는 연설이 있었고, 외부대신에게 결의를 전달하기로 결정한다. 한국 정부는 1898. 3. 12. 내각회의에서 외국의 고문이나 장교는 고용하지 않기로 결정하고, 러시아의 원조를 받을 의사가 있는지에 관한 3월 7일자 슈페이에르 공사의 문의에 내각에서 결정한 내용을 알려 주었다.

무라비요프 외상은 1898. 3. 16. 하야시 공사에게, 러시아 정부는 러시아의 요원들이 한국에서 철수한 뒤에 한국 정부가 다른 외국인을 고용하는 것을 용서하지 않을 것이다, 러시아와 일본은 같은 기반에 서게 될 것이라고 한다. 러시아 정부는 1898년 3월 한국의 재정고문과 군사교관을 순차적으로 철수시키는데, 활동 기간이 반년 정도밖에 되지 않았다.

슈페이에르는 1898. 4. 4. 베이징 공사로 임명되고, 후임으로 마튜닌이 부임한다. 마튜닌은 한국 정세에 관하여 기근의 위협과 관련하여 봄의 한발과 작년의 쌀 흉작 때문에 심각한 소요는 더욱 가속화하여 완전한 무정부상태가 될 수도 있을 것 같아 우려된다는 내용의 전보를 외상에게 보낸다.

독립협회는 1898년 5월 전환국에서 본위화인 은화는 발행하지 않고 보조화인 백동화만 발행하여 폐해가 발생한다며 전환국 국장 이용익을 탄핵한다. 1898. 9. 11. 고종과 황태자(순종)가 마시는 커피에서 독이 발견되는 사건이 일어나는데, 한 달 전인 8월에 체포되어 황제의 말을 통역 과정에서 잘못 전달했다는 죄로 흑산도로 종신 유형에 처해 있던 김홍륙이 주모자로 지목되어, 서울에서 재판을 받고 10월 10일 요리사 3명과 함께 처형된다. 이 일로 반러 감정이 고조되고 독립협회는 1898. 10. 15. 중추원을 개혁하고 민선의원을 선출해 국회와 비슷한 제도를 만드는 안을 정부에 제출한다. 독립협회는 1898. 10. 29. 관민공동회를 열어 박정양 총리도 참석한 자리에서 '헌의 6조'를 결의한다. 고종은 1898. 10. 31. '조칙 5

조'를 발표한다. 조병식은 고종의 지시로 보부상을 조직해 황국협회를 설립한다. 조병식은 1898년 11월 독립협회가 왕정폐지를 목표로 하는 공화주의 단체라고 주장하여 독립협회의 해산명령 및 주요 간부의 체포명령으로 이어지고, 박정양은 총리직에서 물러나고 조병식이 후임자가 되었으나 곧 내각이 붕괴되었다. 고종은 1898. 11. 26. 독립협회 대표자들 300명을 만나 해산을 요구하고, 1898. 11. 29. 중추원 관제를 만들어 50명의 중추원 의관을 임명한다. 중추원은 1898. 12. 20. 대신(大臣) 후보를 선거로 선출했는데 박영효와 서재필이 포함되어 있었다. 고종은 1898. 12. 25. 만민공동회의 해산을 명하고, 독립협회 간부들은 체포된다. 수구파는 독립협회가 고종을 폐위하려 한다고 공격하였고, 결국 독립협회는 몰락한다. 이승만도 이 일로 체포되어 수감생활을 한다.

　마튜닌이 떠나고 베이징에 있던 파블로프(1869년생)가 1899. 1. 18. 후임 공사로, 1899년 6월에 가토 마스오 공사가 떠나고 하야시 곤스케(林權助, 1860년생, 아이즈번 무사의 아들)가 후임 공사로 한국에 부임한다. 한국 정부는 1899. 5. 1. 마산포 개발계획을 발표하고, 각국 공동조계지와 공관 설치도 계획한다. 두바소프 제독의 제안에 따라 파블로프 공사는 1899. 5. 2. 한국 정부에 마산 조계지를 벗어난 지역의 토지를 매수하고 싶으니 도와 달라고 요청한다. 두바소프와 파블로프는 마산에서 만나 자복포(滋福浦) 지구의 1만 평의 매수 교섭을 하였으나 실패하자, 임의로 500개의 말뚝을 박고 '러시아 지계'라는 간판을 걸어놓고 마산을 떠나 주민들의 반발을 샀다. 부산의 일본 영사대리 나카무라 다카시(中村巍)는 1899. 5. 12. 러시아의 움직임을 아오키 외상에게 알렸고, 아오키 외상은 먼저 토지를 매수하라고 지시하여 6월 초 이오이(五百井) 상점 부산지점장 하사마 후사타로(일본 육군이 임무를 맡겼다고 함)가 토지 가운데 3,500평을 소유한 조선인 지주를 설득하여 매수를 한다. 러시아는 대리공사 드리트레프스키를 통하여 박제순 외부대신에게 외국인에게 토지매도를 허락한다는 공문을 받아내 공사관 직원인 시체인이 마산에 갔으나 이미 매각되었음을 알고 박제순 외부대신에게 종전 거래를 불법이며 러시아에게 매각하도록 알선하라는 명령의 하달을 요구하는 한편, 일본 공사에게 개입해 줄 것을 요구했지만 뜻을 이루지 못한다.

헤이그에서 만국평화회의가 1899. 5. 18.부터 1899. 7. 29.까지 개최되었다. 참가국은 26개국이었고, 비유럽지역에서는 일본, 청, 샴(지금의 태국), 오스만, 페르시아, 멕시코가 참가하였으며, 한국은 불참하였다. 니콜라이 2세의 제안으로 국제분쟁 평화처리 조약, 육전법규관례에 관한 조약, 1864년 제네바조약의 원칙을 해전에 적용하는 조약, 기구에서 폭탄투하를 금지하는 선언, 질식가스·유독가스를 금지하는 선언, 특수한 탄환을 금지하는 선언을 채택하였다. 상설중재재판소를 두기로 하여 1901년 설립한다. 러시아는 당시 산업 기술 수준이 뒤처져 있었고, 국제적으로 군비증강을 정지시키는 것이 러시아에게 유리하다는 판단이 깔려 있었다고 한다. 샴 왕국은 인도차이나를 병합한 프랑스와 버마(지금의 미얀마)를 병합한 영국 사이에서 필사적인 외교전을 전개하고 있었다. 출라롱콘 5세는 1897년 러시아에게 프랑스를 설득해 줄 것을 요청하였고, 러시아 정부의 노력으로 프랑스 정부는 샴의 프랑스 방문을 수용하여 교섭을 하게 된다. 러시아 공사관이 1898. 5. 14. 방콕에 개설된다.

대한국국제가 1899. 8. 17. 공포된다. 자주독립을 선포하는 내용으로 9개 조문으로 구성되어 있었다. 제1조는 "대한국(大韓國)은 세계만국(世界萬國)이 공인한 자주독립제국이다."라고 규정되어 있었다.

일본에 주재하는 신임 한국 공사로 임명된 조병식은 1900. 8. 25. 일본에 도착하여 아오키 외상 및 프랑스, 러시아, 미국 공사에게 한국의 중립국 방안에 관한 협조를 요청한다. 묄렌도르프가 1884년 일본에서 활동하며 주장하였던 중립국 방안이 16년 뒤 한국의 공식 외교라인에서 추진된 것이다. 일본은 고노에 아쓰마로(近衛篤麿, 1896년 귀족원 의장, 1898년 동아동문회 설립, 훗날 총리를 지내는 고노에 후미마로의 부친)를 통하여 조병식으로 하여금 한일공수동맹안(韓日共守同盟案), 즉 일본의 보호국이 되기를 제안하도록 획책하고 있었다. 조병식은 같은 날 고노에와도 만났는데, 조선을 중립국으로 하자는 제의를 일본보다는 열강들에게 하기를 희망한다는 조병식의 말에 고노에는 중립국이기 위해서는 스스로 지킬 힘이 있어야 하고, 주변국이 중립을 침해하면 다른 나라가 그것을 실력으로 눌러야 하는데 조선의 경우 이해관계로 얽혀 있는 국가는 러시아와 일본 뿐이며, 일본은 러시아가 야심을 품고 있다는 것을 알아도 중립국의 약속이 있으면 손을 댈 수 없으니 이것은 조선을 위해서도 일본을 위해서도 안 될 일이다, 조선은 독립국 상태로 있으면서 일본과 비밀리에 공수동맹을 체결하는 것이 좋을 것이라고 말한다. 고노에는 조병식 공사에게 한일공수동맹안을 일본 정부에게 일단 제안하라고 집요하게 요구하였지만, 조 공사의 거부로 뜻을 이루지 못한다. 한국의 중립국 지위에 대한 공감대 조성을 위한 조병식 공사의 노력은 별다른 성과를 거두지 못한다.

주한 하야시 곤스케 일본 공사는 1900. 7. 5.자 아오키 외상에게 보낸 서신에서, 만주 일대는 러시아 소유로 귀착될 것이니 일본은 조선반도를 획득하되 평양과 원산 이북에는 군대를 주둔하지 않겠다는 조건을 러시아에 제의할 수 있을 것이라고 주장하여, 조선 남부를 제압하되 조선 북부에는 군대를 두지 않지만 러시아로 하여금 일본의 세력영역임을 인정하게 한다는 구상을 밝힌다. 조선 북부를 중립지대로 남겨 놓자는 것이다.

주러 고무라 주타로 일본 공사는 1900. 7. 22.자 아오키 외상에게 보낸 의견서에서, 극동에서의 러시아 입장이 약하기 때문에 일본과의 충돌 원인을 제거하고 싶어 하니 러일 간에 세력영역의 획정을 제안하여 각기 조선과 만주에서 서로 상업적인 자유를 보증하는 것이 최선의 코스라고 주장하는 한편, 10월 2일 크림반도의 리바디야 궁전(황제의 겨울 집무실)에서 이루어진 비테와의 회담에서도 만한세역분할론(滿韓勢域分割論)을 제기하며 세력영역의 획정을 시도하였다. 당시 비테는 조선과 청국의 독립은 유지되어야 한다는 입장을 개진하며 일본의 조선에 대한 독자적 세력권화에는 명백히 반대한다는 의사를 표명하였다. 만주를 러시아가 차지하게 된다면 조선과 국경선을 접하게 되는 러시아로서는 조선과 매우 밀접한 이해관계를 가지게 된다는 논리를 전개하면서 일본이 조선에 대한 권리를 기정사실화하려는 의도를 봉쇄하였다. 만주를 차지한 러시아는 일본과는 한반도의 세력분할 여지만 남겨 놓은 상태가 유지되기를 원했던 것으로 보인다.

러시아의 만주 진출은 일본은 물론, 한국에서도 반러시아 정서를 확산시켰다. 한국에서는 한러은행이 폐쇄되고, 러시아 군사고문단이 철수하고 있었다. 러시아는 1898년 뤼순, 다롄의 조차권과 남만주철도 부설권을 확보하였고, 뤼순에 요새를 건설하여 군사기지를 구축하였다. 다롄은 상업항구이자 철도의 종점으로서 비테의 재무성 관할에 있던 동청철도회사의 소유가 되었다. 다롄의 러시아 명칭인 달니이(Дальний, '멀다'는 뜻의 형용사) 시(市)는 파리를 모델로 한 유럽풍의 도시로 건설되면서, 펑톈, 창춘을 거쳐 하얼빈에 이르는 남만주철도의 건설이 시작된다. 1900년 의화단토벌을 위해 구성된 8개국의 연합군이 참전한 가운데 러시아는 베이징에 있던 병력을 만주로 보내 창춘, 랴오양, 펑톈, 펑황청 등을 점령한다. 러시아는 일본에 한국을 평양이 위치한 북위 39도선 기준으로 분할하자고 제안하기도 하고, 1903년에는 용암포(압록강을 경계로 만주의 단둥을 마주보고 있는 전략적 요충지) 조차를 시도하다 실패하는 등 끊임없이 세력확장을 추구하고 있었다.

청 정부는 의화단 사건을 계기로 서구열강의 군대가 개입하면서 몰락의 길을 걷게 된다. 독일인 선교사가 1897년 산둥성에서 살해되고, 베이징 주변까지 교회에 대한 습격이 빈발하면서 1899년 영국인 브룩스 목사가 살해되는 등 톈진과 베이징 지역에서 의화단의 소요가 본격화되자, 1900. 6. 9. 영국 해군의 시모어(Edward H. Seymour) 장군을 사령관으로 연합군(영국, 미국, 프랑스, 독일, 이탈리아, 러시아, 일본)을 편성하기로 결정한다. 의화단은 부청멸양(扶淸滅洋)을 슬로건으로 한 서양인의 종교와 문명을 적대시하는 의화권(義和拳)이라는 무술을 연마한 집단이 중심을 이루고 있던 단체이다. 연합군은 1900. 6. 10. 톈진을 거쳐 베이징으로 진격하였다. 러시아는 4,000명, 일본은 4,300명의 보병부대를 파견하였다. 무라비요프 외상은 1900. 6. 17. 황제에게 200년간 이어진 우호관계 및 청국 북부에 거주하는 러시아 신민의 보호 등을 이유로 연합군 총사령관을 러시아에서 하면 안 된다는 보고서를 제출하고, 3일 후인 1900. 6. 20. 뇌일혈로 사망한다. 외무성 차관이던 람스도르프가 외상 서리 역할을 하다가, 8월 7일 정식으로 외상에 임명된다. 일본군을 배제하고 베이징까지 점령하려는 계획을 가지고 있던 쿠로파트킨 육군상은 람스도르프 임명에 맹렬하게 반대하였다. 람스도르프는 1844년생으로 34년간 외무성에서 근무하였고, 재외공관은 근무한 경력이 없는 인물인데, "외부 세계의 사람과 사물에 관해서는 단지 책에서 읽은 지식을 갖추고 있을 뿐이어서 역사적인 국가 위기의 순간에 수행해야 할 역할에는 적합하지 않았다."라는 주일 러시아 공사를 지낸 로젠의 인물평이 있다.

시태후는 1900. 6. 21. 어전회의에서 선전(宣戰)의 상유(上諭)를 내린다. 이 상유의 성격이 연합국에 대한 선전포고인지에 관하여는 논란이 있다. 청과 국경을 접하고 있는 러시아는 6월 23일 아무르 군관구에 동원령을 내린다. 동청철도 하얼빈 본부의 기사장이었던 유고비치는 1900. 7. 6. 비테 재무상에게, 펑텐에서 3,000명의 청국 병사들이 반란을 일으켜 가톨릭 신부들을 살해하고, 역사(驛舍)에 방화하고 철도가 파괴되었다고 보고하면서, 프리아무르 주 총독 그로제코프에게 군대 출동을 요청하는 전보를 보낸다. 비테는 1900. 7. 9. 군대 파견을 황제에게 요청하여 하바로프스크, 니콜스크-우스리스키, 관둥주 세 방면에서 만주에 군대를 투입하라는 명령이 내려진다. 톈진이 1900. 7. 14. 함락되고, 7월 23일 일본, 영국, 러시아 3국이 공동통치하기로 한다. 1900년 7월 중반에서 7월 말 무렵 러시아군은 6개 방면에서 만주로 침입한다. 투입 예정 인원은 25,000명 규모였다. 러시아 알렉세예프 장군은 1900. 8. 5. 랴오둥반도의 잉커우항을 점령한 후 러시아 영사로 근무하던 오스트로베르호프를 시(市)의 장관으로 임명하여 다른 열강들의 반발을 산다.

　미국, 영국, 일본, 러시아 연합군은 1900. 8. 6.부터 8. 19.까지 베이징을 공격하여 함락시킨다. 총병력 13,500명 중 일본군이 6,500명, 러시아군이 4,500명, 영국군이 1,500명, 미군이 1,000명이었다. 러시아군은 8월 29일 성도(省都) 치치하얼을 함락시키며 헤이룽장성 전체를(청군의 셔우산 장군은 항복한 뒤 음독자살함), 9월 23일 지린, 9월 28일 랴오양, 10월 2일 펑톈을 점령함으로써 만주 전체가 17만 3,000명의 러시아군 수중에 들어갔다. 펑톈의 성징(盛京) 장군 쩡치(增棋)는 알렉세예프 장군과 교섭을 진행하여 11월 9일 코로스토베쯔와 저우몐(周冕) 사이에 러시아군이 주둔하되, 청국에서 철도의 보전에 책임을 진다는 내용의 비밀협정이 가조인되고, 쩡치 장군은 1900. 11. 16. 서명하였으나 이로 인해 베이징으로 소환되어 해임된다. 베이징 관리들은 쩡치 장군의 밀약 사실을 영국인 모리슨 기자에게 흘렸고, 1901. 1. 3.자 『타임스』에 만주가 사실상 러시아의 보호국이 될 것이라는 식의 과장된 내용의 기사가 실리면서 러시아는 국제적으로 비난을 받게 되었다. 일본 신문에는 1901. 1. 11. 무렵부터 보도되기 시작하였다. 청국 정부는 1901. 3. 31. 도쿄와 런던에 주재하는 청국 공사들에게 러시아와의 협정에 조인하기 않기로 했다는 결정을 주재국 정부에 통지하라는 훈령을 보냈고, 4월 3일 러시아 정부 역시 재외 공사관에 협정을 미루고 사태 진전을 조용히 기다리라는 지시를 하였다.

영국과 독일 사이에 1900. 10. 12. 영독협정이 조인되는데, 청국 판도 내의 여하한 영토 획득도 추구하지 않을 것, 제3국이 청국 내의 영토 획득을 추구하는 움직임을 보일 경우에는 양국은 어떠한 조치를 취할지 협의한다는 내용이었다.

1900. 11. 13. 얄타에서 비테 재무상, 람스도르프 외상, 쿠로파트킨 육군상이 협의하여 '러시아의 만주통치감독 방침'이라는 문서를 작성하는데, 만주는 청국의 영토로 남되, 치안유지를 위하여 러시아군이 점령을 계속하고 청국은 군대를 두지 않는다는 내용이었다.

주일 이즈볼스키 러시아 공사는 1900. 11. 1.부터 1901. 2. 22.까지 가토 다카아키 외무대신과 러시아와 일본 공동관리 체제의 한국중립화 구상을 논의하다가 불발된다. 가토 외무대신은 중립화 제안을 재외 공사에게 알렸고, 주청 공사였던 고무라 주타로는 1901. 1. 11. 러시아 제의는 받아들이면 안 되고 세력 범위를 분할하는 것을 주장해야 한다는 의견을 개진한다. 이른바 만주 문제와 한국 문제는 불가분한 것이라는 만한불가분론, 일본은 한국을, 러시아는 만주를 세력범위로 분할하여야 한다는 만한교환론을 제기한다. 청일전쟁 후 한반도를 러시아와 일본이 분할하여야 한다는 일본의 외교방침, 야마가타 아리토모가 1896년 러시아 방문 시 제안하여 모스크바 의정서에서 성사된 완충지대를 전제로 한 조선 분할안이 4년여 흘러 '만한불가분론=만한교환론'으로 발전하게 된 배경에는 만주를 침공하여 군대를 주둔시킨 러시아를 영국과 독일을 비롯한 열강들이 비판적으로 바라보고 있었고, 영국과 일본의 교섭이 진전되고 있었다는 사실이 자리 잡고 있었다.

주러 진다 스테미(珍田捨巳) 일본 공사는 1901. 1. 28. 외무성에 러시아의 한국정책을 분석해 보고하였다. 러시아는 만주와 한국, 두 문제를 따로 떼어내서 접근하되 만주의 경영을 완성하고 그런 연후에 한국 문제를 해석해 보겠다는 방침으로 보이고, 러시아에서 제기하는 조선중립론은 미봉책으로 나온 것으로 조선에 대한 야심이 일조일석에 변동하지는 않을 것이고 러시아의 숙원을 실현할 여지를 보류할 목적에서 나온 것이라고 생각할 수 있다는 내용의 분석을 하고 있다.

의화단 사건을 종결짓는 강화조약(辛丑條約)이 1901. 9. 7. 베이징에서 청 칭친왕과 연합국 11개국(미국, 영국, 프랑스, 독일, 러시아, 오스트리아, 이탈리아, 일본, 스페인, 벨기에, 네덜란드) 사이에 체결된다. 연 4% 이자로 4억 5,000만 냥을 39년 동안 관세 및 염세를 담보로 배상금으로 지급하고, 베이징 공사관 구역과 개항장 안전확보를 위한 군대 주둔 권리를 부여하고, 독일 공사와 일본 서기관의 피살사건에 대하여 사죄한다는 등의 내용이다. 러시아군의 만주 주둔은 계속되었다. 만주는 러시아와 청국이 전쟁까지 하였으나 어떠한 협정도 없이 방치된 상태가 되어 버렸다. 리훙장이 1901. 11. 7. 사망한다.

야마가타 아리토모 수상은 1900. 8. 20.자 '북청사변(의화단사건) 선후책'이라는 의견서를 작성하는데, "세간에 북방 경영을 논하는 자들은 이번 북청사변을 기회로 조선 전부를 우리 세력구역으로 삼으려 하거나 또는 러시아의 만주 경영을 막지 않겠다고 약속함으로써 러시아로 하여금 우리의 조선 경영을 승낙하게 하려고 한다. 그렇다, 북방 경영의 책(策)은 실로 이것에 다름 아니다."라고 주장하면서 러시아가 겉으로는 분할을 하지 않겠다고 선언하고 있지만, 만주에 관하여 결정을 내리고 있지 않기 때문에 교섭은 어려운 상태이므로 '남방 경영', 즉 푸젠(福建)과 저장(浙江)을 세력권에 추가하는 것을 먼저 진행하는 것이 좋겠다는 결론을 내리고 있다.

고노에 아쓰마로는 1900. 9. 11. 러시아의 만주 점령에 대한 반발 움직임으로 국민동맹회를 결성하여 대학교수들에게 회합을 제의하여 작성된 교수들 6명의 건의서를 1900. 9. 26. 야마가타 아리토모 수상에게 제출한다. 중국을 분할하려는 나라들에 항거해야 하고, 동양의 재앙과 혼란의 동기가 되는 조선 문제는 하루빨리 결단해야 하며, 일본과 이해를 같이 하는 나라(영국을 지칭함)와 제휴해야 한다는 내용이었다. 이 건의서는 1900. 11. 25. 신임 외상인 가토 다카아키에게도 제출되었고, 『제대가대외의견필기(諸大家對外意見筆記)』라는 제목으로 비매품 책자로 10월에 출간된다. 국민동맹회는 1901년 2월, 3월에 걸쳐 여러 지역에서 집회를 개최하였고, 수천 명이 모인 자리에서 러시아와 전쟁도 불사해야 한다는 주장이 나온다. 국민동맹회는 영일동맹과 만주철군협정 후인 1902. 4. 25. 해산대회를 개최한다.

주러 공사로 있던 진다 스테미가 1901. 11. 27. 외무차관(당시 명칭은 외무총무과장)으로 자리를 옮기자, 1897년부터 주프랑스 공사로 있던 영국경계론자이자 러시아협조론자로 친러노선의 대표격인 구리노 신이치로(栗野愼一郞)는 전쟁은 피해야 하고 협상을 추구해야 한다는 장문의 의견서에 동의한다는 고무라 외상의 다짐을 받고 주러 공사로 부임한다. 구리노는 일러 양국이 한국과 만주를 분할하여 나누어 갖는 형식과 같은 특정 세력하에 둘 것이 아니라 한국, 만주를 각각 세력영역으로 하여 군사적 충돌은 피해야 한다는 주장을 펼치고 있었다. 러시아와 전쟁을 염두에 두고 있던 고무라 외상은 친러파인 구리노를 앞세워 전쟁은 피할 수 없었다는 사정을 나타내려는 의도가 있었다고 한다.

만주와 한반도를 놓고 세력권확보를 위하여 외교전이 벌어지고 있는 동안 한반도 영토는 이권을 차지하려는 열강들의 요구에 서서히 잠식되고 있었다. 청일전쟁이 벌어지자 일본은 1894. 8. 20. 조일잠정합동조관(朝日暫定合同條款, 경부철도와 경인철도 부설권을 일본에게 잠정적으로 양도)을 체결하였고, 한국 주재 영국, 미국, 러시아, 독일 4개국 공사는 1895년 5월 한국 정부에 철도 이권을 일본에게만 독점적으로 양도하지 말 것을 요구하는 항의 각서를 공동으로 제출한다. 일본의 압력이 계속되자 한국 정부는 견제책의 일환으로 1896년 3월 경인철도 부설권을 미국인 모스(J. Morse)에게 부여하는 경인철도합동(京仁鐵道合同)을 체결, 1896년 7월 주한 프랑스 서리공사 르페브르(G. Lefévre)의 요청(서울-공주 부설권도 요청하였으나 거절)으로 경의철도 부설권을 프랑스인(Fives-Lille 회사)에게 부여하는 경의철도합동(京義鐵道合同)을 체결한다. 러시아는 고종의 아관파천을 활용하여 압력을 가하였고, 프랑스 차관으로 건설 중이던 시베리아 철도와 경의철도를 연결하려는 의도가 있었다. 모스는 1897. 5. 8. 경인철도 부설권을 일본의 경인철도 합자회사에 20만 불 이상의 순이익을 남기고 매각하였고, 경의철도 부설권은 프랑스가 준공시한을 지키지 못하여 3년 후인 1899. 6. 23. 한국 정부가 회수하였다. 결국, 일본의 경인철도합자회사가 건설공사를 하여 1899. 9. 18. 인천~노량진 구간이 개통되고, 1900. 7. 8. 경성역까지 연장된다. 이와 같이 한반도 지역의 철도부설이권을 둘러싼 열강들의 경쟁이 벌어지자, 독립협회를 중심으로 철도, 전선, 광산[독일인 발터(C. Walter)와 1897년 4월자 광산채굴계약, 영국인 모르간(P. Morgan)과 1898. 9. 27.자 광산채굴특허계약], 삼림[러시아인 브리네르(Bryner)와 무산 및 울릉도의 1896. 8. 29.자 삼림벌채원양도약정] 등 이권을 외국에 양도하지 말 것을 요구하는 이권수호운동이 일어났고, 특히 철도부설권은 생존기반인 토지와 직결된 문제로서 광범위한 공감대를 형성하였다. 한국 정부는 철도의 자력 건설을 추진하면서 1900년 9월 궁내부의 내장원(內藏院)에 서북철도국(西北鐵道局)을 설치하고, 경의철도에 관한 일체의 사무를 직접 관할하여 처리하기로 방침을 정한다(경의철도부설권은 1899. 7. 6. 설립된 대한철도회사에 외국인에게 매도하지 않는다는 조건으로 부여된 바 있음). 서북철도국 총재 이용익(李容翊)은 해관 수입을 담보로 철도부설 자금을 제공하겠다는 프랑스 측 제의와 차관을 제공하겠다는 일본의 제의를 모두 거절한다. 1901년 7월까지 서울~개성의 노선측량을 하고, 외교사절을 초청하여 경의철도 기공식을 열기도 하였다. 일본 정부의 막후작업 끝에 한국 정부는 1903. 7. 13. 서울~평양 철도건설을 대한철도회사에 맡긴다는 칙령을 내리고, 1903. 8. 19. 서북철도국과 대한철도회사 사이에 대한철도회사전담협정이 체결된 후, 1903. 9. 8. 일본 제일은행과 대한철도회사 사이에 경의철도차관계약이 체결된다. 러시아 정부는 한국 정부에 경의철도부설권의 양도를 요구하는 한편, 일본 정부에 대하여는 북위 39도 이후의 한국 영토를 중립지대로 하고 만주는 일본의 이익 범위 밖이라는 점을 받아들이게 하려고 했던 반면, 일본 정부는 러시아 정부에 대하여 한국에서의 일본의 독점적 이익의 보장을 요구하면서 경의철도의 만주 확장을 방해하지 말라는 입장을 고수하여, 결국 남만주 지역의 철도 이권을 둘러싸고 첨예하게 대립한다. 일본 정부는 러일전쟁을 계기로 1904. 2. 6. 경의철도를 군용철도로 부설할 것을 결정하고, 1904. 2. 21. 병참총감 휘하에 임시군용철도감부(臨時軍用鐵道監部)를 편성하여 일본군이 직접 부설하고, 서북철도국은 1904년 8월 폐지된다. 1905년 경부선 구간, 1906년 용산~신의주 전 구간이 개통되고, 1908년 신의주~부산 구간의 한국 최초의 급행열차가 운행된다. 1911년 11월 압록강 철교가 준공되고, 1911년 11월 단둥과 펑톈을 연결하는 안봉선의 표준궤 개축공사가 완공되어 한국과 만주의 철도가 동일궤도 상에서 동일궤 간으로 연결된다. 압록강 철교의 설계 및 예산계획은 1905년 2월 수립되었다. 1896년부터 프랑스와 독일이 부설권을 요구하던 경원철도는 박기종이 운영하는 대한국내철도용달회사에 부설권을 부여하였는데, 일본이 1903년 이 회사와 경원철도차관계약을 체결하였다가 러일전쟁 중 경의철도와 마찬가지로 군용철도로 부설할 것을 결정한 후, 임시군용철도감부(臨時軍用鐵道監部)에서 8.1마일 정도의 노반공사만 하였다가, 조선총독부가 1910년 10월부터 1914년 8월까지 223km에 달하는 용산~원산의 경원철도를 완공한다. 호남선의 경우 조선총독부가 1910년 10월에 부설공사를 착수하여 1914월 1월에 완공한다. 대전~목포, 이리~군산의 지선도 연결한다. 일찍이 한반도, 만주, 중국을 거쳐 유럽대륙까지 철도가 이어지는 세계철도라는 원대한 구상을 하였던 경부철도주식회사의 시부사와 에이이치(澁澤榮一, 일본 자본주의의 아버지로 불린 인물) 사장은 군부와 정치가들을 설득시켜 미국 카네기 철강회사에서 수입한 표준궤의 궤조로 경부선을 건설하였고, 1915년 현재 총연장 1천 마일의 철도망이 한반도에 구축된다.

한국에 대한 화폐 주권도 침탈되기 시작하는데, 1901년 광무 5년 화폐조례가 공포되자 백동화 남발로 인한 인플레이션 수습이라는 명분을 내세워 일본의 민간은행인 제일은행에서 제일은행권을 발행하여 한국에 유통시키기로 한다. 1901년 11월 일본 대장성의 허가를 받아 제일은행권 규칙을 제정하여 한국 정부와는 아무런 상의도 없이 1902년 5월 부산에서 제일은행권을 발행하기 시작하여 1910년까지 3차례에 걸쳐 발행한다. 일본 정부는 화폐가 아니라 약속어음이라는 주장을 하였는데, 일본 통화 태환권(通貨 兌換券)을 바탕으로 하고 있어 사실상 일본 화폐와 다름이 없었다. 이에 반발한 한국 상인들의 제일은행권 수수반대 결의운동이 일어난 가운데 정부가 수수거절을 고시하였으나, 일본이 1903년 2월 서해안에 군함 3척을 파견하며 압박하자 2월 12일 제일은행권의 수수를 임의에 맡긴다는 내용으로 고시를 바꾸게 된다. 민간은행이었던 일본 제일은행은 1905년 화폐정리사업이 시행될 때 백동화를 정리하는 담당기관이 되고, 대한제국의 중앙은행으로서 은행권을 발행하는 특권을 공인받게 된다.

라. 떠오르는 군부세력

이토는 1896. 8. 31. 정당(야당)과 타협을 통한 국정운영이 좌초되자 총리직을 사임한다. 당시 이토의 영향력은 내리막길이었고, 야마카타 아리토모가 주도권을 장악하고 있었다. 대만고등법원장의 해임사건의 여파로 마쓰카타 마사요시 내각이 또 붕괴되자, 이토는 1898. 1. 12. 다시 총리에 취임하여 3기 이토 내각을 꾸린다. 야마가타는 참모본부장에 취임하여 군령에 관한 사항은 참모본부장이 관리한다는 규칙을 제정한다. 세이난 전쟁, 자유민권운동 등의 영향으로 군대 명령권자와 정치 지도자를 분리시키는 것이 목적이었으나 일본 군부의 독주로 이어졌다는 평가가 있다(가토 요코). 이토 내각은 6개월 만에 붕괴하는데, 야마가타의 모략에 기인한 것으로 알려져 있다.

1898년에는 총선을 3월과 6월 두 번 치르는데, 3월은 세금인상안이 부결되면서 당일 국회가 해산되었다. 6월 총선에서는 자유당과 진보당을 통합하여 오쿠마와 이타가키 타이스케가 만든 헌정당이 300석 중 260석을 차지한다. 영국을 모델로 헌법을 제정해야 한다고 주장했던 오쿠마는 자유민권운동을 표방하는 정당을 결성하여 결국 이토 내각의 총사퇴를 이끌어낸다. 천황은 1898. 6. 27. 다수당이 된 헌정당의 오쿠마와 이타가키 타이스케에게 조각을 명령하고, 1898. 6. 30. 오쿠마 내각이 출범한다(오쿠마는 1914년 76세 때 두 번째로 총리대신에 임명됨). 오쿠마 내각은 4개월 만에 붕괴되고, 후임 총리대신에 야마가타 아리토모가 임명된다. 이토의 의견이 반영이 안 되고 가쓰라 다로(桂太郞) 육군대신이 주도한 내각으로 알려져 있다. 입헌정우회라는 정당이 1900. 8. 25. 창립총회를 개최하여 이토를 초대총재로 선출하고 152명의 현역의원이 입당한다. 야마가타의 권유로 이토에게는 마지막 내각이 되는 4차 이토 내각이 1900. 10. 19. 출범하면서 아오키 외상은 가토 다카아키로 교체되는데, 6개월 후 내각이 다시 붕괴되고, 이토는 이제 더 이상 내각으로 복귀하지 못한다.

3년 동안 5번 내각이 바뀌는 우여곡절 끝에 구성된 내각이 러일전쟁을 기획하고, 한국을 식민지로 이끌어가는 육군 대장 출신의 가쓰라 내각이다(이토→오쿠마→야마가타→이토→가쓰라). 이제 일본은 군부가 국가의 정책을 주도하는 시대로 접어든다. 가쓰라 다로(桂太郎, 1847년생)는 1901. 6. 2. 총리로 취임하고, 외무대신은 고무라 주타로(小村壽太郎, 1855년생)가 임명된다. 가쓰라 내각은 대륙정책의 골격을 마련하는데, 북방은 한국을 보호국으로 만드는 목적을 달성하는 것이고, 남방은 푸젠을 입각점으로 하여 남중국 지방을 이익권 내로 흡수하는 것이다. 1890년 12월 당시 야마가타 아리토모 총리대신이 제국의회에서 선언한 이익선 구축의 첫 단계로 한반도를 거점으로 확보한다는 방침이 10년여 세월이 흘러 가쓰라에 의하여 다시 확인되고, 1900. 8. 20.자 야마가타 아리토모 총리대신의 '북청사변 선후책'에서 밝힌 남방 방침이 다시 확인된다.

이토는 1901. 9. 18. 미국으로 출발하여 예일대학에서 명예박사학위를 수여받고, 1901. 11. 4. 프랑스에 도착하여 루베 대통령과 델카세 외상과 회담을 한다. 영일동맹 교섭의 시작 단계에 있던 주영 하야시 다다스 일본 공사는 이토에게 조언을 구하고, 란스다운 외상은 1901. 6. 19. 각의에 배포한 문서에서 일본과 양호한 관계를 갖는 것이 극도로 중요하다는 점을 언급한다. 러시아를 견제할 필요가 있었던 영국에게는 일본의 접근을 마다할 이유가 없었고, 일본으로서는 한국을 보호국으로 만들기 위하여 러시아를 제압하려면 다른 열강들, 특히 영국의 지지가 필요한 상황이었다. 이 무렵 런던을 거쳐 파리에 있던 이토는 러시아로 부임하려고 마침 파리에 있던 구리노를 만나는데, 러시아와 협상할 의사가 전혀 없었던 고무라에게 속은 것을 알게 된 구리노를 달래 러시아로 부임하도록 한다. 영일동맹이 1902. 1. 30. 조인된다. 러시아를 공동의 가상 적국으로 상정한 내용으로써, 조약체결국이 다른 국가와 전쟁을 하면 중립을 지키고, 다른 국가가 그 적대행위에 가담하면 지원한다는 것이다. 결국, 일본이 러시아 한 나라와만 전쟁을 하게 되면 영국은 중립을 지키지만, 프랑스나 독일과 같은 다른 나라가 러시아 편으로 참전하면 영국이 일본 편에서 싸운다는 의미이다. 일본은 영일동맹으로 인하여 다른 열강들이 개입할 걱정 없이 러시아를 상대할 수 있게 되었다. 고무라 외무대신의 전임자였던 가토 다카아키는, 국가를 개방한 지 겨우 40년, 구미인의 눈으로 보면 약소국, 반개화로 보일 우리나라에 대해 이와 같이 생사를 같이하는 협약을 기꺼이 맺게 된 것은 무엇을 의미하는가? 이와 같이 우세한 영국과 우리 제국이 당당하게 동맹하게 되면, 실로 우리 앞날에 적이 없고, 그야말로 맹호에 날개를 단 것이나 다름없다는 소회를 남긴다. 하야시 다다스 공사는, 고무라 외상이 이토와 이노우에를 제어하고 자신의 노선을 관철한 것에 대하여 "무엇보다도 감동할 만한 인물이라고 하겠다."라는 평가를 남긴다.

러시아와 협상이 이루어질 수 있다는 미련을 버리지 못하고 있던 이토는 일본 정부와 영국이 러시아를 가상적국으로 한 교섭을 벌이던 기간인 1901. 11. 25. 상트페테르부르크에 도착하여 12월 2일 람스도르프 외상과 회담을 갖고, 12월 3일 비테 재무상과 회담을 갖는다. 한국에 대한 지배권을 인정받으려는 일본의 입장과 이를 용인하지 않겠다는 러시아의 입장만 서로 확인한다. 이토는 12월 6일 회담 결과를 전보로 본국에 보냈고, 전보는 12월 8일 도착한다. 이토는 1903. 7. 13. 명예직이라고 할 수 있는 추밀원의장이 되고, 입헌정우회 총재 자리도 물러난다. 가쓰라 수상은 1903. 7. 1. 이토와 세금 문제로 인한 의견대립으로 예산편성이 어려워지자 총리직 사퇴카드를 꺼내면서 후임자를 이토로 추천하였으나, 야마가타 등 원로들이 가쓰라를 지지하여 다시 가쓰라에게 정국주도권이 돌아간다. 야마가타와 마쓰카타는 추밀원 고문관이 된다.

마. 러일전쟁

청일전쟁의 결말은 중국 영토를 자신들의 전유물처럼 알고 있던 유럽 열강에게 일본을 불편하게 바라보는 계기가 되었던 것 같다. 일본으로서는 아시아 최강국과 치른 역사상 첫 전쟁의 승리였던 만큼, 영토 획득에 대한 강한 열망이 있었다. 삼국 간섭을 주도하였던 독일은 자오저우만을 점령하고, 러시아는 무라비요프 외무상의 주장을 수용하여 뤼순과 다롄항의 조차를 시작으로 만주까지 점령한다. 일본의 니시 외상은 러시아에게 만한교환론을 제기하는 한편, 고종은 한국의 중립국 지위를 추구한다. 가토 외상 시절 주청 고무라 공사의 주장으로 일본 정부는 한국을 확보하여야만 러시아의 만주 지배를 견제하는 거점이 된다는 입장을 굳히게 되면서 한국을 둘러싼 러일 양국의 갈등이 깊어진다.

1890년대 러시아 남하정책에 대한 일본의 대응방안은 크게 두 견해가 대립하고 있었다. 하나는 이토, 이노우에로 대표되는 온건파의 견해로 러시아는 만주를 지배하고, 일본은 조선을 지배한다는 것으로, 어디까지나 평화적인 협상을 통하여 목적을 달성한다는 것이다. 다른 하나는 야마가타, 가쓰라로 대표되는 강경파의 견해로, 영국과 제휴하여 러시아를 견제하고, 필요시 러시아와 전쟁도 불사한다는 것으로 군부의 지지를 받고 있던 견해이다. 가쓰라가 수상이 된 후 강경파의 노선을 기조로 영일교섭이 진행되었고, 1902. 1. 30. 제1차 영일동맹이 런던에서 조인된다. 1902년까지 만주에서 철군하겠다는 러시아 군대는 여전히 주둔하고 있었다. 일본은 1902년 제국 의회가 해산되고, 1903년 3월 총선거가 있었다. 해군의 예산안은 통과되지 못하였다.

러시아와 청은 1902. 4. 8.(러시아력 표시임, 서력 3월 8일) 만주철군협정을 체결하는데, 철수기한을 18개월로 하여 첫 6개월 이내 랴오닝성 남서부 랴오허에 이르는 지방의 군대 철수 및 철도 반환, 다음 6개월 이내 랴오닝성 잔여 부대 및 지린성 군대 철수, 다음 6개월 이내 헤이룽장성 군대 철수라는 철수의 3단계 기한을 정한 것이었다.

주한 알렌 미국 공사는 1902. 5. 2. 국무성에 보낸 보고서에서 한국의 상황을 매우 부정적으로 기술하고 있다. 1894년 당시 일본이 황제에게 개혁을 서약하도록 요구했는데 이 서약은 무시되고 있다, 한국에서는 일본과 러시아가 영향력을 나누어 가지고 있는 것으로 보인다, 1898년 봄 러시아가 퇴장한 뒤로는 러일협정이 어느 쪽 한 나라도 한국에 개입하지 못하도록 억제해왔다, 한국은 자립통치를 시도했지만, 5년 동안의 경험을 통해서 이 나라에는 그 준비가 전혀 되어 있지 않다는 것이 분명하게 드러났다는 내용이었다.

주일 이즈볼스키 러시아 공사는 1902. 8. 2. 람스도르프 외상에게 한국중립화에 관한 의견서를 보낸다. 한국을 일본에게 일시적으로 양보하면, 결국 일본은 재정적, 군사적 위기로 한국에서 손을 뗄 것이고, 그 후 미국을 포함한 3국 협정으로 한국중립화를 추구한다는 내용이다. 이즈볼스키는 덴마크 공사로 이동하였고, 후임으로 세르비아 공사로 가 있던 로젠이 부임한다. 로젠 러시아 공사는 일본과 모종의 합의에 이르는 것은 이미 불가능하다고 생각하고 있었고, 러시아 외무성은 로젠 공사에게 조선 문제에 관한 교섭을 재개하고 일본과의 모든 충돌을 회피하기 위해 노력을 경주하되, 한국의 독립과 영토 보전을 기초로 해야 한다는 훈령을 내린다. 주한 파블로프 러시아 공사는 1902. 9. 23. 이즈볼스키의 한국 중립화 방안에 반대한다는 의견서를 황제에게 제출하는데, 이유는 러일전쟁이 발발한다면 강화 시 러시아가 한국에서 아무것도 획득할 수 없기 때문이라는 점을 들고 있다. 파블로프 공사는 1902. 9. 25. 더욱 포괄적인 내용의 의견서에서 러시아의 태평양 진출의 최종목적은 한반도라고 하면서 그 전제가 만주 지배라고 주장하고 있다. 한편, 러시아 내부는 전국에서 번지고 있던 소요상태로 균열이 심화되고 있었다. 1902년 3월 러시아 남부 하리코프, 폴타바 지역 농민 소요가 발생하여 1,092명이 기소되고, 836명에 대하여 유죄판결이 선고되었으며, 시퍄긴 내무상이 1902. 4. 15. 집무실에서 암살당하여 후임으로 플레베가 임명되자 비테 재무상과 주도권 다툼이 벌어지고 있었다.

러시아군은 1900년 1월부터 2월까지 1차 가상 러일전쟁 도상훈련을 (일본의 공격 루트를 한국과 관둥주를 겨누고 뤼순 공격이 조기에 시작될 것으로 예측함), 1903년 11월부터 1904년 3월까지 2차 가상 러일전쟁 도상훈련을(제해권 확보를 관건으로 보고, 제주도 부근에서 해전이 벌어지는 등의 예측을 함) 니콜라이 해군대학에서 시행한다.

러시아는 외무상이 주재한 1903. 1. 24. 예비회의 및 1903. 2. 7 협의회에서 조선의 보전은 러시아 정책의 기초라는 전제하에, 만주철군에 관하여, 2차 철군시한인 4월 8일까지는 펑톈성 전 지역에서 철수하고 이어서 지린성 남부에서 철수하되 지린성 북부와 치치하얼 성에 관하여는 남부에서의 철수 상황이 완료할 때까지 군을 남겨둔다. 즉 4월 8일까지의 철군 약속은 취소하고 헤이룽장성과 지린성 북부에서의 철군과 관련해 철도 연선과 하천 연안에 군을 주둔시킨다는 것을 전제조건으로 삼자는 육군상 쿠로파트킨의 제안이 승인된다. 북만주를 병합하자는 육군상의 주장은 받아들여지지 않았다. 로제스트벤스키(1848년생)가 1903년 3월 해군 군령부장으로 임명되고, 해군장관 티르토프가 1903. 3. 17. 사망하자 후임으로 군령부장이던 아벨란이 임명된다.

무린안(無隣庵) 회의로 알려진 만한교환정책에 관한 회의가 1903. 4. 21. 가쓰라 수상, 고무라 외상, 이토가 참석한 가운데 교토에 있는 야마가타 아리토모의 별장에서 열린다. 회담 내용이 기록으로 남아 있지는 않다. 야마가타는 조선을 지배하는 자는 남만주를 지배해야 하며 남만주를 지배하는 자는 조선의 지배를 노리게 된다는 생각을 가지고 있었다고 한다.

일본 언론에서는 1903년 4월과 5월 러시아의 만주철병 약속위반과 관련된 러시아의 압록강 진군과 같은 과장된 기사들이 게재되고 있었다. 서울의 노즈 진부(野津鎭武) 소좌는 1903. 5. 6. 현지를 정찰한 히노 쓰토무(日野强) 대위의 "러시아인 60명, 한국인 80명, 청국인 40명, 한국 용암리에 … 공사를 시작하는 것을 보다."라는 보고를 참모총장에게 전달한다. 하야시 공사는 1903. 5. 15. 및 1903. 5. 19. 히노 대위의 보고를 외상에게 전하면서 러시아인은 변복한 군인으로 두령은 휴직한 러시아 장군 '마트리로프'이고, 청국인은 마적이 분명하다고 보고한다.

청국주재 무관 보가크는 1903. 5. 8. 아바자의 권고로 '만주 문제의 발전에 있어서 1902년 3월 26일 조약(러시아력 표시 4월 8일의 조약으로 러시아와 청의 만주철군협정)의 의의'라는 보고서를 작성한 후 황제를 알현한다. 요지는 청일전쟁이 극동에 새로운 시대를 열었고, 만주에서의 일본과의 전쟁은 불리하므로 전쟁방지가 제1급의 국가적 대사로서 양보정책을 중단하고 러시아의 전투 준비를 명확히 하면 아무도 전쟁을 결단할 수 없을 것이라는 내용이다. 당시 정세를 매우 정확하게 파악하고 있던 공사관 무관으로서 황제에게 전달할 수 있는 최대한도의 경고성 메시지로 볼 수 있다. 쿠로파트킨 러시아 육군장관 일행은 1903. 6. 12. 도쿄에 도착하여 6월 14일 고무라 외상과 회담하였다. 쿠로파트킨은 일본이 한국에 강하게 집착하고 있다는 점을 인식하면서도, 만주 문제에 관해서 일본과 충돌은 걱정하지 않아도 좋다는 전보를 니콜라이 2세에게 보낸다. 이 전보는 러시아 정부로 하여금 일본과 타협이 가능하다는 전망을 하게 했을 것이다. 니콜라이 2세는 1903. 8. 12. 극동태수제 설치령을 공포하고 초대 태수로 알렉세예프를 임명한다.

참모본부의 총무부장 이구치 쇼고(井口省吾) 소장과 제1부장 마쓰카와 도시타네(松川敏胤)는 1903. 5. 11. 참모차장 다무라 이요조(田村怡與造) 소장에게 '러시아의 만주철병사건에 관한 상문서(上聞書)'를 제출한다. 내용은 러시아 함대는 일본 함대에 비해 4분의 3이지만 몇 년 지나지 않아 일본 해군을 능가할 것이고 일본제국의 이권을 유지하고 제국의 큰 목적을 달성할 수 있는 기회는 시간이 흐를수록 성취하기 어려워질 것이라는 내용이었다. 오야마 이와오(大山巖) 참모총장(러일전쟁 당시 만주군 총사령관)은 5월 12일 이 상문서를 '제국군비 충실에 관한 상주서'의 부속 서류로 천황과 정부에 제출한다. 가라스마(烏丸)의 요정 고게쓰(湖月)에서 1903. 5. 29. 육해군과 외무성 당국자 16명의 회합이 있었는데, 만장일치로 시기를 놓치면 앞으로 결코 국운 회복의 기운을 맞이할 수 없다는 의견이었다. 어전회의가 1903. 6. 23. 이토, 야마가타, 오야마, 마쓰카타, 이노우에 등 원로와 가쓰라 수상, 테라우치 육군상, 야마모토 곤베에 해군상, 고무라 외상이 참석한 가운데 열리고, 오야마 의견서와 고무라 의견서의 내용이 거의 일치하였는데, 제국의 방위와 경제활동이라는 2개 정강, 대륙에 착안할 지점으로서 한국과 푸젠을 거론하면서 일본은 협상 과정에서 한국의 내정개혁을 위해서 조언 및 조력을 할 수 있는 전권(專權)을 보유해야 한다고 주장하였다.

황성신문은 1903. 5. 25.과 5월 27일, 그리고 5월 30일 '서북 삼림 및 용암포 사건'이라는 제목의 사설을 연이어 게재하고, 6월 8일자 사설에서 일본과 러시아의 위험을 알리고, 6월 30일자 사설에서 '러일밀약 성립설을 말함'이라는 제목으로 만한교환의 밀약설을 언급하며 경계를 촉구하였다. 황성신문은 1903. 7. 7.부터 1903. 7. 9.까지 도쿄제국대학 도미즈 히론도 교수 등 7명이 6월 1일 가쓰라 외상을 방문하여 제출한 바 있는 러시아와의 전쟁을 주장하는 건의서 전문을 번역 게재하고, 7월 22일과 23일에도 도미즈의 새로운 논문을 외신난에 소개하고 있다. 7월 10일자 논평에서는 "러일이 싸우는 추세임을 기술하고 우리 한국은 양자 사이에 앉아 위급 절박한 상황에 대해서 어찌해야 할 것인가, 비유를 들어 보자면 도마 위의 고기처럼 좌우에서 씹어 삼켜질지도 모른다는 걱정을 피할 수 없으니 남몰래 두렵구나, 결국 인제 와서 뭐라 말하리오, 오호! 그것이 슬프도다."라고 당시 상황을 전하고 있다.

고종은 1903. 8. 15. 러시아 황제에게 전쟁 시 협력을 제안하는 밀서를 작성하고, 외부대신 이도재에게 러시아와 일본에 중립국 지위의 승인을 요청하는 훈령 작성을 지시한다. 주일 고영희 공사는 1903. 9. 3. 고무라 외상에게 중립국 지위의 승인을 요청하는 서한을 보낸다. 궁정 내관으로서 프랑스어를 구사하는 현상건은 프랑스, 네덜란드, 독일을 거쳐 1903. 11. 14. 러시아에 도착한다. 황성신문은 1903. 9. 10. '만한교환의 풍설을 파(破)한다'는 논설을 게재하고, 1903. 9. 14. 러일교섭이 정식으로 시작되었다고 보도한다. 고종은 시종(侍從) 김인수를 알렉세예프에게 보내 의중을 탐색하였고 조선 황제에게 조선을 일본에 넘겨주는 협정은 맺지 않았다고 말했다는 내용이 알렉세예프가 러시아 외상에게 보낸 7월 9일자 및 7월 29일자 전보에 담겨 있었다.

고무라 외상은 1903. 9. 26. 한국 정부에 "제국 정부는 그 전래의 정책 강령을 좇아 평화 유지와 수목(修睦)의 증진에 계속 노력함으로써 달리 여념이 없기 때문에 지금 전쟁(兵戎)을 말하고 중립을 말하는 것은 오히려 상서롭지 못하며 또 매우 시의적절하지 않은 길이라 생각합니다. 그러므로 이 뜻을 잘 양해하시고 동시에 제국 정부가 귀국 및 동아 전체의 국면을 위해서 진력을 다하고 있는 미의(微意)도 충분히 납득하시기 바랍니다."라는 내용의 회답을 보내고, 구두로 "한국의 급선무는 국력의 충실, 국가의 부강을 도모하는 데 있다, 황실의 안고(安固), 재정의 쇄신, 병제의 개혁이 필요하다, 뒤의 두 가지 개혁도 원조를 희망한다면 응할 것이다."라는 말을 덧붙인다. 고무라 외상은 1903. 9. 29. 하야시 공사에게 한국과의 공수동맹 또는 보호조약의 가능성을 탐색하라는 훈령을 보내 놓은 상태였다.

일본 참모본부는 1903년 10월 러시아가 시베리아횡단철도를 완성하기 이전에 전쟁을 시작해야 한다고 주장하고 있었다. 일본과 미국은 1903. 10. 8. 청 정부와 통상조약을 개정한다고 발표하는데, 만주의 문호 개방으로 이어져 일본이 전비를 쉽게 마련할 수 있는 환경이 조성된다.

1903. 10. 9. 요로즈초호(萬朝報) 기자였던 우치무라, 고토쿠, 사카이는 논조(論調)가 주전론(主戰論)으로 정해지자 회사를 그만둔다. 우치무라는 10월 12일자 신문에 실린 '퇴사에 즈음하여 루이코 형에게 드리는 각서'에서 "일러 개전에 동의하는 것은 즉 일본국의 멸망에 동의하는 것이

라고 확신합니다. 국민 모두 개전을 결의하는 상황에서 이에 반대하는 것이 소생은 마음으로라도 견디기 어려운 바입니다."라는 글을 남긴다.

도고 헤이하치로는 1903. 10. 19. 마이즈루 진수부 사령관에서 상비함대 사령관으로 발령이 난다. 고다마 참모차장은 타이완 총독이며 내무상이었던 인물로 1903. 10. 12. 취임하는데, 전임자의 급작스런 사망으로 두 계급을 낮추어 참모차장으로 부임한다. 1903. 10. 20. 고다마 참모차장이 주재한 부장회의에서 작전계획이 수립되는데, 제해권을 확보할 수 없으면 마산에 1개 사단을 상륙시켜 서울로 향하게 하고, 제해권이 확보되면 평남 진남포에 3개 사단을 상륙시켜 평양으로 향하게 한다는 계획이었다. 다음 날 회의에서 해주만에 동절기에 유빙이 있다는 사실을 확인하고 상륙지를 인천으로 변경한다.

베조브라조프는 1903년 10월 러일협상 담당 부서인 극동 총독에 임명되었고, 한국을 점령할 것을 황제에게 권유한다. 알렉세예프는 1903. 10. 3. 니콜라이 2세에게, 베이징의 교섭은 중단되었고 일본이 조선 북부를 점령할 가능성을 배제할 수 없다는 내용의 전보를 보내면서 관둥주와 만주의 군대를 즉시 동원해 펑톈으로 집결시키고 만주를 계엄령하에 둔다는 등의 제안을 한다.

가쓰라 수상은 1903. 12. 11. 중의원을 해산하고, 전쟁을 위한 재정은 칙령으로 해결하기로 한다. 일본 정부의 제안이 1903. 12. 21. 로젠 러시아 공사에게 전달되는데, 일본이 한국에게 군사상의 원조를 포함한 조언 및 원조를 제공할 권리를 러시아가 승인할 것을 요구하면서, 러시아가 일본에게 제안한 전략 목적으로 조선 영토를 사용하는 것은 금지하고 39도선 이북에 중립지대를 설정한다는 조항은 거부하였다. 니콜라이 2세 주재하에 극동 문제 특별협의회가 1903. 12. 29. 11:00 차르스코예 셀로에서 열리는데, 알렉세이 대공, 쿠로파트킨 육군상, 람스도르프 외상, 아바자 등이 참석하여 쿠로파트킨의 북만주 병합안 등을 논의한 끝에 만주 문제를 포함하여 교섭을 계속한다는 결정을 내린다. 알렉세예프는 1903. 12. 29. 주한 파블로프 러시아 공사에게 한국 정황을 통보해 달라고 요청했다. 파블로프는 1903. 12. 30. 한국 황제가 환관을 통하여 일본군에 의한 한국 점령은 피할 수 없다는 것을 더 이상 의심할 수 없고, 황제를 러시아 공사관으로 피신하도록 하고, 러시아 영토로 탈출할 수 있다고 기대해도 좋은지 조언을 구해왔다고 통보하였다. 알렉세예프는 1904. 1. 1. 파블로프에게 개인 의견임을 전제로 러시아 공사관으로의 피신요청은 거절하기 어려울 것이나, 러시아령으로 가고 싶다는 의지에 관해서는 폐하 자신에게나 한국의 운명에 매우 중대한 결과를 가져올 문제이기 때문에 결정하기 전에 총체적으로 검토해야 한다고 회신하였다.

일본 정부는 1903. 12. 30. 대륙정책의 골격을 결정하는데, 북(北)으로는 한국 독립을 옹호하고 제국방위의 근간을 완벽하게 하고, 남(南)으로는 푸젠을 입각점으로 하여 남중국을 일본 이익권 내로 흡수한다는 것이었다. 주한 하야시 곤스케 일본 공사에게 한국과 공수동맹의 밀약 체결을 지시한다. 당시 공작활동비 1만 엔이 제공되어 외부대신 서리 이지용, 군부대신 민영철, 육군 부장(副將) 이근택 등이 포섭되어 밀약을 낙관하는 분위기였다고 한다. 일본 육군참모본부는 뤼순의 해전을 기다리지 말고, 제1기 작전으로 압록강 이남의 작전을(한국의 군사적 점령), 제2기

작전으로 압록강 이북 만주의 작전을 펼친다는 계획을 세웠으나, 해군에서 1903. 12. 28. 제1함대와 제2함대로 전시편제의 연합함대를 편성하여 도고 헤이하치로를 사령관으로 임명한 후 열린 1903. 12. 30. 육군참모본부와 해군군령부의 합동회의에서, 한국에 군대를 파견하는 것은 취소하고, 뤼순에 있는 적 함대에 결전을 기도하기로 합의가 이루어진다. 주영 하야시 다다스 일본 공사가 1903. 12. 29. 영국의 란스다운 외상에게 영국의 입장을 물었고, 도쿄의 맥도널드 공사는 석탄의 공급, 통신을 위한 식민지 이용, 돈을 빌려달라는 일본의 요구에 대하여 상당히 어렵다고 답한다.

러시아 정부는 1904년 1월 무렵부터 일본 문제에 관하여 외교가에 중재를 요청한다. 고무라 외상은 1904. 1. 10. 주미 다카히라 고고로 공사에게 효과가 없을 것임을 미국 국무장관 헤이에게 설명하라고 지시하였고, 1904. 1. 18. 주일 맥도널드 영국 공사에게 러시아 내부의 주전파와 평화파가 싸우고 있어 평화파의 목적을 물거품으로 만들 우려가 있다고 말하여 중재 의사가 없다는 뜻을 전달하였다. 프랑스 델카세 외상은 1904. 1. 13. 주불 모토노 이치로 일본 공사에게 전쟁은 이익을 가져다주는 것이 아닐 것이라는 결론에 이르렀으니 자기 한 사람이 책임지고 평화를 위해 일할 작정이라고 말하였다가, 모토노 공사가 1904. 1. 20. 델카세 외상에게 중재에 관하여 묻자 중재 조정을 시도할 생각은 없지만 평화를 위해 자신의 의견을 러시아 외상에게 개진하는 것을 의무라고 생각하고 있다고 말하였다. 영국주재 프랑스 공사는 1904. 1. 18. 란스다운 외상에게 일본에 압력을 넣을 수 없는가 문의하였고, 란스다운 외상은 어렵지만, 러시아에 진의를 확인하는 중이라고 하였다.

란스다운 외상은 1904. 1. 29. 하야시 공사에게, "나는 조정이라고 말하고 싶지 않지만, 쌍방이 위엄을 잃지 않고 수용할 수 있는 해결책을 발견하기 위해서 열강이 노력해야 한다는 목소리를 듣고 있다.", "많은 사람이 일본은 그 외교의 성공으로 조선에서 바라고 있던 것 모두를 실질적으로 획득했다고 느끼고 있다. 그러한 생각이 이 나라에도 나타날 것이다. 이런 환경에서는 열강이 전쟁의 재액을 회피하기 위해서 모종의 노력을 할 책임이 있다고 말할 수 있을 것이다. 나는 이 점에 관해서 일본의 감정이 어떤 것인지, 때를 놓치기 전에 알고 싶다."라고 말한다.

러일전쟁을 개시하기 전 일본의 큰 우려는 영국이 전쟁을 반대하지는 않을까 하는 것이었는데, 그러한 우려가 없어진 상태라는 것이 일본의 판단이었다. 일본은 1904. 1. 12. 및 2. 4. 두 차례 어전회의를 열어 러시아에 대한 최종 회답안을 결정하고, 회답 지연 또는 불만족스러운 회답의 경우 담판 중단 후 독립적인 행동을 취할 권리를 보유한다는 뜻을 러시아 정부에 통고하기로 결정한다. 1904. 1. 16. 보병 제12사단의 4개 대대를 차출해 한국으로 보낼 임시 파견대를 편제하여 기고시 야스쓰나(木越安網) 제23여단장을 사령관으로 임명한다는 안이 천황의 결재를 받는다. 구리노 공사를 비롯한 주러 일본 외교관 일행은 1904. 1. 29. 베를린으로 향하고, 독일 내 러시아에 대한 첩보활동 거점을 구축한다. 와다 하루키의 분석으로는, 로젠 공사와 공사관 무관이었던 루신은 일본이 조선 출병을 단행할 것이라고는 생각하고 있었지만, 러시아를 상대로 전쟁까지 할 결의를 하고 있다고 생각하지는 않았다는 것이다.

대한제국은 1904. 1. 21. 즈푸(현 옌타이)에 있는 프랑스 영사의 주선으로 주요 국가에 한국 외부대신 이지용 명의로 송부한 문서로 국외중립을 선언한다. 중립선언의 내용은 "러시아와 일본 사이에 발생한 분쟁을 고려해, 그리고 평화적인 귀결을 달성하는 데 교섭 당사자가 직면하고 있는 곤란함을 고려해, 한국 정부는 황제 폐하의 명령에 따라 현재 상기 두 강국이 현실적으로 행하고 있는 담판의 결과가 어떠한 것이든, 가장 엄정한 중립을 지키기로 굳게 결의했다는 것을 여기에 선언한다."라는 것이었다. 영국, 프랑스, 독일, 덴마크, 청, 이탈리아 등이 승인을 하였는데, 승인을 의미하는 'acknowledge'의 뜻은 통고를 받았음을 알린다는 뜻으로 별다른 의미는 없는 것이었다. 고종은 1904. 1. 25. 박제순을 외부대신으로 임명하되, 이지용의 외부대신 서리직은 유지하도록 하였고, 민영철을 군부대신에서 해임한 후 1904. 1. 28. 주청 공사로 임명한다. 파블로프 러시아 공사는 고종으로부터 프랑스어로 된 중립선언 전보를 받는다. 인천에 입항한 독일 순양함 '한자'의 함장이 러시아 순양함 '바랴그'의 함장 루드네프가 초대한 조찬 자리에서 루드네프에게 뤼순으로 우편물을 보내달라는 부탁을 하자, 루드네프는 '한자' 함장의 문서 꾸러미에 중립선언 전보를 첨부하여 알렉세예프에게 보내면서 일본이 고종을 협박하고 있으므로 고종이 언제 변심할지 모르니 빨리 중립선언을 실행할 필요가 있다는 내용의 서신을 함께 보냈다.

주일 러시아 공사관 무관인 루신의 통역사 다카하시 몬사쿠가 1904. 1. 22. 군사기밀 전달 혐의로 체포된다. 루신은 이를 일본의 개전 결의 표명으로 받아들이고, 총동원이 있을 것으로 보인다는 내용의 1904. 1.

28.자 전보를 보낸다. 니콜라이 2세는 1904. 1. 27. 알렉세예프에게 일본군이 위도상으로 서울의 선에서 남측의 동부 해안에 상륙할 경우에는 러시아는 보고도 못 본 체할 것이다, 이는 전쟁의 원인이 되지 않는다는 전보를 보내고, 알렉세예프는 1904. 1. 28. 아바자에게 더욱 정확한 지시를 원한다는 회신을 보낸다. 니콜라이 2세는 같은 날 일본과 협의를 위한 장관협의회의 개최를 명하는데, 중립지대 설정안과 포기안을 황제에게 보고하기로 한다.

오야마 이와오 참모총장은 1904. 2. 1. 천황에게 개전의 결단을 제안하고, 2월 3일 위 제안서를 토대로 이토 등 원로 5명, 외무대신, 육, 해군대신 3명과 총리대신(가쓰라) 관사에서 회합하여 최후통첩 후 자유행동에 나설 것을 결정한다. 가쓰라와 고무라는 천황에게 개전 결정을 위한 어전회의를 열 것을 청원하고, 2월 4일 10:30 개전을 결정하는 각의가 개최된다. 2월 4일 14:25부터 16:35까지 열린 어전회의에서 각의 결정을 승인한다. 회의 후 제1군에 동원령을 발동한다. 야마모토 곤베에 해군대신은 2월 4일 봉함 명령을 내린다. ① 연합함대 사령관 및 제3함대 사령관은 동양에 있는 러시아 함대의 전멸을 도모할 것, ② 연합함대 사령관은 신속하게 발진하고, 우선 황해 방면에 있는 러시아 함대를 격파할 것, ③ 제3함대 사령관은 신속하게 진해만을 점령하고, 우선 조선해협을 경계할 것

육군성에서는 2월 4일 임시 한국파견대, 즉 제12사단 소속 제23여단 2,240명에 대한 승선명령을 내리고, 여단장 기고시 야스쓰나(木越安綱)에게는 인천에 상륙하여 신속하게 서울을 점령하라는 봉함훈령을 내린다. 알렉세예프는 전쟁 전야인 2월 4일 황제에게 전보로 면직을 요청한

다. 고무라 외상은 2월 5일 14:00 구리노 공사에게 교섭단절과 국교단절의 통고에 관한 전보 4통을 보냈다. 2월 6일 쓰시마 다케시키 항에서는 04:00 진해만 점령을, 사세보 항에서는 11:00 뤼순 점령을, 14:00 인천을 목표로 출격 명령이 떨어졌다. 고무라 외상은 2월 6일 16:00 로젠 공사를 외무성으로 불러 외교 관계 단절을 통고하였다. 진해만에 정박해 있던 제3함대 제7전대 포함 '아타고(愛石)'가 같은 시간인 2월 6일 16:00 마산항에 입항한 후 전신국을 점령한다. 진해만 점령과 부산 및 마산의 전신국 제압이 러일전쟁이라 불리는 전쟁에서 최초로 수행된 군사행동이었다고 와다 하루키는 평가하고 있다. 야마모토 해군대신은 2월 7일 일요일 '아타고' 함장에게 내일인 8일 오전 8시를 기해 마산, 부산의 전신국 점령을 해제할 것, 외국인을 박해하거나 멋대로 한국 상륙에 병력을 이용하는 것과 같은 행위를 하지 않도록 주의할 것, 이 취지를 사령관에게 전하라고 타전하였다.

구리노 공사는 2월 6일 23:00(페테르부르크 시각 16:00) 람스도르프 외상에게 교섭단절통지 및 독립행동을 취할 권리를 주장하는 통고문, 외교 관계단절 및 외교대표 철수를 통지하는 통고문을 전달하였다. 2월 8일자 도쿄아사히신문 2면에 '러시아의 내막'이라는 제목으로, 철학자 솔로비요프의 황화론에 관하여 소개하면서, "러일전쟁이 종결될 즈음 틀림없이 러시아에 대혁명이 일어날 것이다. 예언자가 아니라서 미래를 통찰할 능력은 없지만, 혹시 전쟁 중에 일어날지도 모른다."라는 내용의 기사가 실린다.

일본 구축함 10척은 2월 9일 00:30(페테르부르크 시각 2월 8일 16:30) 뤼순항 외부 정박지의 러시아 함선에 어뢰 공격을 개시한다. 도쿄아사히신문 1면 톱기사로 '조선 정부의 낭패'라는 제목으로 "한정(韓庭)은 주일 대리공사에게서 일러교섭단절의 전보를 받고 극심한 공황상태와 낭패감에 빠졌다. 각부 대신 및 원수 등이 궁정으로 몰려들었고, 야밤이 되어도 퇴근하지 않았다."라는 기사가 실린다. 일본 구축함 10척은 2월 9일 11:45 인천항 밖으로 나온 러시아 함선에 우류 사령관이 포격을 개시하고, 포함 '코레예츠'는 16:00, 순양함 '바랴그'는 18:10 침몰한다. 러시아 승무원들은 영국함이 수용하였다.

하야시 공사와 주재 무관 이지치 고스케(伊地知幸介) 소장은 1904. 2. 9. 고종을 배알하고 러시아의 침박을 받는 한국의 지위를 우선적으로 회복하기 위해 어쩔 수 없이 한국에 출병했다고 말한다. 일본 정부는 2월 10일 선전(宣戰)의 조칙 공표 후 영어번역본을 각국 정부에 보냈는데, 한국 정부에는 보내지 않았다. 니콜라이 2세는 2월 11일 알렉세예프를 극동육해군 최고사령관으로 임명하고, 2월 20일 쿠로파트킨을 만주군 총사령관으로 임명한다. 코코프체프는 2월 19일 재무대신 대행으로 임명된다. 2월 11일 블라디보스토크항을 본거지로 하는 러시아 순양함 4척이 쓰가루(津輕) 해협 방면으로 진출해 일본 상선 2척에 포격하여 한 척을 침몰시키고 승무원은 러시아 함에 수용된다. 도쿄의 로젠 공사 일행은 출국하고, 일본은 대본영을 설치한다. 2월 12일자 황성신문은 '우리 한(韓)의 입장에서 러일관계를 논함'이라는 제목의 논설에서 한국 분할론을 감히 꺼낸 것은 러시아라고 하면서 한국은 일청양국과 연합 동맹하고 시베리아 철도를 부수고 우랄 저 너머까지 쫓아내야만 동양의 대국

(大局)을 보전할 수 있으니, 이제 일러가 개전한 이상 여전히 머뭇거리면서 관망하고, 어정거리면서 눈치만 봐서는 안 된다고 주장하고 있다. 와다 하루키는, 이 논설에 나타난 인식에 대하여, 일본에 대한 환상과 러시아에 대한 반감이 기자가 사태를 제대로 인식하는 것을 제약해 왔고, 이러한 인식은 너무나도 혼란스럽고 비극적인 것이라고 표현하였다. 서울에 주재하고 있던 파블로프 러시아 공사는 2월 12일 출국하였다. 한국 측 인사는 한 명도 환송식에 나가지 못했고, 하야시 공사는 서울에서 배웅하였고, 이지치 소장이 인천까지 동행하였다. 인천항에서 프랑스 선박 '파스칼'호를 타고 사이공을 거쳐 상하이에 머물며 러일전쟁 동안 상하이기관을 만들어 일본과 한국에 대한 정보수집활동을 전개한다. 일본군은 1904년 4월 하순경 압록강 연안까지 진격하여 러시아군을 격퇴한 후 구로키 다메모토(黑木爲楨) 대장이 지휘하는 일본군 제1군이 압록강을 건너 1904. 5. 7. 봉황성(鳳凰城)을 점령하고, 안동-봉황성 구간에 군용철로를 부설하기로 결정한다. 1904. 8. 10. 부설공사에 착수하여 1904. 11. 3. 완공한다. 일본군은 1905년 3월 펑톈을 점령하고 청 정부 승인 없이 무단으로 봉천(奉天)-황고둔(皇姑屯)-신민(新民)에 이르는 철로(신봉철로)를 부설하였다. 신봉철로는 1907. 6. 1. 중국에 양도되었으나 표준궤로 개축하는 비용의 절반을 일본의 남만주철도주식회사로부터 차입하되 철로 자산 및 수입을 담보로 제공하기로 합의한 후 1907. 6. 29. 개축공사를 완료하였다.

　일본은 러일전쟁을 개시하면서 대한제국의 보호국화 작업에 돌입한다. 이지용, 민영철, 이근택 등 친일파 대신은 1904. 1. 9. 고종 명의의 전권위임장을 하야시 공사에게 보여주면서 서로 돕고, 영토 및 독립을 보전하고, 을미 망명자의 신속한 처분을 약속한다는 내용의 한일 양국의 밀약안을 상의하였다. 외부대신 서리 이지용은 1904. 2. 13. 하야시 공사에게, 연기해 왔던 밀약을 교환하고 싶다고 제안한다. 하야시 공사는 일본 정부는 한국 정부에 조언을 제공하고, 한국 정부는 일본 정부와 상호 승인 없는 제3국과의 협약체결을 금지한다는 내용의 새로운 의정서안 6개 항을 제시하였다. 고무라 외상은 1904. 2. 14. 조언을 조력으로, 군략상 필요지점의 점유 가능 조항을 넣으라고 제안하였고, 이에 대하여 한국 정부는 충고를 받아들일 것, 군략상 필요지점을 적절하게 사용할 수 있을 것으로 수정 제안하였고, 한국 정부에 천황의 선전조칙의 한국어 번역문이 전달되었다. 고무라 외상은 1904. 2. 17. 충고 및 조력을 채용할 것, 군략상 필요지점을 때에 따라 적절히 수용할 수 있을 것으로 제안하였고, 이지용은 하야시 공사에게 조력 부분 삭제를 요청하였다. 고종은 "충고를 채용한다."라는 표현을 "충고를 용인한다."라는 표현으로 수정하기를 원하였다.

한국 정부는 서울에 진주할 일본군 제12사단 본대를 위하여 궁성 하나를 빌려 쓰고 싶다는 일본의 요청에 창덕궁 사용을 허락하였다. 일본군 제46연대 1개 중대가 1904. 2. 18. 평양으로 가기 위하여 인천항에서 출항하였고, 인천에 있던 임시파견대 2개 대대가 서울로 들어갔다. 일본군 제12사단장 이노우에 히카루(井上光) 중장이 1904. 2. 19. 서울에 도착하는데, 점령군 사령관인 셈이고, 20일까지 사단 전체가 서울에 도착한다.

고종을 만나고 돌아온 미국 공사 알렌은 1904. 2. 20. 워싱턴에 한국 정부의 원수는 합중국의 원조 확보를 절실히 바라고 있다, 나는 아무 약속도 하지 않고 그를 달래면서 긴급피난(asylum)을 거절했다고 보고하였다.

황성신문은 일본과 러시아의 선전조칙을 나란히 게재하면서, 일본의 조칙이 한국을 위해서 싸운다는 취지로 보도하였다.

1904. 2. 22.로 예정된 의정서 조인식이 연기되는데, 하야시 공사는 고종이 러시아 기병대 정찰대의 평양과 정주 방면에서의 행동에 관한 정보를 토대로 조인을 회피하려 한다고 생각하였다. 이지용은 뒤탈을 우려해 조인을 거부하고 시외로 도주를 시도하였다. 그 정보의 내용은 러시아 정찰대가 의주, 평양, 정주, 박천을 거쳐 숙천에 이르렀다는 것이다. 당시 일본군은 평양에 들어가지는 않은 상태였고, 평양으로 파견될 1개 지대(支隊)가 제12여단장 사사키 스나오(佐々木植) 소장을 지대장으로 하여 편제되어 개성에서 평양으로 출발하였다.

하야시 공사는 1904. 2. 23. 아침에 이지용 외부대신서리의 집으로 공사관 직원을 보내 도주할 생각을 못 하도록 했고, 오후에 이지용은 하야시 공사와 함께 한일의정서에 조인하였다. 하야시 공사는 1904. 2. 23. 15:00 이노우에 히카루 사단장과 함께 고종을 알현하고, 반일 인사인 이용익의 일본행을 요구하여 승낙을 받아낸다. 이용익은 내장원경 직위가 면직되고, 육군 참장(參將) 자격으로 일본 유람을 하명받은 형식으로 여권을 받아 25일 아침 인천에서 일본 배로 도쿄로 출발한다. 한일의정서 내용은 도쿄 관보에 2월 27일 공표되었다. 내용은 ① 일본을 확실히 믿고 시정개선에 관한 충고를 용인할 것, ② 독자적으로 다른 나라와 협약 맺을 수 없음, ③ 한국 영토 군략상 필요지점 수용할 수 있다는 것이었다. 다른 나라와 협약을 독자적으로 맺을 수 없다는 상호 간 승인을 명문화한 부분은, 사실상 한국에게만 적용되는 것이었다. 일본이 러일전쟁 후 체결한 포츠머스 조약을 포함한 그 후 다른 나라와 체결한 수많은 협약 중 한국의 승인을 거친 것은 한 건도 없었다. 박은식은 이 의정서 조인으로 우리 주권 모두를 상실하였다고 평가하였다.

한일의정서 조인 후 대한제국 정부는 주러 공사관에 철수명령을 내린다. 이범진 주러 공사는 1904. 3. 2. 러시아 외무대신 람즈도르프를 방문하여 대한제국 외무대신으로부터 철수명령을 전보로 받았음을 전하면서 고종으로부터 직접 명령을 받기 전에는 공사직을 수행하겠다고 말한다. 고종은 대한제국 주재 프랑스 총영사 퐁트네 자작에게, 이범진에게 전달된 철수명령은 일본의 압력으로 작성된 것으로 고종은 철수를 바라지 않는다는 내용을 러시아 정부에 전달해 줄 것을 요청하고, 베이징 주재 레사르 러시아 공사가 이러한 고종의 요청을 러시아 정부에 전보로 전달한다. 1904년 5월 베를린에 다녀온 이범진 주러 공사는 러시아 외무상 람즈도르프에게 만주의 러시아군 사령관 쿠로파트킨에게 한반도와 랴오둥 반도 주둔 일본군 규모가 30만 명이라는 사실 등을 전달해 달라는 요청을 하고, 1904년 7월 공사직을 유지하라는 고종의 특별 서한을 받았다는 소식을 람즈도르프에게 알린다. 대한제국 공사관은 1904년 2월부터 1905년 12월까지 러시아 정부로부터 운영비를 지원받는다.

일본군 선봉대 제46연대 제7중대는 1904. 2. 24. 10:20 대동강을 건너 대동문을 통하여 평양에 입성한다. 미시첸코의 기병 부대는 1904. 2. 25.

의주를 출발하여 안주와 평양으로 향하였고, 쿠로파트킨은 정찰이 끝나면 철수해야 할 상황이 되기 전에 후퇴할 필요가 있다는 것이 나의 생각이라는 전보를 리네비치에게 보낸다. 리네비치는 1904. 2. 26. 미시첸코에게 의주로 철수할 것을 명한다. 페르필리예프 대위의 중대가 1904. 2. 27. 평양으로 접근하여 정찰을 개시하다가 일본군이 성벽에서 발포하자 철수하였고, 1904. 2. 27. 18:00 정주에 리네비치 장군의 철수명령이 떨어진다. 미시첸코는 전 부대는 29일까지 철수하라는 전보를 친다. 일본 참모본부의 '메이지 37, 8년 러일전사' 제1권에 의하면, 교전은 28일에 시작된 것으로 기록되어 있다. 황성신문은 1904. 2. 29. 한일의정서 전문을 게재한다. 일본 군부는 개전과 함께 한국에 총독부 설치를 대본영 육군참모본부에 건의한다.

한국인의 뇌리에 심겨 있는 이토 히로부미의 이미지는 어떻게 형성된 것일까? 대한제국과 이토의 악연의 서막은 언제부터 시작된 것일까?

이토는 1904. 3. 7. 한국에 파견될 특명전권대사로 결정된다. 1904. 3. 19.자 황성신문 논설은 이토를 메이지 유신의 원훈으로 기여한 동양 정치가로 세계에 알려진 인물로 소개하면서 청일전쟁 당시 한국을 위해 노력하였다는 평가를 하고 있고, 한국과 일본은 한 배를 탄 국가로 합심병력을 기대한다는 내용이었다. 이토는 그 전에 두 차례 조선을 방문한 적이 있는데, 1888년 8월 블라디보스토크 방문길에 부산, 원산을 거쳐 들른 적이 있고, 1898년 8월 여행길에 들러 고종과 대신(大臣)들을 만나 융숭한 대접을 받은 적이 있었다.

특명전권대사로서 한국에 온 이토는 1904. 3. 18. 고종에게 천황의 친서를 전달한다. 이토에게는 한국과 첫 공식적 연결점이라고 하겠다. 한국 국내에서는 이미 외교권 박탈을 위한 일본의 사전 정지작업이 진행되고 있었다. 고종은 이토에게 훈장을 하사하고, 이토는 선물로 황제에게 30만 엔, 엄비에게 1만 엔, 황태자 내외에게 각각 5,000엔을 바친다. 이토는 1904. 3. 25. 다시 만난 고종에게 국정쇄신의 필요성을 역설하면서 ① 고종의 편의적 국정운영을 지적하면서 국정은 각의에서 정해야 하며 신료들과 직접 국정을 논하면 국정 문란의 우려가 있어 정국운영의 기능을 무위로 돌아가게 하여 개혁성과를 거둘 수 없음을 설파하였고, ② 군신 간의 불화가 생기지 않도록 편의에 따라 내각의 대신을 자주 경질하는 처사를 자제할 것을 당부하였다(이토 특파대사 알현 시말록). 고종은 이토에게 적절한 인물의 추천을 요구하였고, 이토는 고종으로부터 2월 23일 조인된 한일의정서에 대한 동의를 받아낸다.

일본 정부는 원로회의에서 1904. 5. 30. '대한방침에 관한 결정'을 확정하고, 1904. 5. 31. 내각회의를 거쳐 1904. 6. 11. 천황의 결재를 받는다. 내용은 정치, 군사상 보호의 실권을 장악하고, 경제적 이익을 도모한다는 것이다. 이유는 한국 존망은 제국 안위와 직결되어 있다는 것이다. 시설강령 6개 항의 내용은 ① 군대주둔, ② 외정감독, ③ 재정감독, ④ 교통기관장악, ⑤ 통신기관장악, ⑥ 척식(colonization) 꾀할 것 등이다. 고무라 주타로(小村壽太郎) 외무대신은 1904. 7. 8. 9개 항 시설세목을 하야시 공사에게 제시하고, 보호국화 또는 병합의 점진적 목적을 완수하기 위한 방안을 모색하라고 지시한다. 고종은 1904. 7. 23. 천황에게 이토의 방한을 요청하는 "… 원컨대 폐하의 사랑을 나누어 후작에게 명하여 한국에 올

수 있도록 허락하는 회전을 내리시기를 희망합니다."라는 내용의 친전을 하야시 공사에게 전달한다.

1904. 2. 23. 조인된 한일의정서 내용을 구체적으로 실현하기 위하여 제1차 한일협약으로 불리는 한일협정서를 1904. 8. 22. 작성하는데, 탁지부 재정고문으로 메가다 다네타로(目賀田種太郎)를, 일본 정부가 추천하는 외교고문 한 명을 초빙할 것, 외교안건은 미리 일본 정부와 상의할 것이라는 내용이었다. 외교고문은 주미 일본공사관에 있던 스티븐스가 맡게 된다.

'한국통신기관 위탁에 관한 취극서(取極書)'가 그로부터 1여 년 후 1905. 4. 1. 조인되는데, 전문(前文)은 "한일양국정부는 한국의 통신기관을 정비하고, 일본국의 통신기관과 합동연락해서 양국 공통의 하나의 조직을 이룸으로써, 한국의 행정상 및 경제상 득책으로 하고, 또한 이를 위해 한국의 우편전신전화사업을 일본국 정부의 관리에 위탁할 필요를 인정 … 위와 같이 결정한다."라고 되어 있다. 이 취극서를 통한 통신시설의 사실상 회수는 기술적 측면의 외교권 박탈 정지작업(整地作業)이라고 볼 수 있다. 결국, 통신수단까지 모두 빼앗긴 고종으로서는 측근을 통하여 편지를 전하는 밀사외교 이외에는 다른 나라에 의사를 전달할 수 없는 상황에 빠지게 되었다. 일본 각의는 1905. 4. 8. 한국 보호권 확립의 건을 결정하고, 1905. 4. 10. 천황의 결재를 받는다. 1905. 7. 27. 한국인들에게 잘 알려진 가쓰라·태프트 밀약(Taft-Katsura Secret Agrement)이, 1905. 8. 12. 제2차 영일동맹이 체결된다.

가쓰라·태프트 밀약의 배경은 국제정세의 진면목을 아주 잘 보여주고 있다. 미국은 태평양의 필리핀, 괌, 카리브해의 쿠바 등지를 점령하고 있던 스페인과 1898년 전쟁을 하여 승리하고, 1898. 12. 10. 파리강화조약을 통하여 스페인은 미국으로부터 2,000만 달러를 받고 쿠바를 포기하고, 미국에게 필리핀, 괌, 푸에르토리코를 할양하기로 한다. 1565년부터 300년 넘게 스페인의 지배를 받던 필리핀은 미국 편에 서서 전쟁을 치른 후, 1898. 6. 12. 독립선언을 한다. 에밀리오 아기날도(Emilio Aguinaldo)는 1899. 1. 23. 필리핀 대통령으로 취임하여 아시아 최초의 공화국 대통령이 된다. 그런데 미국이 필리핀을 독립국이 아닌, 미국의 식민지로 다루려 하자 필리핀은 반발하였고, 1899년부터 1902년까지 이어진 미국을 상대로 한 전쟁에서 결국 패배하여 독립투쟁을 전개하고 있던 상황이었다. 당시 미국 대통령이었던 윌리엄 맥킨리(William McKinly)는 1901. 9. 14. 암살되고, 부통령이던 시어도어 루즈벨트(Theodore Roosevelt)가 대통령 지위를 승계하였다. 필리핀은 1902년 미 의회에서 제정된 필리핀 기본법(Philippine Organic Act of 1902)하에서 미국의 지배를 받다가 1916. 8. 29. 자치권이 부여된 존스 로(Jones Law)가 제정되면서 필리핀 국민이 선출한 의회를 구성할 수 있게 된다. 미국 대통령 특사 자격의 태프트 육군 장관은 1905년 필리핀 시찰 후 수행단 80여 명과 함께 1905. 7. 25. 요코하마에 도착, 7월 27일 가쓰라 수상과 비밀회담을 가진 후 각서를 교환하는데(1924년 사학자 Tyler Dennett 논문 발표로 세상에 알려짐), 일본이 필리핀을 침략할 의도가 없는 것을 확인해 주는 대가로 미국은 일본의 한국 보호국화를 승인한다는 내용이었다. 태프트가 국무장관 엘뤼 루트(Elihu Root)에게 그 각서를 보냈고, 7월 31일 루즈벨트 대통령은 모든 점에서 완전히 옳다고 평가하고, 가쓰라에게 승인을 전달하도록 지시하여 태프트는 8월 7일 마닐라에서 가쓰라에게 그 사실을 타전하였다.

"태프트가 '필리핀에서 일본의 유일한 이익은 필리핀 제도가 미국과 같은 강력하고 우호적인 국가에 의해 통치되는 것'이라 말한 것에 대해, 가쓰라도 찬성을 표하고, 가쓰라는 러일전쟁 후의 대한정책으로서 '일본이 다른 대외 전쟁에 돌입할 필요 아래 다시금 놓일 가능성을 배제하기 위해 확고한 조치를 취하는 것이 절대로 필요하다'라고 말한 것에 대해, 태프트는 동의하면서 '개인적 의견으로서는, 일본의 동의 없이는 조약을 맺을 수 없음을 요구하는 정도까지의 일본국에 의한 한국에 대한 종주권의 수립은, 현 전쟁의 논리적 귀결이고, 동양에서 항구적 평화에 직접 기여하는 것이라 말하는 취지의 견해를 말했다.'"

- 운노 후쿠쥬, 『한국병합사 연구』, 238, 239쪽

러일전쟁의 마무리를 위하여 미국 시어도어 루즈벨트 대통령 주선으로 포츠머스 강화회의가 열리게 되는데, 일본은 전권위원으로 고무라 주타로, 부전권위원으로 주미 다키히라 고고로 공사가, 러시아는 전권위원으로 비테, 부전권위원으로 주미 로젠 공사가 참석하였다. 러시아 정부는 1905. 6. 28. 훈령으로 절대로 받아들일 수 없는 요구로 ① 러시아 영토의 양여, ② 배상금지불, ③ 블라디보스토크 무장해제, 태평양의 해군유지권리 박탈, ④ 블라디보스토크로 통하는 철도선 양여를, 얼마간 합의에 달할 수 있는 요구로 ① 뤼순과 다롄, ② 만주에서의 양국의 상호관계

조정, ③ 조선 문제를 지시하였다. 일본 정부는 1905. 6. 30. 각의에서 결정한 훈령으로 한국을 전적으로 우리의 자유처분에 맡길 것을 러시아에게 약속, 승낙시키도록 할 것, 일정 기한 내 러시아 군대의 만주철퇴, 랴오둥 반도 조차권 및 하얼빈-뤼순 철도를 양여시킬 것을 지시하였다. 고무라 외상이 1904년 7월 가쓰라 수상에게 제출한 의견서에서 "전쟁 이전에 제국은 한국을 우리 세력범위로 하고, 만주에서는 단순히 기득의 권리를 유지하는 데 만족했지만 … 마침내 전단(戰端)을 열기에 이르렀으므로 그 결과에 기초해 제국의 대만주, 대한국 정책은 전날에 비해서 그보다 한 걸음 더 나아가지 않을 수 없다."라고 밝히고 있다. 강화회의는 1905. 8. 9. 시작되었는데, 고무라와 비테는 한국을 둘러싼 논란 끝에 회의록에 "일본국 전권위원은 일본국이 장래 한국에서 취할 필요가 있다고 인정하는 조치에서 동 국가의 주권을 침해할 만한 것은 한국 정부와 합의한 뒤 이를 취해야 한다는 것을 여기에 성명한다."라는 문장을 남긴다. 강화조약은 1905. 9. 5. 조인되는데, 제2조, 러시아제국 정부는 일본국이 한국에서 정치, 군사 및 경제적 우월한 이익을 지니는 것을 승인하고, 일본제국 정부가 한국에서 필요하다고 인정하는 지도, 보호 및 감리의 조치를 위함에 있어 이를 방해하거나 또는 이에 간섭하지 않을 것을 약속한다, 제6조, 러시아제국 정부는 창춘-뤼순 간의 철로 및 일체의 지선, 그리고 이 지역에서 이에 부속한 일체의 권리, 특권 및 재산, 그리고 이 철로에 속하거나 그 이익을 위해 경영되는 일체의 탄광을 인계한다고 규정하였다. 배상금 대신 러시아는 일본에게 가라후토(樺太, 사할린) 북위 50도 이남을 할양하고, 러시아의 뤼순과 다롄의 조차권을 일본에게 양도하고, 남만주(창춘에서 뤼순까지) 철도와 철도 부속 일체 재산권은 일본에 양도하고, 연해주 어업권을 인정하게 되었다. 러시아의 선례에 따라 철로 양측 30리 토지를 '철도부속지'로 하여 무장병력이 지키게 하고 토지 내 모든 광산은 일본 소유가 되어, 사실상 이 구역은 일본의 식민지나 다름없게 되었다. 고무라 외상은 조약의 내용 중 조선에 관한 부분은 고종의 동의가 필요한 사안이므로 이토에게 그 해결을 부탁한다.

러일전쟁에서 일본이 점령한 랴오둥 반도의 최북단 지역은 하얼빈에 못 미치는 궁주링(公主嶺)이었음에도 일본 대표단은 남만주 철로의 종착역을 하얼빈으로 요구하며 협상에 임하였다. 비테는 궁주링보다 북쪽에 위치한 창춘을 양보안으로 제시하였고, 고무라가 창춘-지린 구간의 철로부설권까지 요구하자 그 구간에 레일이 부설되어 있지 않으면 일본의 요구에 응하고 부설되어 있다면 현재의 소유자에게 귀속시키기로 한 후 확인 결과 부설되어 있지 아니하여 창춘-지린 철로(길장철로) 부설권은 일본에게 양여된다. 일본과 청 정부는 1907. 4. 15. '신봉 및 길장철로에 관한 협약'을 체결하여 길장철로 부설비용 절반을 남만주철도주식회사로부터 차용하기로 하여 1910년 기공하여 1912. 10. 20. 개통하였고, 1909. 9. 4. 도문강중한계무조관(圖們江中韓界務條款, 일명 간도협약)을 체결하여 한중 국경을 두만강으로 하되 간도 영유권을 청 정부에 넘기고 길회철로(길림-회령) 부설권을 일본이 취득한다. 간도협약 제6항은 중국 정부는 장차 길장철로를 연길 남쪽으로 연장하여 한국 회령지방 및 한국의 철로와 연결하며, 모든 방법은 길장철로의 전례를 준용한다, 부설의 시기는 중국 정부가 상황을 고려하여 일본 정부와 협의하여 결정한다고 규정하였다. 러시아가 1896년 치타-블라디보스토크 구간을 지린성과 헤이룽장성을 관통하는 최단거리로 이어지게 하는 중둥철로부설권을 획득하여 블라디보스토크 항을 종점으로 한 북만주지역의 무역이 번창했었다. 일본이 간도를 포기하는 대가로 얻어 낸 길회철로의 전 구간이 1933년 2월 개통되면서 종점인 회령을 거점으로 조선 북부지역의 나진항을 중심으로 한 웅기항과 청진항이 일본과 블라디보스토크 항 사이에서 이루어진 무역루트를 가격과 거리면에서 추월하게 되었고, 이러한 상황은 소련 정부의 블라디보스토크를 종점으로 한 중둥철로에 대한 관심을 떨어뜨리는 결과로 이어졌고, 훈춘의 쇠락과 도문의 지위 향상으로 연결되었다.

고무라는 1905. 9. 8. 루트 국무장관과 회견에서 일본의 한국에 대한 보호권 설정에 대하여 루트는 "이를 러시아의 침략적 행동을 예방하는데 당연히 드러나게 되는 결과라 인정하고, 한국의 안녕 및 동양 평화를 위해서도 최상책이라 생각하기 때문에, 일본이 이를 단행하더라도 미국의 여론은 조금도 반대하는 일은 없을 것이다."라고 말한다. 고무라는 1905. 9. 9. 루즈벨트 대통령과의 회담에서도 보호국화 단행에 대한 의견을 구하였고, 루즈벨트는 "나 또한 평화조약의 결과, 이렇게 될 것이라 예상하고 있었던바, 장래의 화근을 절감하는 데에는 이것 말고 다른 대책이 없다고 생각한다. 이에 대해서는 일본이 위의 조치를 취하더라도 이의가 없으므로 나를 충분히 신뢰해도 좋다."라고 말하였다.

일본은 1905. 11. 2. 이토를 한국에 파견하는 특명전권대사로 임명한다. 이토는 1905. 11. 9. 서울 정동에 있는 손탁호텔에 투숙하고, 1905.

11. 10. 고종을 알현한 후, 1905. 11. 15. 고종에게 협약 초안을 제시하고, 4시간 동안 회담을 한다. 고종은 대외관계를 위임한다는 부분은 거부하였다. 이토는 1905. 11. 16. 손탁호텔로 대신들을 초청하는데, 참정대신 한규설은 불가하다고 주장하였다. 1905. 11. 17. 20:00 이토는 중명전(重明殿, 덕수궁의 별채로 황실도서관으로 건축됨)에서 고종이 참석하지 않은 상태에서 대신들 개개인에게 찬반을 물었다. 일본 군대가 궁궐을 포위하고 있었고, 하세가와 사령관을 대동한 상태였다. 참정대신, 탁지부대신, 법부대신은 불가 의견이었고, 학부대신, 군부대신, 내부대신, 외부대신, 농상공부대신은 찬성 의견이었다. 이 때 찬성한 다섯 사람을 가리켜 을사오적(乙巳五賊)이라는 말이 생긴다. 찬성 의견에 "황실은 존엄하다."라는 표현을 첨가하자는 의견이 나왔다. 이토는 1905. 11. 18. 새벽 2시 조약이 성립되었음을 선언하였다(한일협상조약, 제2차 한일협약). 주요 조항의 내용은 다음과 같다.

제1조 일본국 정부는 도쿄의 외무성을 경유해 금후 한국의 외국에 대한 관계 및 사무를 감리, 지휘하며, 일본국의 외교 대표자 및 영사는 외국에 있는 한국의 신민 및 이익을 보호한다.

제2조 한국 정부는 앞으로 일본국 정부의 중개를 거치지 않고서는 국제적 성격을 띤 어떤 조약이나 약속도 하지 않기로 한다.

제3조 일본국 정부는 그 대표자로 하여금 한국 황제 폐하의 궐하에 1명의 통감을 둔다. 통감은 오로지 외교에 관한 사항을 관리하기 위해 서울에 주재하며, 친히 한국 황제 폐하를 내알(內謁)할 권리를 갖는다.

조약상 한국 정부의 외교업무를 일본에게 위임한다는 표현은 없다. 외교에 관한 사항을 관리하는 통감이라는 제도를 고안하여 보호국 지위를 갖는 효과를 나타나게 하였다. 을사늑약으로 알려지는 이 조약은 을씨년스럽다라는 말이 탄생하는 계기가 되었다. 을사년스럽다는 표현이 사용되다가, 1920년 조선어사전에 '을씨년스럽다'로 소개되었고, 현재 을씨년스럽다는 표현이 사용되고 있다.

통감부와 이사청을 설치한다는 칙령이 1905. 11. 22. 발표되었고, 이토는 1905. 11. 27. 서울에서 국내외 기자회견을 열어 일본은 한국이 부강한 나라가 되도록 보조할 뿐이라고 설명하였다. 고종은 1905. 11. 29. 이토에게 통감으로 오기를 바란다는 말을 남긴다. 이토는 1905. 12. 7. 천황에게 조약체결 사실을 보고한다. 일본 정부에서 정한론이 논의된 1873년으로부터 32년 만에 한국은 일본의 보호국이 되었다. 천황은 1905. 12. 21. 이토를 통감(統監, Resident General)으로 임명한다. 이토는 한국의 초대 통감으로 한일합방으로 이어지는 일련의 과정에서 핵심 역할을 함으로써 한국 역사에 지워지지 않는 오명을 남긴다.

'백 마디 말보다 한 줄의 신문기사가 더 효과적'임을 알고 있던 이토는 1906. 1. 30. 주요 일간지 사주와 주필을 자택으로 초청하여 조약 취지를 설명한다. 정당성 확보와 강대국 협조라는 두 가지 원칙에 주안점을 두었다.

한국은 통감부 시대로 접어든다. 통감부는 1906. 2. 1. 업무를 시작한다. 이토는 1906. 3. 1. 부산에 도착하여 1906. 3. 9. 고종을 알현한 후, 1906. 3. 13. 한국 시정개선에 관한 협의회를 여는데, 일본흥업은행으로부터 1,000만 엔 차관을 도입하기로 한다.

일본 정부는 포츠머스 강화조약의 후속조치의 일환으로 1905. 12. 22. 고무라 주타로를 전권대사로 베이징에 파견하여 청국 흠차전권대신 경친왕 혁광, 외무부상서 구홍기 및 직예총독 위안스카이와 '일청 간 만주에 관한 조약(中日會議東三省事宜正約及附)'을 체결한다. 만주 지역의 16개 도시를 개항하고, 잉커우, 펑톈(현 선양), 안둥(현 단둥)에 일본 조계지를 만들고 안둥에서 펑톈으로 이어지는 철로를 일본이 경영한다는 내용이다. 결국, 창춘을 경계로 북쪽은 러시아, 남쪽은 일본의 세력범위가 되고, 1906. 6. 7. 칙령 제142호로 남만주철도 주식회사의 설립 근거를 마련한 후 11월 26일 설립, 1907년 4월 영업을 시작하여 철로를 포함한 해운, 광산, 산림, 철강, 농업, 축산 등 분야에 진출한다. 펑톈에서 안둥까지 이어진 철로는 한국 철로와 연결되었다. 일본 육군은 1906년 8월 관동도독부를 설치하고, 남만주 철로 연선 10km마다 15명의 수비병을 배치할 수 있는 권리를 취득하여 1907년부터 1개 사단과 6개 철로수비대 총 만여 명의 병사를 주둔시켰고, 훗날 일본 관동군의 전신이 된다. 한반도와 남만주 지역은 철도망으로 연결되어 일본의 지배하에 들어가게 된다.

■ **보호국의 의미(운노 후쿠쥬, 한국병합사 연구, 196쪽 이하)**

일본 외무성의 국제법 고문으로 활동한 도쿄제국대학 교수 다치 사쿠타로(立作太郎)는 대표적 저작 중 하나인 '평시국제법론(平時國際法論)'에서 보호국을 보호국은 보호를 하는 국가와의 사이의 보호조약에 입각하여 보호를 받음과 동시에 그에 따라 내정, 외교, 특히 외교 관계에서 제한을 받는 국가라고 정의하였다. 국제법상의 권리능력은 향유하되, 행위능력은 향유할 수 없는 경우가 있다. 보호국은 병합되기 전 과도적 단계에 있는 사례가 많은데, 마다가스카르, 베트남, 캄보디아가 프랑스의 보호국을 거쳐 병합되었다. 보호국은 반주권국(半主權國)이지만, 비독립국이다. 보호국이란 국제법에서 1890년대부터 논단에 등장하여 학계에서도 이견이 있는 어려운 연구과제이다. 일본 외무성은 한국보호정책 추진의 국제법적 검토를 위하여 1904년 3월 임시취조위원회를 설치하여 1906년 2월까지 활동하였는데, 프랑스의 보호국 중 튀니지 사례가 주된 참고사례가 되었다고 한다.

▌러일전쟁의 성격

러일전쟁은 전 세계가 주목하였던 극동 지역에서 벌어진 아시아와 유럽의 군사적 대결이라는 초유의 이벤트였다. 당시 흐르고 있었던 국제사조(國際思潮)가 복합적으로 얽히고설킨 거대한 사건이었다. 러시아의 가장 강력한 적수였던 영국의 존재, 러시아에서 핍박받던 유대민족에 대한 유대 금융재벌들의 시오니즘 정서, 러시아 내부에서 퍼지고 있던 로마노프 왕조에 대한 증오, 오스만 제국의 러시아에 대한 반감, 아시아를 얕보고 있던 서구 열강의 인종적 편견. 인간 내면에, 특정 집단에 깊숙이 도사리고 있는 이해할 수도, 설명하기도 어려운 적개심, 두려움, 복수라는 원초적 본능이 한자리에 모여들었다. 10만여 명에 이르는 전사자를 남기고 서구 열강과 어깨를 나란히 하게 되는 일본은 20세기 전반부 한반도, 중국, 동남아시아, 태평양을 전쟁의 소용돌이로 몰아넣는다. 그 원동력을 제공해 준 것이 러일전쟁을 승리로 이끌었다는 자부심이었다.

1904. 1. 25.자 황성신문에는 개전론이 유포되면서 … 곡식값 뛰고 있다는 기사가 게재된다. 1904. 2. 8.자 일본외교문서에는 현상건이 고종의 명을 받아 한국이 중립지대로 인정받으려 노력하고 있다는 기록이 있다. 전쟁 초반 일본군이 뤼순항을 공격하고, 인천 앞바다에서 순양함 2대를 격침시켰으나 승패는 불투명한 상태였다. 러시아의 계획은 압록강 부근에 군대를 집결시킨 후, 육전을 예상하고 있었던 반면, 일본의 계획은 제1, 제2함대는 뤼순의 러시아 태평양함대를 섬멸하고, 제3함대는 대한해협을 장악한다는 것이었다. 일본의 육군 제1군은 한반도에 상륙하고, 제2군은 랴오둥 반도에 상륙하여 뤼순을 고립시켰다.

러일전쟁에 소요된 전비(戰費)는 15억 엔으로 모두 외채로 충당되었고, 랴오둥 반도 반환대금을 포함한 청일전쟁 배상금 3억 6,000만 엔의 4배에 달하는 액수로 60%가 미국과 영국으로부터의 부채였고, 1986년에야 모두 변제하였다고 한다. 당시 일본의 1년 예산은 2억 엔 정도였다.

13만 명으로 구성된 제3군은 3회에 걸친 총공격 끝에 병력 70%를 희생시키면서 1905년 1월 뤼순을 함락시킨다. 전사 15,390명, 부상 43,914명, 병자 30,000명이었다. 노기 마레스키는 패장인 러시아 아나톨리 스테셀(Anatoly Stessel) 장군과 회담 시 기자들의 회견장 촬영을 금지하고 회견 후 기념사진 한 장만 촬영을 허가했는데, 모두 칼을 찬 채 촬영을 하도록 하였다. 스테셀은 러시아 군법회의에서 사형을 선고받았으나 노기 마레스키가 구명운동을 벌이기도 하여 특사로 감형받고, 전사한 부하의 자녀 4명을 입양하여 모스크바 근교 농촌에서 여생을 보냈다고 한다.

아카시 모토지로(明石元二郎) 대좌는 1902년 8월부터 러시아공사관 무관으로 근무하다가, 러일전쟁 발발 후 중립국인 스웨덴 스톡홀름으로 근거지를 옮긴다. 고다마 겐타로 참모차장은 아카시에게 상트페테르부르크, 모스크바, 오데사에 비러시아계 외국인 첩보원 2명씩을 확보하라는 지령을 내리고, 러시아 제국 내부의 불만세력과 동유럽에 퍼져 있던 반러시아 정서를 활용하여 러시아 내부의 붕괴 계획을 수립한다. 아카시 대좌는 핀란드의 반 러시아운동가 카스트렌(Castren), 실리아쿠스(Zilliacus), 스웨덴 육군장교 아미노프(Aminoff), 폴란드 국민동맹 도모프스키, 그루이자당, 아르메니아 혁명연합, 라트비아 사회민주노동당 등 혁명그룹을 움직였고, 5만 정의 총이 실리아쿠스에게 전달되고, 발트해, 오데사, 코카서스 지역으로 보급되어 러시아 후방교란에 사용된다. 훗날 1918년 독립한 폴란드 공화국의 국가원수가 되는 유제프 피우스즈키(Jozef Pilsudski)는 1904년 도쿄를 방문하여 일본에 러시아에서의 파괴활동과 일본군에 협력하는 폴란드인 부대편성을 제안하고 부대편성을 도와준 아카시 대좌는 그 대가로 러시아군의 동향에 관한 정보를 제공받았다. 아카시 대좌는 공작금으로 100만 엔을 요구하는데(현시세 5,400억 원), 야마가타 아리토모의 결단으로 자금이 지원된다. 아카시 대좌는 73만 엔을 사용한 후 27만 엔은 반납하였다. 아카시 대좌는 공작금으로 스트라이크, 사보타주, 무장봉기 등을 일으키며 러시아 내부에 전쟁혐오 분위기를 조성하였고, 1904년 스위스에 망명 중인 레닌과 제네바에서 만나 회담을 연 후 레닌을 설득해 혁명자금을 지원해 주었으며, 1905. 1. 9. 피의 일요일 사건에 일조한다. 아카시는 1864년생으로 8개 국어를 구사했다고 한다. 조선의 초대 헌병 사령관을 지냈는데, 1918년 대만 총독으로 근무하면서 1년 4개월 동안 수력발전 건설사업을 추진하고, 교육제도를 정비하였다. 1919년 사망하였고, 유언에 따라 대만에 매장되었다.

러시아에서는 1903년 유대인 학살사건이 일어나는데, 러시아 소녀의 살해사건을 계기로 수만 명의 유대인이 학살된다. 이 사건으로 유대인 그룹에 반러시아 정서가 확산된다. 일본은 전쟁비용 마련을 위해 쇼우킨(正金)은행 부총재 다카하시 고레키요(高橋是清)를 통해 런던의 로스차일드가에 융자를 요청하였다가 거절당하였으나 마침 런던에 체류 중이던 야코프 시프를 만나 그의 주선으로 뉴욕 월스트리트 은행가인 피어폰트 모건, 조지 베이컨, 록펠러 재단으로부터 융자를 받는다. 러일전쟁 기간 중 이루어진 일본의 세 차례 대규모 대출 모두 야코프 시프의 작품으로 알려져 있다.

도고 헤이하치로(東鄕平八郎, 1848년생)는 1904. 5. 27. 발틱함대를 궤멸시킨다. 조선 수군의 영웅 이순신 장군에게 승전 제사를 올린 후 출전한 것으로 알려져 있다. 러시아 함대의 운항거리와 보급선이 길고, 전투장소가 일본 근해라면 승산이 있다고 판단한 도고 제독은, 뤼순항 외곽에 기뢰를 부설하여 스테판 마카로프의 기함을 유인하여 침몰시킨 후, 주력을 쓰시마 해협에 집결시키고 상선을 군함으로 위장해 대만 부근 해역에서 항해 중인 러시아 함대를 공격하는 수법으로 38척의 군함과 13척의 보조함으로 구성된 발틱함대에 대한 기만전술을 펼쳤다. 로제스트벤스키 제독이 지휘하는 발틱함대는 일본 해군의 주력이 대만 해역에 머문 것으로 오인하여 뤼순항으로 가려던 계획을 블라디보스토크로 바꾸어 쓰시마 해협으로 가던 중 궤멸된다. 당시 영국에서 제조된, 도고 제독의 기함(旗艦)이었던 미카사(三笠)호는 복원되어 요코스카의 미카사공원에 띄워놓았다. 일본은 러일전쟁에서 승리했다고 자평하고 있었으나, 러시아로부터 배상금은 한 푼도 받아내지 못하였다. 재정문제로 양국은 모두 전쟁을 지속할 수 없는 상태였다. 러일전쟁 후 일본사회에서는 "일본은 20만 명의 희생과 20억 엔의 돈으로 만주를 획득했다."라는 말이 널리 퍼졌는데, 1931년 만주사변 당시 "20억 엔의 자재와 20만 명의 영령으로 획득한 만주의 권익을 지켜라."와 같은 슬로건이 등장하는 배경이 되었다.

러일전쟁 후 일본의 의회환경이 변화되는데, 일본은 비상특별세법을 통한 증세의 방법으로 전비를 조달하였는데, 전쟁 후 배상금을 못 받게 되자 "전시 중에만 적용한다."라는 조문을 삭제하는 개정안을 통과시켜 비상특별세를 계속 부과하여 세수를 확보한다. 1900년 야마가타 내각 당시 개정된 중의원선거법에서 선거권 자격을 국세 15엔 이상에서 10엔 이상으로 개정하여 유권자가 늘어나, 45만 명이었던 유권자는 1908년 선거 당시 158만 명으로 증가하였고, 지주뿐 아니라 기업가 출신 의원이 등장하였다. 피선거권 자격도 개정하여 납세자격 요건을 삭제하였다.

러일전쟁이 끝난 후, 랴오둥반도와 남만철도를 일본이 장악하게 되자 만주에서 활동하던 미국인들과 영국인들의 경제활동이 방해를 받게 되었고,

미국의 팽창(1897년 하와이 병합, 1898년 필리핀 군도 및 괌 획득)이 일본의 아시아 침략과 충돌하면서 1908년 초 프랑스에서는 미국과 일본이 전쟁을 피하지 못할 것이라는 예측이 나돌아 일본 공채가 폭락하기도 하였다.

이토는 1906. 5. 22. 사이온지 수상 등 각계 지도자 13명이 참석한 가운데 만주문제협의회를 열어 육군 내 무단파의 만주 군정 계속론을 봉쇄하여 형식상의 문호개방을 실현하고, 구미(歐美)의 신용을 회복하자는데 의견을 같이하였다. 일본 정부는 1906. 8. 22. 러시아를 제외한 각국 사절에게 1906. 9. 1.부터 다롄항을 개방한다고 통고하였다. 다만, 세관, 과세문제 등 청 정부와 절충해야 할 과제는 남겨두었다.

▌ Great Game(1813–1907)

중앙아시아와 중동을 중심으로 영국과 러시아가 100여 년간 펼친 패권경쟁을 일컫는 국제정치사 용어이다. 러시아가 1813년 페르시아와 전쟁결과 다게스탄, 조지아, 아제르바이잔, 아르메니아가 러시아에 귀속된 '굴리스탄조약'에서 비롯하여 영국과 크림반도, 발칸반도, 아랍, 페르시아, 아프가니스탄, 티베트, 몽골에 이어지는 전선을 형성하며 중앙아시아지역 관할권을 확정한 1907년 영러조약까지의 상황을 일컫는다. 1815년 워털루 전쟁에서 나폴레옹이 패배하자 러시아가 부상하며 영국과 대결하게 된다. 1858년 영국은 인도를 식민지화하고, 러시아는 오스만 제국을 상대로 흑해를 공략했다가 실패하고(크림전쟁), 1860년 무렵 연해주를 점령하여 블라디보스토크를 건설한다. 러시아가 1885년 중앙아시아를 공략하는 과정에서 아프가니스탄 북쪽 판데 지역을 점령할 당시 영국과 전쟁 직전 상황까지 간다.

러시아는 1884년 조러 통상협정을 체결하고, 1885년 제1차 조러 비밀협약, 1886년 제2차 조러 비밀협약을 체결하여 거문도에 러시아 해군의 석탄보급기지를 설치, 사용할 수 있도록 해 주었으나, 이러한 움직임을 안 영국군이 1885년 거문도를 점령한다. 청국은 1886년 러시아와 리·라디겐스키 협약을 체결하여 러시아의 한국 접근을 봉쇄하고, 이러한 사실을 영국에 통보한다. 영국은 1887. 2. 27. 아프가니스탄 국경에 관한 영러 합의 후 거문도에서 철수한다. 니콜라이 2세 대관식 참석차 러시아 체류 중 1896년 5월 로마노프·야마가타 협약이 체결되고, 러일전쟁 후 1905. 9. 5. 포츠머스 조약이 체결된다. 1907. 7. 30. 제1차 러일협약(비밀조항: 만주 남북 분할)이 체결되고, 1910년 4월 제2차 러일협약이 체결된다(미국의 만주 진출에 대한 공동전선 성격).

바. 영국의 이집트 통치방식

영국은 1882년 이집트를 점령하였다. 크로머는 총영사 직책으로 1883년부터 1907년까지 25년간 이집트를 통치하였고, 남작, 자작, 백작 순으로 작위를 받았다. 이집트 젊은이들은 크로머 무덤에 침을 뱉으러 영국을 방문한다고 할 정도로 식민통치의 상징인 인물이다. 크로머는 전임지였던 인도에서 재정개혁으로 행정능력을 인정받았다. 인도 총독을 지낸 로렌스경은 "세금 줄이는 것이 외국지배의 만병통치약"이라는 말을 한 적이 있다. 크로머는 이집트에서 세제를 개혁하고, 통화제도를 개혁하여 독자적 화폐체계를 구축하여 민중적 지지를 확보하였으며, 농업진흥계획의 일환으로 아스완댐을 건설하여 나일강 범람을 방지하였고, 철도와 도로망을 확장하였다. 이집트는 1888년 재정자립을 달성하였다. 이집트인에게는 초등교육과 중등교육제도만 제공하였다. 크로머는 이집트인이 통치하는 간접통치방식을 택했고(일본도 통감부 시절 박제순 내각과 이완용 내각을 통해 통치함), 무력을 기반으로 정보망을 구축하였으며, 이집트인 지배계층에게는 특혜를 베풀었다. 크로머는 주일 영국 대사에게 보낸 서신에서 "일본은 새로 한국을 보호국으로 확보하고 그 시정개선을 담당하게 되었다. 이는 유사 이래 일본이 한 번도 경험하지 못한 일이다. 담당할 사람은 일본 제일의 경세가가 아니면 안 된다."라는 기록을 남기고 있다.

1894년 일본도 조선에 300만 엔의 차관을 이노우에 공사의 아이디어로 제공한 적이 있었다. 이토 통감에게 이집트 경영을 본받으라는 정치평론가의 글이 등장할 정도였다. 이토는 최익현을 쓰시마로 압송할 때, "크로머가 우라비 파샤를 세일론으로 유배한 사례를 따르려 한다."라고 데라우치에게 보낸 서신에서 밝힌 바 있다.

사. 통감통치의 성격

이토는 통감직을 수락하면서 일본 내각으로부터 독립(통감부, 일본 외무성으로부터 독립됨)과 군 통수권(군부는 군인 통감을 원함)을 요구하였다. 원

수(元帥)와 동등한 지위를 확보하려는 의도였는데, 한국군 사령관 하세가와 요시미치는 강력히 반대하였다. 1905년 12월 제정된 통감부급이사청관제 제4조에서 통감의 군 지휘권을 명시하였다.

만주를 둘러싸고 이토와 군부는 대립하고 있었다. 군부는 조선과 만주를 아우르는 하나의 총독체제 구축을 위하여 한국 주차군 사령부 권한의 확장을 주장하고 있었던 반면, 이토는 만주경영은 동아시아의 불안 요인으로 전환될지 모른다고 우려하고 있었다.

일본은 제일은행을 대한제국의 발권은행으로 지정한 후, 제일은행이 발권은행으로서 1905. 4. 17. 오사카 조폐국과 사이에 조폐국은 제일은행의 청구에 의해 대한제국의 화폐를 제조한다는 내용의 계약을 체결한다. 1906년부터 오사카 조폐국에서 동전이 발행된다. 순금 2푼을 1환(圜)(1푼은 금 0.375g)으로 한 금본위제가 실시된다.

일본은 대한제국에서 법령상 1905. 6. 1.부터 금본위제를 실시한다고 하였지만, 본위화로 기능할 금화는 발행하지 않고, 일본은행이 발행한 일본 은행권과 이를 기초로 제일은행이 발행한 제일은행권을 대한제국의 본위화로 내세운 후 대한제국의 구(舊) 화폐를 교환하는 절차를 마련하였다.

대한제국은 1905. 1. 18. 칙령 제4호로 구화폐 정기교환에 관한 건을 발령하여 구 은화 10냥을 신 금화 1환에 해당하는 것으로 책정하였다. 교환은 1905. 7. 1.부터 시작하여 종료 기간은 1년 후로 하되 종료 후 6개월간 공납에 사용할 수 있도록 하였다. 그 결과 일본인과 청국인들이 가치가 떨어진 구화폐를 대거 매수하여 신화폐의 90%가 일본인과 청국인들의 수중으로 들어갔다.

대한제국 상인들은 이에 대한 대응책으로 은행권을 발행할 수 있는 국립 은행법의 제정을 요구하는 내용이 담긴 대한제국 화폐제도 개혁에 관한 청원서를 제출하였고, 1909년 제정된 한국은행조례(韓國銀行條例)에 근거하여 대한제국 최초의 중앙은행인 (구)한국은행이 1909. 11. 10. 설립된다. 한국은행조례는 1911. 3. 29. 법률 제48호로 공포된 조선은행법으로 대체되고, 경성(京城) 본점, 5개 지점(인천, 평양, 원산, 대구, 오사카)과 9개 출장소(진남포, 목포, 군산, 마산, 성진, 만주의 단둥, 부산, 나남, 신의주)로 출범한다.

외교고문이 된 스티븐스는 컬럼비아 로스쿨 출신 변호사로서 미국 국무부 소속 외교관으로 첫 부임지는 도쿄였고, 1884년 일본 외무성에서 정식으로 채용한다. 이토에게 영국의 이집트 통치방식 중 취사선택해야 할 것을 분석하여 보고하였다. 통치방식은 선정(善政)에 둘 것을 강조하였고, 한국에 체류하는 일본인에 대한 관리 감독을 지적하였다.

"… 일본에게 의존하게 하려면, 약하고 방어능력 없는 조선인의 환심을 사는 일에 힘써야 한다. … 조선인들은 항상 자질구레한 일을 중시하고, 판단은 사소한 원인에 의하여 움직이는 버릇이 있다."

지배의 외적 틀인 법적, 제도적 장치에 합법성이 있었다 하더라도 피지배자의 내면적인 합의에 의한 정당성을 수반하는 것이 아니라면 지배는 관철되지 않는다는 점을 강조하였다.

이토 통감은 대한제국의 병폐로 법의 불비와 관리의 부패를 지적하였고, 그 시정을 위하여 법령을 정비한다. 일본 정부는 1906. 6. 법률 제56호로 '한국에서의 재판사무에 관한 법률'을 제정하는데, 일본 국내에서 위헌론이 제기되어 폐기된다. 일본 정부는 칙령 제164호로 '통감부법무원관제'를 제정하고, 칙령 제166호로 '한국에서의 재판사무취급규칙'(소송절차규정, 검사에게 요급 사건의 경우 구류 제외한 강제처분권 부여)을 제정하였고, 위 규정은 한국에 거주한 일본인에게도 적용되었다. 재판의 1심은 이사청, 2심이자 최종심은 통감부법무원으로 정하였다. 일본 정부는 1909. 10. 18. 칙령 제240호로 '한국에서의 범죄즉결령'을 제정하여 경찰서장에게 재판권한을 부여하였다.

우메 겐지로(梅謙次浪)는 도쿄 제국대학 법학교수였던 인물로 내각 법제국장을 역임하였다. 대만의 법원은 헌법 제58조 통상재판소가 아닌, 제60조의 특별재판소로 보아야 한다고 주장하였다. 통감부 시절 한국의 민사 관련 법령을 정비하였다. 기본 골격은 내외국인 공통으로 적용되는 부분과 한국인만 적용되는 부분을 구분하였다. 우메 겐지로는 관습법을 성문화하려 하였으나 불문법 영역으로 남겨 놓았다. 1906년 10월 토지가옥 증명규칙, 외국인 토지소유규정, 토지건물증명규칙 등 법전 편찬 준비 작업을 하였고, 한국의 재판, 토지, 관습을 조사하였다. 1907년 7월 국유미간지 이용법을 제정하여 대부를 받으면 10년 후 불하가 가능하도록 규정하였다. 1907년 12월 재판소구성법, 재판소설치법을 제정하여 3심제를 채용하였다. 법전조사국관제를 공포하여 국장에 구라토미 유자부로(倉富勇三郎)를 임명하는데, 법전조사국은 병합 직후 폐기되었다. 1908

년 3월 동양척식주식회사법이 일본 의회에서 제정되고, 1908. 8. 26. 순종은 위 법률을 비준하여 1908. 8. 27. 양국에서 동시에 공포된다. 대만, 사할린, 한국의 식민지 행정을 일원적으로 총괄할 기관으로 1910년 6월 총리대신 밑에 척식국을 설치하는데 척식국은 1913년 6월 폐지된다. 통감부 시절 1910. 8. 23. 토지조사법이 법률 제7호로 공포되었다. 토지조사 사업은 한일합방 후에도 계속 이어졌고, 근거 법령인 토지조사령이 1912. 8. 13. 제령 제2호로 제정되면서 토지조사법은 폐지되었다. 토지조사 사업은 1918. 11. 2. 종료되었다.

아. 헤이그 밀사 사건

니콜라이 2세의 제안으로 열린 1899년 헤이그의 제1차 만국평화회의에 참석한 26개국(한국은 불참)은 국제분쟁평화적처리조약 등 3개 조약과 3개의 선언을 채택하였다. 한국은 상설중재재판소 설치의 근거조항이 담긴 국제분쟁평화적처리조약에 가입할 의사를 1903년 네덜란드 정부에 통지하였다. 한국과 같이 제1차 만국평화회의에 불참하였던 국가가 조약에 가입할 수 있는 조건은 체결국 간의 협상에 의한다는 조항 때문에 결국 한국은 가입하지 못한다.

고종은 러일전쟁에 즈음하여 러시아와 미국을 상대로 밀사 외교를 전개하는데, 1904년 주일 조민희 공사로 하여금 컬럼비아 대학 총장 체스니덤(Chas W. Needham)에게 미국 정부에 한국 독립유지에 진력해 달라고 의뢰하여 미국 국무장관에게 전달하게 하고, 1905년 3월 상하이 주재 러시아 육군무관소장 콘스탄틴 데시노(Konstantin N. Desino), 전 주한 러시아 공사 알렉산드르 파블로프에게 러시아 황제에게 호소한다는 내용의 밀서를 보냈으며, 1905년 7월 이승만으로 하여금 루스벨트 대통령에게 청원서를 (비록 수리되지는 않았지만) 제출하도록 하였다. 이용익은 1905. 11. 1. 파리, 11월 19일 베를린, 12월 1일 상트페테르부르크를 차례로 방문하고, 1905년 10월 한국 정부가 초빙하였던 프랑스어 교사 에밀 마르텔은 프랑스와 러시아 정부에 보내는 밀서를 가지고 즈푸(현 옌타이), 텐진을 거쳐 베이징으로 갔으며, 코리아 리뷰 주필이던 헐버트는 1905. 11. 17. 워싱턴에 도착하여 루트 국무장관과 회견을 시도하였다. 이러한 활동은 루스벨트 대통령의 제안으로 제2차 만국평화회의의 개최 시기가 조율되던 기간 중 이루어진 일로서 한국으로서는 국제분쟁평화적처리조약에 가입한 후 상설중재재판소에서 한국의 주권회복을 도모한다는 방침하에 추진되었다.

니콜라이 2세는 포츠머스 강화조약체결 후 제2차 만국평화회의 소집 의사를 밝히고, 루즈벨트의 동의를 얻는다. 일본 정부는 1905. 11. 13. 러시아 정부로부터 그 개최 조회를 받는다. 한국 정부에도 초청장이 송부된 것으로 알려져 있다. 러시아 정부는 1906년 4월 및 5월경 제2차 회의 개최 시기(러시아 원안은 1906년 7월 하순, 미국 수정안은 9월 하순), 의제 및 국제분쟁평화적처리조약의 신규 가입방법에 대한 통보를 참가 예정국에 하였다. 신규 가입방법은 기존 참가국의 협상은 생략하고 신규로 초청된 국가가 개최국인 네덜란드 정부에 가입 통고를 하면 체약국으로 간주한다는 것이어서 한국도 조약에 가입하려면 일단 초청을 받아야 했다. 가입방법에 관한 통보는 고종에게도 도착한 것으로 알려져 있다.

고종은 1906. 6. 22. 헐버트를 특별위원에 임명하고 각국 정부와 한국 문제에 대해 협의하는 위임장을 교부하면서, 아울러 제2차 한일협약(을사조약)은 무효이며 상설중재재판소에 제소할 때 협력해 달라는 여러 나라 원수 앞으로 된 친서를 맡긴다(친서는 결국 전달되지는 않음).

일본 정부는 이 무렵부터 한국이 제2차 만국평화회의에 참석하지 못하도록 방해활동을 전개한다. 일본 정부는 1906. 6. 25. 주일 게오르기 바흐메테프(Georgii P. Bakhmetev) 러시아 공사에게 개최 시기의 연기(희망안은 1907년 4월 말 내지 5월 초)와 조약의 신규 가입방법에 대한 반대 의사를 밝히고, 바흐메테프 공사는 1906. 10. 9. 일본 정부에 한국은 초대하지 않을 것이라고 회답한다. 제2차 회의 참가국 44개국 중 신규 참가국은 18개국으로 중남미 국가가 대부분이었고 그 외 국가는 노르웨이뿐이었다. 한국은 결국 네덜란드 정부로부터 초청장을 받지 못한다. 일본 정부는 이러한 밀사 활동을 고종의 지시에 의한 것임을 근거로 한국의 세권(稅權), 병권(兵權), 재판권(裁判權)을 장악하는 기회로 활용하게 된다.

(1) 극동 정세

일본 공사로 있을 때 한국 중립화 방안을 주장하였던 이즈볼스키는 람스도르프의 뒤를 이어 러시아 외무대신이 된 후 한국 문제에 소극적으로 대응하였고, 일본과 충돌을 일으키지 않으며 동방의 안정을 추구하는 방침을 견지한다. 하야시 다다스 외무대신은 포츠머스 조약에서 러시아는 일본이 한국에서 취한 지도보호 및 감리조치를 인정하였고, 1906년 플랜슨을 서울에 영사로 보낼 때도 신임장을 일본 정부에 제출하여 한국이 일본의 보호국임을 승인하였다고 보고 러일협약에서 앞으로의 발전(병합)을 구체적으로 언급하는 것은 일본에 유리하지 않다고 판단하고 있었다. 하야시 다다스 외무대신은 1907년 1월부터 러시아와 협상의 가능성을 모색하기 시작한다. 이즈볼스키는 1907. 2. 18. 러일협상 문안을 제안하고, 주러 모토노 이치로 일본 공사는 한국에서 평온한 상태를 확립하기 위하여는 한국의 병합 이외에는 방법이 없으니 러시아로부터 양해를 받아내는 것이 필요하다고 외무성 본부에 제안한다. 이러한 교섭 사실을 알게 된 이토 통감 역시 'annexation'이라는 표현을 포함하여 한국 문제를 명시하는 것이 상책이고 러시아 승낙이 필요하다는 점을 지적하였다.

제1차 러일협약이 1907. 7. 30. 체결되는데, 만주를 남북으로 나누어 북은 러시아, 남은 일본의 세력범위로 하고(분계선 하얼빈-지린), 일본은 조선, 러시아는 외몽골을 각자 자국의 특수이익 지역으로 한다는 것이었다. 비밀협약으로는, 한국과 일본 간의 조약과 협정에 근거하여 존재하는 "정치와 관여된 일에 대한 이해 공통관계를 승인하고", 그 관계가 "점점 발전하고 있는 즈음에 이것을 방해하거나 또는 여기에 간섭하지 않는다는 것을 약속한다."라는 내용이 있었다. 헤이그밀사사건을 빌미로 일본이 고종을 퇴위시키는 강경책까지 펼칠 수 있었던 배경에는 일본의 한국 지배에 대한 러시아의 명시적인 승인이 담긴 제1차 러일협약이라는 외교문서가 있었다.

(2) 밀사

제2차 만국평화회의가 1907. 6. 15.부터 10월까지 헤이그에서 열렸다. 고종은 1907. 4. 20. 전 의정부참찬 이상설, 전 평리원 검사 이준에게 전권 위임장을 교부하고, 5월 8일 헐버트를 유럽으로 보낸다. 이상설, 이준은 1907. 6. 4. 상트페테르부르크에 도착하는데 이위종 러시아 공사관 참사관이 합류한 상태였고, 러시아 황제에게 고종의 친서를 제출한다. 그들은 1907. 6. 25. 헤이그에 도착하였고, 1907. 7. 2. 회의 의장인 러시아 수석위원 넬리도프(Nelidov)에게 참석 승인을 요구하려고 면담 신청을 하였으나 거절당하고, 네덜란드 외무대신과의 회담 요청도 거부되었다. 헐버트가 1907. 7. 10. 헤이그에 도착하였다.

한국 대표단 일행은 미국, 영국, 프랑스, 네덜란드, 러시아 대표에게 신임장을 제시하고, 한국 전권위원자격으로 참석을 요구하였으나, 외교권 상실을 이유로 거절당하는데, 네덜란드 언론인 스테드의 주선으로 국제협회에 호소할 기회를 얻게 된다. 러시아어, 영어, 불어에 능통했던 이위종은 'A Plea for Korea'라는 제목으로 연설을 하였다. 오가와 헤이키치는 이토에게 '좋은 기회 도래. 일본을 위해 행복한 일'이라는 내용의 축하편지를 보낸다.

(3) 반향

블라디보스토크 주재 무역사무관 노무라 모토노부(野村基信)는 1907. 5. 24. 통감부 총무장관 쓰루하라 사라키치에게 이상설 등 일행이 만국평화회의 개최를 빌미로 헤이그에서 독립을 위한 활동을 할 것이라고 보고한다. 이토 통감이 1907. 7. 6. 고종에게 한국에 선전포고할 권리를 가지고 있음을 이완용 총리대신을 통하여 경고하자, 고종은 무관하다고 변명하였고, 한국 내각에서 고종의 양위 논의가 진행된다. 사이온지긴모치(西園寺公望) 총리대신에게 보낸 기밀 전문에 이러한 내용이 담겨 있었다.

헤이그 사건에 대한 일본 국내의 반응은 사이온지 내각과 이토 통감의 실책의 결과라는 책임 추궁과 강경론이 고조되는 상황이었다. 일본의 언론인 모임인 동지기자구락부(同志記者俱樂部)는 1907. 7. 13. 이토 앞으로 결의문을 보내는데, "밀사 사건은 한일협약을 심히 멸시한 일이지만, 우리는 이토 통감의 지도가 적절하지 못했기 때문에 일어났을 뿐만 아니라, 제국의 위엄을 손상시키고 통감을 욕보인 처사라고 생각한다. 그러므로 우리 기자들은 크게 통감이 직분을 다하지 못했음을 책함과 동시에 그것에 대한 선후책을 강구할 필요가 있다고 생각한다."라는 내용이었다 (운노 후쿠쥬, 한국병합사 연구, 365쪽).

이완용은 1907. 7. 16. 고종에게 양위를 권유하였고, 각료들은 7월 17일과 18일 양일에 걸쳐 고종에게 1) 제2차 한일협약에 어새를 날인할 것, 2) 섭정을 추천할 것, 3) 일본을 방문해 사죄할 것을 요구하였다. 고종은 1907. 7. 18. 17:00 이토에게 양위가 불가피한 것인지 여부를 타진하였고, 이토는 귀국의 중대 사안이니 봉답할 처지가 아니라고 답변하였다. 이러한 문답 내용이 1907. 7. 21.자 도쿄 아사히 신문에 보도되는데, 이토의 언론플레이로 알려져 있다.

고종은 1907. 7. 19. 새벽 1시 양위에 동의하고, 새벽 3시 황태자에게 대리 조칙을 내린 후, 1907. 7. 20. 약식으로 양위식을 하였다.

"전례에 따라 일에 지쳐서 황제의 자리를 물려(倦勤傳禪)준다. … 짐
은 지금 군국(軍國)의 대사를 황태자로 하여금 대리하게 한다."

이 조칙에는 양위라는 표현은 없고, 대리한다는 표현만 있어 과연 양위
인지 논란이 있을 수 있었다. 고종 황제의 호칭은 태황제(太皇帝)로 한다
는 조칙이 1907. 7. 22. 05:00 내려진다. 이완용 총리대신, 조중응 법무대
신, 이재곤 학무대신의 주장으로 이러한 내용의 조칙이 관철되었는데, 고
종이 훗날 군권을 회복하려는 시도를 봉쇄한다는 의미가 있었다. 조칙이
내려진 날 아침 고종의 측근 인사였던 박영효 궁상, 이도재 시종원경 겸
내대신, 이갑 교무과장, 어담 시종무관, 임재덕 시위보병 제1연대 제3대
대장, 남연철 원로 등은 음모혐의로 체포된다.

한국의 보호국 체제가 완성되었다고 할 수 있는 제3차 한일협약으로 알
려지는 정미7조약이 1907. 7. 24. 이토 통감과 이완용 총리대신 사이에 조
인된다. 이 협약은 즉시 공표되었고, 협약규정실행에 관한 각서는 비밀에
부쳤다. 각서의 주요 내용은 대심원, 공소원 3개, 지방재판소 8개, 구재판
소(區裁判所) 113개, 감옥 9개의 신설, 그리고 각부 차관, 내부 경무국장,
경무사 또는 부경무사를 일본인으로 임명, 황궁 수위의 임무를 맡는 육
군 1개 대대를 제외한 모든 군대는 해산한다는 것이었다. 일본의 간접통
치가 직접통치로 바뀐 것이다. 협약 사실은 한국과 일본의 7월 25일자 관
보 호외 난에 공시되었다.

신문지법이 1907. 7. 27. 제정되었고, 보안법이 1907. 7. 29. 제정되었다. 군대해산의 조칙이 1907. 7. 31. 내려졌는데, 제1차 러일협약이 조인된 다음 날이었다. 대한제국의 군대 해산식이 1907. 8. 1. 거행되었고, 대대장 박성환은 자결한다. 일본 천황은 1907. 8. 1. 제3차 한일협약 내용을 한국에서 귀국한 하야시 다다스 외무대신으로부터 보고받았다. 한국에서는 의병봉기가 전국 각지에서 일어나고, 서울에서도 시가전이 벌어졌다. 재판소 구성법이 법률 제8호로 1907. 12. 27. 제정되었고, 재판소 구성법 시행법이 법률 제9호로, 재판소 설치법이 법률 제10호로 제정되었다.

천황은 1907. 8. 21. 이토에게 공작 작위를 수여한다. 일본 황태자는 1907. 10. 16. 가쓰라 다로와 도고 헤이아치로와 함께 한국을 방문하고, 한국의 영친왕은 1907. 12. 5. 이토와 함께 일본으로 출국한다.

1908년 6월 말 현재 한국에 부임한 일본인 판임관 이상 관료는 1,797명이었다. 순위상으로는 재정을 다루는 탁지부에 819명, 치안을 다루는 내부에 327명, 법조인이 소속된 법부에 293명, 농상공부 205명, 학부 114명, 궁내부 26명, 내각 13명 순이다.

통감부 시절 한국에서 외국인의 특허권 보호문제가 쟁점으로 떠오른다(운노 후쿠쥬, 한국병합사 연구, 389~398쪽). 한국과 중국에서 일본 상인이 외국인의 상표권을 침해하는 일이 발생하자 1906년 6월 미국 정부의 제안으로 교섭이 시작된다. 영국, 미국, 프랑스는 한국과 중국에서 상표권의 상호보호협정체결을 요구하고 있었다.

당시 상황에 대한 일본 외무당국의 분석은, 상표권의 보호를 위한 법률은 한 국가 내에서 2개 이상의 다른 것이 병존함을 허락하지 않기 때문에,

둘 중의 하나를 선택해야 한다는 것이다. 즉 ① 영사재판권을 포기시킨후 한국에서 상표법을 승인하고 상표권의 보호를 받는 것으로 할 것인지, ② 조약에 의해 확보된 영사재판권을 고수하여 한국의 법률 승인을 거부하고 상표권을 희생하는 것으로 할 것인지 선택해야 할 문제라는 것이다. 첫 번째 방안을 택하게 되면 한국을 독립국처럼 취급하는 것이 되고, 두 번째 방안을 택하게 되면 일본이 국제적 신용을 잃게 된다는 문제점이 있어, 일본 정부로서는 곤란한 처지가 되었다.

하야시 외무대신은, 이러한 상황을 한국에서 일본의 법권(法權)을 확장하여 한국에 체류 중인 외국인에 대한 법권을 일본이 장악한다는 방침을 세우고, 일본에서 시행 중인 상표법에 준해 한국 내에서 효력을 갖는 상표 조례를 만든 후 상표에 관한 영사재판권을 포기시키되, 그 조례를 승인한 국가의 국적을 가진 사람들 사이 또는 그 외국인과 한국인의 분쟁에 적용한다는 내용을 골자로 한 초안을 제시하였다. 주일 미국 대사 루크 라이트(Luke D. Wright)의 대체적인 동의를 거쳐 한국 정부와 미국 정부는 일본 정부의 보호권 행사의 일환으로써 1908. 5. 19. '한국에서 발명, 의장, 상표 및 저작권 보호에 관한 조약'을 조인한다.

이 조약은 7개 조로 이루어져 있는데, 제1조 일본국 정부는, 발명, 의장, 상표 및 저작권에 관해 일본국에서 행하고 있는 것과 같은 법령이 본 조약의 실시와 동시에 한국에서 시행되도록 해야 한다. 위 법령은 한국에 있는 미국 인민에 대해서도 일본국 신민 및 한국 신민에 대한 것과 똑같이 적용하는 것으로 한다. (이하 생략) 제2조 미합중국 정부는 미국 인민이 한국 내에서 보호를 받아야 할 특허 발명, 등록 의장, 등록 상표 또는 저작권을 침해받은 일이 있을 경우에, 위 미국 인민이 본 건에 관해 한국에서 일본국 재판소의 재판 관할권에 전속할 것을 약속하고, 합중국의 치외법권은 이 일에 관해 이것을 포기하는 것으로 한다. 이 조약은 관보에 1908. 8. 13. 고시되었고, 일본 정부가 제2차 한일협약에 근거하여 한국 외교권의 행사로서 외국과 조약을 체결한 사례이다. 서명자는 주미 다카히라 고고로(高平小五郎) 일본 대사와 로버트 베이컨(Robert Bacon) 국무장관 대리였고, 1908. 8. 6. 비준서를 교환하였다.

이 조약에 따르면, 한국에서 일본국 재판소의 재판관할권에 전속한다고 할 때 '그 적용법령은 일본국 법인가, 한국법인가?'라는 문제가 발생하는데, 일본국 법이라고 한다면 한국민이 일본의 법령에 구속된다는 조약상의 근거가 박약하다는 문제가 제기되었다.

하야시 외무대신은 이토 통감에게 이 문제에 대하여 한국과 협의를 요청했으나, 한일 사이에 이 문제를 해결할 협약을 체결하는 것은 한국 정부로 하여금 아직도 국제 조약을 체결할 권리가 있다는 것과 같은 감상을 품게 할 우려가 있다는 이토의 의견에 따라, 일본 정부는 1908. 6. 21. 한국 정부에 조회를 보내고, 이토가 1908. 6. 24. 회의석상에서 한국 대신들에게 위 조약을 설명하고 이해를 구하는 것으로 처리하였다.

한국 정부에 대한 조회의 내용은 "현재의 한국 재판소로서는 유감이지만 문명국 인민을 재판하기에 족하지 못하다는 결과로 … 일본 법령을 그대로 일본, 한국, 미국 3국 신민 또는 인민에게 적용하고, 3국민 모두 일본 재판소의 재판 관리권에 속하게 하는 외에 방법이 없다고 믿는다. … 한국인도 인정해 이를 존중하여 받을(尊奉) 의무가 있다는 것을 고시하는 바입니다."라는 내용이었다.

이 조약의 후속조치로 1908. 8. 13. 일본의 해당 법률에 약간의 수정을 가한 '한국 특허령'(칙령 제196호), '한국 의장령'(칙령 제197호), '한국 상표령'(칙령 제198호), '한국 상호령'(칙령 제199호), '한국 저작권령'(칙령 제200호), '통감부 특허국관제'(칙령 제202호)를 공포하였다. 이 조약을 계기로 한국 내에서 일본국 법령의 적용이 가능하도록 제도적 장치를 한 사례가 한국병합방침을 확정한 1909. 7. 6. 각의 결정으로부터 6일 후인 1909. 7. 12.에 조인된 '한국사법 및 감옥사무위탁에 관한 각서'이다. 통감 자리에서 물러난 이토의 제안으로 이루어졌다. 제1조는 "한국의 사법 및 감옥사무가 완비되었다고 인정될 때까지 한국 정부는 사법 및 감옥 사무를 일본국 정부에 위탁(delegate)할 것"이라고 되어 있다. 이는 병합 프로그램이 원활하게 수행되도록 사법권을 우선적으로 빼앗는다는 성격이 있었다. 이 각서의 후속조치로 1909. 10. 16. '통감부 재판소령'(칙령 제236호) 등 24건의 관련 칙령이 공포되었다.

순종은 1909. 1. 7.부터 1909. 2. 3.까지 이토가 포함된 200여 명 규모의 수행단과 함께 전국을 순회하는데, 배일감정이 전역에 퍼져 있음을 체험하게 된다. 이토는 1909. 2. 10. 귀국길에 오른다.

통감부 시절 일본 정부는 한국 정부의 외교권을 행사하면서 철도부설권을 대가로 간도를 청국에 넘겨준다. 간도(間島) 지역은 두만강 연안의 현 옌볜 자치구 소속의 옌지(延吉), 훈춘(琿春), 허룽(和龍), 안투(安圖), 왕칭(汪淸), 룽징(龍井)의 소재지이다. 간도를 만주족 발원지로 신성시하여 출입을 금하였던 청 정부는 러시아에게 연해주를 할양해 주는 등 영토침

범이 가속화되자 1882년 간도 지역의 개간에 착수하면서 조선 정부에 조선인들의 철수를 요구한다. 조선 정부는 안변부사 이중하(李重夏)를 보내 백두산정계비를 근거로 간도가 조선 영토임을 주장하였고, 러시아가 1900년 간도를 점령하자 이범윤(李範允)을 이듬해 간도 관리사로 파견하고 함경도의 행정구역에 포함시킨 후 청 정부에 통고하였다.

조선에 통감부를 설치한 일본 정부는 통감부 소속의 간도 파출소를 설치하는데, 철도부설과 탄광개발로 만주의 이권을 챙기려던 일본 정부는 1909. 9. 4. 도문강중한계무조관(圖們江中韓界務條款, 일명 간도협약)을 체결하여 한중 국경을 두만강으로 하되 간도 영유권을 청국에 넘기고 길회철로(길림-회령) 부설권을 일본이 취득하였다. 간도협약에 따르면 조선인에게는 간도에서 거주할 수 있는 권리, 국경을 왕래할 수 있는 권리, 토지소유권, 미곡반출이 보장되었다. 일본의 만주 침략이 구체화되면서 만주사변 후 일본은 간도성의 성장이나 현의 현장을 조선인으로 임명하여 통치하였다. 일부 조선인들은 간도를 만주에서 분리시키려는 운동을 전개하여 중국인들의 반발을 사기도 하였다.

소련군이 1945. 8. 19. 옌지시에 들어와 전(前) 만주국 간도성을 폐지하고, 1945. 8. 20. 간도성 임시정부를 수립했는데, 당시 성장으로 있던 조선인 윤태동(尹泰東)을 임시정부 성장 대리로 임명한다. 중국인이 만주 지역 조선인에 대하여 가지고 있던 부정적 정서는 일제의 앞잡이 노릇을 하면서 중국인들을 무시하였고, 만주사변 발발 후 일본이 몰수한 중국인들의 토지경작권을 조선인들에게 주었으며, 도시 거주 조선인들이 주로 아편 밀매업에 종사하였다는 풍문에 기인하였다고 한다.

(4) 정체 논쟁의 종지부

일찍이 윤치호는 1894년 조선 인민을 구하는 유일한 방법은 현 정부와 낡은 왕조를 완전히 철폐하는 것이라고 주장하였고, 만민공동회에서 입헌주의를 설파하던 이승만은 쿠데타 모의혐의로 무기징역을 선고받아 1899년 1월부터 특별사면이 되는 1904년 8월까지 수감생활을 하였다. 윤치호는 일본, 청, 미국에서 5년 동안 유학생활을 하다가 귀국하였고, 식민지 시절 3년의 옥고를 치른다. 이준, 양한묵, 윤효정 등은 1905년 5월 헌정연구회를 조직하고, 헌정요의(憲政要意)에서 입헌정체론을 소개하는데, 1) 국가와 군주를 구별하여 국가는 국민의 공동체이지 군주 한 사람의 사유물이 아니고, 2) 정부와 군주를 구별하였으며, 3) 국민은 권리가 있고, 4) 군주제를 유지하기 위하여 입헌주의가 필요하고, 자의성을 규제하기 위한 법률(law)이 필요하다는 점을 밝히고 있다. 1907년 4월 안창호가 중심이 되어 설립된 구국 단체인 신민회는 군주제 폐지와 공화제 국가 수립을 공식 목표로 설정한다. 이 시기는 입헌군주제를 포기하고 국가 주권에서 국민 주권으로 넘어가는 전환점이라고 할 수 있다.

1907. 7. 27.자 대한매일신보는 관리를 일본사람으로만 두지 말라고 주장하였고, 1907. 8. 3.자 대한매일신보는 고종의 양위에 관하여 논평하기를, 황제의 성의로 된 일이면, 전국 백성이 춤을 추고 경축할 일이지만, 외국인의 억제와 내각대신이 강제로 청하여 된 일이라고 지적하고 있다. 마지막 황제인 순종이 등장할 무렵 한반도에서 겨우 명맥을 유지하던 군주제에 대한 미련은 사라져 가고 있었다.

"일반적으로 고종에 대한 여러 나라 외교관들의 평가는 극도로 나빴다. 아마도 그에게 인간적으로 공감한 것은 베베르 한 사람이었을 것이다. 그러나 1880년 중반부터 1919년 사망할 때까지 고종은 자신의 나라에 대한 일본의 간섭, 지배, 침략에 일관되게 저항했다. 그 저항의 방법에 대해서는 여러 가지 비평이 있겠지만, 그 일관된 저항의 사실은 역사의 중요한 요소이며, 그것을 모르면 이 시대 동북아시아의 역사를 이해할 수 없다."

- 와다 하루키,『러일전쟁 기원과 개전 2』, 1,199쪽

(5) 의병 투쟁 상황(조선 폭도 토벌지)

	1907년	1908년	1909년	1910년	합계
의병 사망	3,627	11,562	2,374	125	17,688
부상	1,592	1,719	453	54	3,800
일본 사망	29	75	25	4	133
부상	63	170	30	6	269

* 의병 사망자 수가 부상자 수보다 현격히 많은 것을 알 수 있음. 전투과정에서 의도적으로 부상자나 포로를 가리지 않고 살육했음을 나타내 주는 자료임

1907년의 군대해산을 계기로 의병활동은 급증하는데, 당시 활동하던 의병장 허위(평리원 수반판사, 평리원 서리재판장, 의정부 참찬 역임)는 각국 영사관에 의병은 국권을 회복하기 위해 싸우는 단체이므로 국제법에 의거 교전 단체로 승인해 달라는 서신을 보냈다. 교전단체로 승인을 받으면 제1차 만국평화회의에서 1899년 제정한 육전의 법규관례에 관한 규칙

의 적용을 받아 포로로서 대우를 받을 권리가 있고, 승인국은 국외 중립의 입장을 취할 수 있게 된다. 의병에 대한 교전단체 승인 및 중립선언을 우려한 이토는 국제적 신용유지와 외자도입경로의 차질 없는 확보를 위하여 진압 부대에 자중을 요구한다. 하야시 외무대신 역시 1907. 11. 29. 이토 통감에게 영국 정부로부터 비공식적으로 한국 주둔 일본 군대의 가혹한 진압 사례에 관한 이야기를 들었다며 주의를 촉구하고 있다. 이토는 1909년 1월 민심의 일신을 꾀하기 위하여 순종의 지방 순행을 제안하여 순종과 함께 1월 7일부터 13일까지 서울-대구-부산-마산-대구-서울, 27일부터 2월 3일까지 서울-평양-의주-신의주-정주-평양-황주-개성-서울을 순행하였는데, 백성들의 불만과 저항 사례가 내부보고서에 상세하게 기록되었다.

자. 병탄의 길

사이온지 긴모치 내각에 이어 제2차 가쓰라 내각이 1908년 8월 출범한다. 1906년 출범한 사이온지 긴모치 내각은 점진적인 단계의 병합을 추진하던 이토의 노선을 따르고 있었는데, 가쓰라 내각이 등장하면서 급진 병탄론자인 데라우치 마사타케 육군대신과 고무라 주타로 외무대신이 다시 임명된다. 그 직후 이토는 통감직 사의를 표명하였으나 야마가타 아리토모가 추밀원 의장직을 양보할 뜻이 없었으므로, 계속 통감직에 머무르게 되었다. 고무라는 1909년 초 구라치 데쓰키치(倉知鐵吉) 외무성 정무국장에게 병합 단행을 위한 의견서 초안을 작성하도록 지시하고, 1909. 3. 30. 구라치 안에 가필을 한 '대한방침'과 '대한시정대강'의 2개의 문서를 가쓰라 수상에게 제출한다. 가쓰라와 고무라는 1909. 4. 10. 한국에서 귀국한 이토와 회담을 하고, 이토는 병합 단행 방침에 동의한다. 이토는 1909년 6월 통감직에서 물러난다.

오스트리아-헝가리 제국은 1908. 10. 7. 보스니아-헤르체고비나를 병합한다. 보스니아-헤르체고비나는 세르비아인, 크로아티아인 등 남슬라브인이 사는 지역으로, 15세기부터 오스만 제국의 지배를 받다가 러시아와 오스만의 전쟁 후 영토문제를 조정한 1878년 베를린 회의에서 오스트리아 제국의 지배를 받게 된 지역이다. 그리스정교도인 세르비아인은 자치를 요구하기 시작하였고, 1908년 7월 터키에서 청년 터키혁명이 일어나자 이슬람세력 확장을 우려한 오스트리아는 병합방침을 정하고, 1908년 9월 러시아와 오스트리아 외무장관 회담에서 그 방침을 통고하였다. 러시아는 보스포루스, 다르다넬스 해협의 개방을 요구하면서 국제회의 개최를 요구하였다. 오스트리아는 병합을 선언하는 황제 서한을 각국에 보내고 칙서를 발표하였는데, 영국과 프랑스는 러시아의 국제회의 개최요구를 지지하지 않았고, 1909년 3월 독일이 러시아에게 병합을 인정하라고 최후통첩을 보내면서 보스니아-헤르체고비나 문제는 마무리된다. 청 황실에서는 1908. 12. 12. 마지막 황제 푸이(溥儀, 3세)의 즉위식이 거행되었다.

송병준은 가쓰라와 대화하면서 1억 엔 정도면 한국과 일본의 합방이 가능하다는 이야기를 한다. 이토는 후임 통감으로 데라우치를 추천하지만, 가쓰라는 부통감이었던 소네 아라스케(曾祢荒助)를 선택한다. 소네는 1909. 6. 14. 이토 후임으로 임명된다. 이토는 추밀원 의장으로 임명된 후 인수인계를 위하여 1909. 7. 5. 다시 서울에 도착한다. 한국병합에 관한 2개의 문건이 1909. 7. 6. 일본 각의에서 결정되고('대한방침'은 '한국병합에 관한 건'으로 명칭이 바뀜), 같은 날 천황이 재가한다. 병합 단행 방침은 결정되었으나, 조칙으로 할 것인지, 조약으로 할 것인지 문제가 남아 있었다. 보호국을 병합하는 경우 새로운 조약을 체결하지 않고 일방적인 선언의 형식으로 한 사례가 대부분이었다. ① 러시아는 1783. 8. 4. 그루지야 왕국과 보호국 조약을 체결한 후, 1801. 1. 30. 황제의 조서로 그루지야 왕국을 병합한다고 선언하였고, ② 프랑스는 1885. 12. 17. 마다가스카르 왕국과 외교권을 빼앗는 보호국 조약을, 1895. 10. 1. 내정권을 빼앗는 보호국 조약을 체결한 후, 1896. 5. 30. 마다가스카르를 프랑스의 식민지로 만드는 법안이 프랑스 의회에 상정되어 가결되었으며, ③ 오스트리아-헝가리 제국은 1908년 9월 말 보스니아-헤르체고비나의 병합을 5개국 정상에게 병합 의사를 표명하는 서한을 보낸 후, 제국 의회 개회 중인 10월 7일, 황제 칙서로 병합을 선언하였다.

아시아 역사 자료 센터에 소장된 한국 병합 서류 중에 '42년(1909년) 가을 외무대신안으로 각의를 통과하지 못한 건'이라고 표기된 문서가 있는데, 그 내용 중에는, 병합의 조칙은 한반도 통치가 완전히 천황대권 행동에 속한다는 취지를 밝히는 것으로, 반도의 통치가 제국헌법 조항에 준거할 필요가 없다는 것을 명확하게 하여 후일 분쟁을 예방할 것이라는 기재가 있다. 와다 하루키의 주장에 따르면, 가쓰라는 조칙병합안과 조약병합안의 두 가지 안 중 조약병합안이 바람직하다고 보고 있었고, 어떤 경우든 조칙을 내려 병합을 선포한다는 입장이었다고 한다. 이토는 1909. 7. 12. 한국의 사법 및 감옥사무 위탁협약을 체결하고, 1909. 7. 14. 출국한다. 이토는 일본에서 고토 신페이(后藤新平)라는 인물을 만나고, 생을 마감하게 되는 하얼빈 여행을 계획하게 된다.

고토 신페이는『일지충돌(日支衝突)』에서 구체적 중국침략정책을 제시한 인물로 이와테 현 출신으로 독일에 유학하여 의학 공부를 하였는데, 1892년 내무성 위생국장으로 관료생활을 시작하고, 청일전쟁 당시 군에서 수완을 발휘하여 고다마 요시오 당시 육군차관과 인연을 맺는다. 고토는 1898년 고다마 겐타로(兒玉源太郎)가 대만 총독으로 부임할 때 민정장관으로 발탁된 후, 인프라 건설 등 강력한 경제개혁을 추진하며 식민지 경영의 초석을 다진다. 고다마 겐타로는 러일전쟁 후 러시아가 계속 남하할 것이라는 판단하에 남만주 확보를 위하여 국책회사를 만들어 일본인들을 이주시켜 만주지배권을 굳혀야 한다는 계획을 세우고, 1906년 남만주철도주식회사를 설립, 초대 사장으로 고토 신페이를 앉힌다. 훗날 야마모토 조타로(山本條太郎)가 사장으로 취임 후 사장 명칭을 총재로 바꾼다. 남만주철도주식회사는 1917. 7. 31. 조선총독부 철도국과 국유조선철도위탁계약을 체결하여 만철이 한국철도를 경영하다가 1925. 3. 31. 위탁경영을 해제한다.

고토와 이토는 1907년 9월 이쿠시마에서 3일간 대담을 하는데(이쿠시마 야화), 고토는 이토에게 동아시아정세를 설명하며 청국과 일본의 관계를 재정립할 것을 촉구하면서, 1) 대아시아주의를 동양평화의 근본정책으로 해야 하다는 점과 2) 신구대륙대치론을 펼치며 유럽과 아시아가 연합하여 미국에 대처해야 한다는 점을 주장하였다. 이토는 두 번째 관점에 대하여는 찬동하였으나, 첫 번째 관점에 대하여는 황화론의 확산을 우려하며 반대하였는데, 아마도 삼국간섭의 트라우마를 떠올렸을 것이다. 고토는 이토에게 대륙을 만유하며 세계 지도자와 교류하라는 건의를 하고, 이토가 1909년 8월 고토에게 만유(漫遊)의 뜻을 밝히자, 러시아 재무대신 코코프체프와 회담을 권유하면서 하얼빈회담을 주선한다.

이른바 황화론(黃禍論, Gelbe Gefahr, Yellow Peril)은 1895년 청일전쟁 말기 독일 황제 빌헬름 2세가 주창한 이론으로 황인종의 유럽 문명에 대한 위협을 경고하며 유럽 열강이 공동대처할 것을 주장하여 청일전쟁 후 삼국간섭의 정서적 토대 역할을 한다. 러시아 철학자 블라디미르 솔로비요프를 황화론의 단초를 연 사람으로 보는 시각도 있다. 블라디미르 솔로비요프는 청일전행 후 『안티 그리스도에 관한 짧은 이야기』, 『전쟁, 진보, 세계사의 종말에 관한 세 가지 이야기』에서 "자신들의 선도하에 다른 인종, 즉 유럽인에 대해서 도전할 목적으로 동아시아의 모든 민족을 하나로 모을 것을 선언한 것이다."라는 글을 남긴다.

이토의 하얼빈행은 한국의 병탄 장애물인 러시아, 청 정부의 양해 필요성과 맞물려 진행되었다. 이토는 1909. 10. 18. 다롄, 10월 20일 뤼순, 10월 25일 창춘(라오양, 펑톈, 푸순을 거쳐)에 도착하였고, 10월 26일 9시 하얼빈에 도착한 후, 열차 안에서 코코프체프 재무대신과 뼈 있는 인사말을 주고받는다. 이토가 당신을 일본으로 초청하려 했는데 바쁠 것 같아 만주에 오게 되었고, 러시아 황제에게 불만이 있다거나 러시아에 불이익을 뜻하는 것은 아니라고 말하자, 코코프체프는 러시아는 정의와 공평을 존중하는 나라로 황제가 알아서 잘 할 것이다라는 말을 한다. 이토는 1909. 10. 26. 09:30 안중근 의사의 권총에서 발사된 세 발의 총탄을 맞고, 10:00 사망한다.

이토의 죽음은 당시 많은 사람의 부러움을 산 것으로 알려져 있다. 만주벌판의 자객에 의한 암살, 비스마르크의 비참한 말년과 비교한 내용의 오쿠마 시게노부의 추도사가 있었고, 야마가타 아리토모는 이토라는 인간은 참으로 행운을 타고난 사람이라는 말을, 노기 마레스케는 큰 소리로 말할 수는 없지만, 이토 공은 실로 죽을 장소를 잘 얻은 사람이라는 말을 남긴다. 비스마르크는 빌헬름 2세 시절인 1890년 3월 사임하고, 1898년 사망하는데, 막스 베버는 1917년 쓴 글에서 "비스마르크는 그의 정치적 유산으로 정치 교육을 전혀 받지 못한 국민들만 남기고 갔다."고 평가하였다. 와다 하루키는, 이토의 죽음은 한국민의 민족감정을 크게 자극하였고, 가쓰라가 병합방식을 한국 황제가 요청하도록 하는 것이 무난하다는 생각을 굳힌 계기로 작용하였다고 보고 있다.

안중근 의사는 1910. 2. 14. 뤼순의 관동도독부 지방법원에서 사형을 선고받고 항소를 포기한다. 사형은 1910. 3. 26. 집행되었다. 그 때 나이 30세였다. 그 전날인 25일은 대한제국 황제 순종의 탄생일이었고, 그 다음날인 27일은 부활절이었다.

"한국 청년 안중근은 그 시대 전체의 대세를 이루었던 세계사적 규모의 폭력과 야만성에 홀로 맞서 있었다. 그의 대의는 '동양 평화'였고,

그가 확보한 물리력은 권총 한 자루였다."

-김훈, 하얼빈, 작가의 말 중 일부

소네 아라스케 통감은 병합을 위한 어떠한 조치도 진행시키지 않다가 1910년 초 병명을 알 수 없는 병으로 일본으로 귀국한다. 소네의 병문안을 갔던 데라우치는 1910. 4. 10.자 일기에서 소네의 병상은 얼굴이 창백한 것이 무어라 이야기할 수 없지만 상당히 난해한 병증이라고 여겨진다는 기록을 남긴다. 소네는 결국 그 해 9월 13일 61세의 나이로 사망한다. 우치다 료헤이(內田良平)는 스기야마 시게마루, 가쓰라 등과 협의를 거쳐 1909. 12. 1. 일진회 명의의 합방청원서를 지니고 서울에 도착하고, 일진회 회장 이용구는 1909. 12. 4. 황제, 총리, 통감에게 합방상주문과 합방청원서를 제출하고, 합방성명서를 발표한다. 이완용은 일진회의 합방성명서 발표를 비난하고, 1909. 12. 21. 합방을 간청하는 내용의 진정서를 가쓰라 총리에게 제출하고, 1909. 12. 28. 중의원 일부 의원에게도 발송한다. 이완용은 12월 자객의 습격을 받는다.

일본 정부는 일방적인 선언에 의한 병합을 강행할 경우 국제적 승인을 얻을 수 있다는 보증이 없는 사태를 우려하고 있었으며, 특히 러시아와 영국의 승인은 반드시 필요한 상황이었다.

일본과 러시아는 1910. 4. 5. 이후 제2차 러일협약을 위한 협상이 진행되고 있었고, 모토노 일본 대사는 한국의 병합문제에 관하여 스톨리핀 러시아 수상으로부터 이의를 제기할 이유나 권리가 없다는 확답을 받아냈다. 이즈볼스키 외무대신은 "만주가 장래 어떤 사람의 손아귀에 들어

가지 않게 하려면 러일 양국이 소유하지 않으면 안 되는 것은 말할 것도 없다."고 하였고, 모토노 일본 대사는 "이와 같이 노골적으로 이것을 말로 표현하지 않아도 같은 것을 의미하는 적당한 문구를 발견하는 것은 생각 건대 어렵지 않을 것"이라는 의견교환이 이루어졌다. 일본 각의는 1910. 6. 18. 러일협약 최종안을 승인하였고, 러일 양국정부로부터 영국, 프랑스 정부에 통보된 후, 1910. 7. 4. 제2차 러일협약을 상트페테르부르크에서 조인하였다. 동청철도와 만철과의 우호적 협력을 강조하고 제1차 러일협 약을 재확인하였고, 한국 병합에 대한 언급은 없었다. 러일협약의 배경에 는 미국의 태프트 대통령이 만주에 관하여 문호개방, 기회균등을 요구하 면서 영국과 공동으로 1909년까지 청국에 자금을 제공하고 금애(錦愛) 철도(錦川-愛琿)를 부설하는 예비협정을 체결하는 한편, 일본, 영국, 프랑 스, 독일, 러시아에 만주철도 중립화 안을 제시하였던 사정이 있었다. 만 주철도 중립화안은 러일양국이 거부하였고, 영국, 프랑스도 사실상 반대 하였다.

주영 가토 일본 대사는 1910. 2. 23.부터 에드워드 그레이(Edward Grey) 외무대신과 영일통상항해조약 개정을 교섭 중이었는데, 영국 수출입물 품 세율의 인상문제와 한국병합 및 병합 후의 한국과의 조약문제가 논의 되었다. 일본 정부는 유럽 국가들과 체결한 통상조약 종료 시점에 즈음하 여 1910. 7. 17. 영국, 독일, 이탈리아, 벨기에, 스페인, 포르투갈, 스위스, 러 시아, 덴마크, 스웨덴, 노르웨이에, 8월 4일 프랑스, 오스트리아에 통상조 약의 1년 후 폐기를 통고한 상태였다. 고무라 외무대신은 1910. 5. 19. 주 일 영국대사 클로드 맥도널드(Claude M. MacDonald)와 회담할 때, 병합 실행이 가까워졌음을 통보하자 맥도널드 대사는 "영국 정부에 대해서도, 물론 병합에 대해 입장이 다를 리가 없다고 믿는다 하더라도, 돌연 병합을 실행시키는 것과 같은 일은 동맹의 관계상 유쾌하지 않다고 생각한다."고 말한다. 영국의 관심은 병합 후 한국이 다른 나라와 맺은 조약이 폐기되느냐 여부였다. 그레이 외무대신은 1910. 7. 14. 일본 정부에 합병 후에도 한국에서의 외국인의 권리에 대해서는 변동이 없게 해 달라는 요구를 하였고, 고무라는 1910. 7. 17. 가토 대사에게 경제 관계에 있어서는 현상유지를 바라며, 조약의 소멸에 구애되지 않고 다음 3개 항을 여러 나라에 선언할 것임을 영국 정부에 전하라고 지시한다. 3개 항은 ① 한국과 외국간의 수출입품 및 한국의 항구로 입항하는 외국 선박에 부과하는 수출입세, 톤세를 그대로 한다, ② 한국 개항장은 마산을 제외하고 종래대로 하는 외에, 신의주를 개항한다, ③ 한국 개항장 간 및 한국-일본 간의 연안 무역에 당분간 외국 선박의 참가를 인정한다는 것이었다. 그레이 외무대신은 1910. 8. 3. 관세율 유지 연한을 10년으로 제안하고 일본은 그대로 수용한다. 주영 가토 다카아키 일본 대사는 1910. 8. 13. "합병 실행에 부쳐서는 혹은 다른 나라에서 여러 가지 비난이 있을지도 모른다. 특히, 임의양여의 형식을 채택하지 않고 어쩔 수 없이 단독 선언으로 그것을 단행할 경우에는 더욱 그러하다."고 예상하고 영국 정부의 일본에 대한 우호적 지지를 사전에 획득해 둘 필요성을 제기하고 있다(운노 후쿠쥬, 한국 병합사 연구, 437쪽). 영사재판권 폐지는 1911년 1월 영국 추밀원령으로, 거류지 폐지는 1914년 4월 실현된다.

소네 통감이 1910. 5. 30. 경질되고, 데라우치 육군대신이 통감으로 겸

임발령을 받는다. 일본에서는 1910년 천황 암살 시도로 26명의 사회주의자가 처형된다. 메이지 천황이 1912. 7. 29. 사망한다.

조선의 마지막 두 임금에 관한 기록인 고종실록과 순종실록은, 합방 후 시노다 지사쿠 위원장, 경성제국대학 오다 쇼고 교수 주도로 기술된다. 고종과 메이지 천황은 모두 1852년생으로 출생연도가 같았고, 재위 기간 역시 두 사람 모두 44년으로 같았다. 출생연도와 재위 기간이 같았으나 운명은 너무나 달랐던 극동 아시아의 두 황제. 평생 서로의 존재를 의식하며 살았으나 한 번도 만난 적은 없는 관계. 한일관계의 현 모습을 보여 주는 단면일까.

한국 학계에서는 합방, 합병, 병합, 병탄이라는 용어가 혼용되고 있는데, 합방이라는 표현은 일본 활동가나 단체가 주로 사용하는 표현으로 자주적이고 평등한 합의에 이루어진 역사적 사실로 만들려는 뜻이 있다. 병합이라는 표현은 대한(對韓)기본방침(식민지설계도에 해당)에 처음 등장하는 표현으로서 1909년 초 외무성 정무국장 구라치 데쓰키치가 고안해 낸 표현이다.

"나는 한국을 완전히 폐멸하고 제국 영토의 일부로 되는 것을 명확히 함과 동시에 그 어조가 과격하지 않은 문자를 찾아내기까지 상당히 고심했다. 합방이라는 문자는 적절치 않고, 병탄은 침략적 의미가 있어이 역시 사용할 수 없다. 지금까지 사용하지 않은 병합이라는 문자를 새롭게 만들었다. 이 글자라면 다른 나라의 영토를 제국 영토의 일부로 한다는 의미가 합병보다 더 강하다."

내각 서기관장 시바타 가몬(柴田家門)을 의장으로 하고, 실무관료들인 외무성 정무국장 구라치 데쓰키치(倉知鐵吉), 통감부 외사국장 고마쓰 미도리(小松綠), 법제국 서기관 나카니시 세이치(中西淸一) 등이 참여한 병합준비위원회가 1910년 6월 조직된다. 위원회는 대한제국을 조선이라고 호칭하기로 하고, '조선인의 법적 지위에 관한 병합 실행방법 세목' 21개 항을 마련하였다. 내각은 1910. 7. 8. 이를 승인하는 한편, 조약을 체결할 경우의 조칙안, 조약을 체결하지 않을 경우의 조칙안, 조약안, 선언안, 병합 실행방법 세목 등이 결정되었고, 선무공작자금으로 3,000만 엔을 별도 예산으로 책정하였다.

　　데라우치 통감이 1910. 7. 23. 서울에 도착하고, 1910. 7. 25. 창덕궁에서 순종을, 덕수궁에서 고종을 알현한다. 이완용 총리대신의 비서를 지냈던 이인직(李人稙, 『혈의 누』의 저자)의 방문을 받은 고마쓰 미도리 외사국장은 1910. 8. 4. 22:00 어떠한 병합이 되는 것이냐는 질문에 하와이나 마다가스카르처럼 황제를 처우하지는 않을 것이라고 대답하였고(폐위시키지는 않을 것이라는 의미) 이인직이 안심한 것 같았다는 기록을 남긴다. 고마쓰를 다시 찾은 이인식은 1910. 8. 8. "이완용에게 전하니 하루라도 빨리 시국을 정리하는 것이 상책일 것"이라고 말하였다. 고마쓰는 이러한 사실을 데라우치에게 전달하고, 데라우치는 조약체결에 조선 정부에서 다른 의견이 없는 것으로 판단하고, 1910. 8. 13 고무라에게 조약 방식으로 행동을 개시할 것을 전보로 통고하였다.

　　고무라는 조약을 체결하면 추밀원에 보고하여야 하고, 국제사회에 기정(旣定)의 선언을 하는 것이 필요하므로 조인과 공포 사이에 일주일 정도 시일이 필요하고 병합의 효력은 공포일로부터 하고 싶다고 하였다.

데라우치는 1910. 8. 14. 조약 전문(前文) 일부에 대한 무난한 표현의 수정안을 도쿄에 보내는데, 원안에 한국의 현 체제로는 운운으로 시작되는 부분을, "양국 간의 특수하고 친밀한 관계를 돌아보고, 상호 행복을 증진시키고 동양의 평화를 영구히 확보하기 바라며, 그 목적을 달성하기 위해서는 한국을 일본 제국에 병합하는 것만 한 것이 없음을 확신하며"로 수정할 것을 제안하였고, 1910. 8. 16. 이완용에게 병합의 필요성과 조약의 형식이 타당하다고 말하면서 조약체결의 구체적 절차를 언급하였다.

이완용은 한국의 국호를 남길 것과 왕의 존칭을 남길 것을 요구하였고, 데라우치는 왕 칭호는 거부하고 대공전하(大公殿下)로 할 것이라고 하였다. 이완용은 조중응 농상공부 대신(1896년 일본으로 망명하여 농업기술을 배운 후 10년 후 귀국하여 통감부의 촉탁농업기사로 근무하기 시작)에게 협상을 시키겠다고 하고, 조중응은 데라우치에게 이완용이 한 요구와 같은 주장을 하였고, 데라우치는 황제의 존칭은 대공전하 대신 '이왕전하', '태왕전하'로 한다는 타협안을 제시하였다. 데라우치는 1910. 8. 17. 타협안을 받아들여 달라고 도쿄로 타전하였다. 이완용은 대신들과 협의를 하였으나 결론은 내리지 못하였다. 데라우치는 1910. 8. 18. 고무라로부터 이완용이 제시한 타협안을 승인한다는 전보를 받고, 이완용에게 알린 후, 순종이 내려야 할 조칙안을 건넸다. 학부대신 이용식은 대신들 협의에서 끝까지 반대하였고, 이완용은 회의에 이용식이 참석하지 못하게 하려고 일본에 발생한 수해위문을 구실로 일본 출장명령을 내렸으나 실제로 가지는 않았다.

데라우치는 1910. 8. 20. 고무라에게 22일 조인을 마칠 예정이니 조약의 재가를 받기를 원한다고 요청하였고, 고무라는 1910. 8. 21. 천황에게 조약의 재가를 주장하였다. 고무라는 추밀원 회의를 1910. 8. 22. 10:00에 열기로 결정하고, 영국에 조약문과 선언서의 영어 번역문을 보내 병합 방침을 전하도록 주영대사에게 훈령을 내리고, 주청 대사에게도 조약과 선언문이 송부되었다.

순종은 1910. 8. 22. 14:00 창덕궁에서 이완용에게 부여하는 전권위임장에 서명하고 국새를 찍었고, 16:00 통감관저에서 '한국병합에 관한 조약'을 이완용과 데라우치가 조인한다. 데라우치는 그날 일기에, "오후 4시, 한국 합병의 조약을 통감관저에서 조인하여 마쳤다. … 합병 문제는 이와 같이 용이하게 조인을 끝냈다. 하하하."라는 기록을 남겼다. '한국 병합에 관한 조약'이 1910. 8. 29. 공포되었다. 일본에 보낸 한제조칙문(韓帝詔勅文)은 최종적으로 칙유(勅諭)의 형식으로 발표되었는데, 순종이 서명하지 않았다고 와다 하루키는 기술하고 있다(『한국 병합 110년 만의 진실』, 119쪽). 일본에서는 천황과 대신들의 서명이 담긴 '한국병합조서'가 발표되면서, 대규모 사면, 그해 세금감면조서, 조선귀족령을 발포하는 황실령이 내려진다. 한국과 조약을 맺은 10개국에게 '한국병합에 관한 선언'이 발표되었다. 통감부령 제52조 '조약에 의해 거주의 자유가 없는 외국인에 관한 건'을 공포하여 외국인 노동자는 개항장 이외의 지역에서 거주 및 노동을 하려면 지방 장관에게 허가를 받도록 하였다. 고무라 주타로는 당일 아침 8시 신문사 대표들을 외무대신 관저로 초청하여 경위를 설명하고 협조를 당부하였다.

한일 합방에 관여하였던 인물 중 이토는 1909년 68세, 소네는 1910년 61세, 고무라는 1911년 56세, 메이지는 1912년 59세, 가쓰라는 1913년 65세, 이노우에 가오루는 1915년 79세, 1919년에는 초대 총독 데라우치가 67세, 초대 헌병 사령관 아카시가 55세의 나이로 사망한다. 이토의 평생 동지이자 정적이었던 야마가타는 1922년 83세의 나이로 사망한다.

메이지 천황의 뒤를 이은 다이쇼 천황은 즉위하자마자 메이지 원로들, 군벌, 산업자본가들과 대립하다가 사이온지 긴모치 내각을 해산하고 가쓰라 다로 내각을 출범시켰으나 호헌운동으로 번지면서 50여 일 만에 내각이 해산된다. 다이쇼 천황은 1919년 뇌출혈로 쓰러져 정신병을 앓던 중 1926. 12. 25. 사망하였다. 장남인 히로히토(裕仁)는 1921년 섭정왕으로 추대되고 1928. 11. 10. 천황으로 즉위한다. 기도 고이치(木戸幸一)는 1922. 11. 11. 종실귀족, 외교관, 장교로 구성된 '11일 구락부'를 발족하여 히로히토 천황의 비공식 싱크탱크 역할을 한다.

6장

식민지의
규범정립과정

가. 제국 의회와의 단절

  일본제국의 본토, 식민지[대만, 남사할린(가라후토, 樺太), 조선], 조차지 (concessions, leased territory)(관동주) 및 위임통치지역(mandate)[남양군도-마리아나, 팔라우, 캐롤라인, 마샬제도(1919년 베르사이유 조약 근거), 한국인 5,000여 명 이상 강제노동, 2차대전때 60% 사망]에는 제각기 법적 근거에 의해 설립된 사법기관이 존재하였다. 식민지 사법기관은 제국 중심부인 도쿄의 대심원과 사법성에 연결되어 있지 않은 상태로 제국 전체의 사법네트워크가 구축되었다. 외지(外地)에 적용되는 별도의 법체계로 일본 본토인 내지(內地)와는 다른 법 영역으로 존재할 수 있는 식민지 위임 제도가 마련되었다. 식민지 총독은 법률의 위임을 받아 법률의 효력을 가지는 법령을 발할 수 있다. 헌법-법률-명령이라는 서열에 편입되지 않는 독특한 체계가 탄생한다. 외지(外地)는 일본의 영역이기는 하지만 법제상 다른 지역, 즉 헌법에 근거한 법률이 원칙적으로 시행되지 않는 지역으로 이법지역(異法地域)이라는 논리를 구성하였다. 학계에서는 식민지법이라는 표현을 사용하였으나, 일본정부는 제국주의적 착취를 연상시킨다고 하여 '외지', '외지법'이라는 용어를 사용하였다. 법의 보편성이 의도적으로 왜곡된 것이다.

국제질서와 제국질서의 공간적 단위로서의 법역(法域)이 만들어진다. 국제질서는 서양의 문명국이 조약과 국제관습법에 의하여 내정불간섭과 주권을 서로 인정하는 수평적·상호적 관계에 의하여 형성된 질서이고, 제국 질서는 우월한 정치 실세가 중심에 서서 주변을 향하여 사회적·정치적 차원의 수직적·종속적인 관계가 구축되어 있는 질서이다.

사례를 들어 본다. 일본에서 1896. 3. 31. 법률 제63호로 제정된 대만에 시행할 법령에 관한 법률에 따르면, 대만총독부는 평의회 의결을 거쳐 율령을 제정할 수 있도록 규정되어 있는데, 평의회는 유명무실해졌고, 결국 1906년 폐지된다. 마츠카타 마사요시 내각은 대만 법무부장 겸 대만고등법원장 다카노 다케노리에 대한 직위해제처분으로 촉발된 논란으로 1897년 12월 붕괴된다. 그 후 출범한 3기 이토 내각은 1898년 6월 대만 총독에게 "헌법은 이미 대만에 시행된 것으로 한다. 개정조약은 대만에 시행하는 것으로 한다."라는 훈령을 보낸다. 이토 내각은 1898년 6월 말 의회해산을 단행한다. 1898. 7. 16. 율령 제8호로 제정된 민사·상사 및 형사에 관한 율령은 제국의 법을 따르되, 대만인과 청국인만의 사건에 대해서는 현행의 예에 의한다고 규정하여, 의용(依用) 형식의 입법을 정립한다. 이토 내각의 원래 안은 의용이 아닌, 직접 적용하는 것이었다. 결국, 일본 본토와 대만은 다른 법 영역을 유지하는 체제를 구축한다. 1908년까지 대만형 사법제도가 완비된다. 벌금 및 태형제도가 도입되었는데, 형법 신파이론, 주관주의 형법이론의 영향이었다고 한다.

1907년 3월 법률 제25호로 제정된 가라후토(樺太)에 시행할 법령에 관한 법률과 1911년 법률 제30호로 제정된 조선에 시행할 법령에 관한 건 역시 의용의 형식을 취하고 있었다. 가라후토의 경우 조선이나 대만과는 달리 행정재판법과 소원법이 시행되었는데, 역사적으로 일본 정부와 관련을 맺고 있었고, 인구의 대부분이 일본인이었다는데 기인한다.

총독은 법률의 효력을 가지는 명령을 발할 수 있었는데, 대만은 율령(律令), 조선은 제령(制令)이라고 하였고, 일본 본국 법률의 전부나 일부를 시행해야 하는 것은 칙령(勅令)의 형식으로 하였다. 목적은 제국의회, 사법성, 대심원 등 통제가 미치지 않도록 하기 위함이었다. 이러한 시스템은 일본 본토의 중앙정부 관료집단과 의회 권력이 식민지를 지배하는 총독부와 서로 충돌하는 가운데 저마다 헌법적 정통성을 내세워 나름대로의 네트워크가 형성된 상황으로서, 식민통치 기간 내내 끊임없는 논쟁을 유발한다.

일본의 첫 식민지였던 대만의 통치를 둘러싸고 논쟁이 벌어졌다. 법리론과 정책론 두 가지 접근 중 어떤 것을 택할 것인가. 대만은 헌법 질서에 편입되는가. 서구제국의 사례를 따를 것인가. 프랑스 고문 르봉(Le Bong)은 알제리 사례를 소개하며 법리론으로 접근하여 식민지도 헌법 질서에 편입된다고 주장하였다. 영국 고문 커크우드(Kirkwood)는 원주민에 적합한 제도를 도입하라고 권고하면서 정책론적 접근을 주장하였는데, 제국의회의 협찬은 필요없고, 본국에 식민관청을 설치하라는 것이었다.

헌법이 적용되는 것인가 논쟁은 해석의 문제가 아닌, 성질의 문제였고, 메이지 헌법의 두 가지 성격을 모두 반영한 논쟁이었다. ① 부정설의 근거는 헌법은 정치적 계약으로 일정한 문명수준을 전제로 한다는 것이었고, ② 긍정설의 근거는 천황의 뜻으로 신민에게 선포한 것이라는 것이다. 호즈미 야스카는 율령을 괴물로 표현하였고, 야마다 사부로는 신영지(新領地) 신민은 신민자연(臣民自然)의 상태로 자격은 있으나 권리는 부여되지 않은 상태라고 하였다. 대만의 사법기관과 본국의 대심원 연계안은 귀족원에서 부결되었다. 결국, 대만은 지방법원-복심법원 2심제 구조가 정착되었다. 부정설을 지지했던 고토 신페이(대만 민정국장, 군벌세력, 식민지특별주의)의 뜻대로 되었고, 긍정설을 지지했던 하라 다카시(본국 내무대신, 본국 관료 및 정당세력, 내지법률연장주의, 1906년에 율령제도 폐지 시도)의 견해는 결국 받아들여지지 않았다.

일본에서 1906. 6. 26. 법률 제56호로 제정된 '한국에서의 재판사무에 관한 법률'은 일본인의 재판청구권과 관련하여 당시 위헌논란이 제기되었고, 긴급칙령으로 결국 폐지된다. 한국의 사법권을 사실상 박탈하는 '한국사법 및 감옥사무위탁에 관한 각서'가 1909. 7. 12. 조인된 후, 칙령인 '통감부재판소령'이 1909. 10. 18. 추밀원을 통과하여 공포되었고, 칙령 제164호로 '통감부법무원관제'가 제정된다. 법률에는 "재판소는 통감 관리하에 둔다."라고 규정되어 있었는데, 칙령에는 "재판소는 통감에 직속한다."라고 규정되었다. 당시 한국은 총독부가 아닌 통감부가 설치된 단계였지만, 대만총독부법원조례(1898)와 관동도독부법원과 마찬가지로 '직속'으로 표현한 것이다.

통감부재판소령 제25조는 한국인 판검사는 한국인 사건만 직무를 수행한다고 규정하고 있었다. 일본인의 경우 일본인 판사에 의하여 재판을 받을 수 있다는 헌법상의 권리인 재판청구권 침해 우려가 있었고, 한국인 판사를 임용하는 것도 일본 내부에서는 위헌론이 제기된 상태였다. 일본 정부는 서구열강과 체결한 조약의 치외법권 조항의 폐지를 염두에 두고 있었으므로, 한국인 판사의 관할을 제한해 둘 필요가 있었다. 이사청 재판에 대한 항소심은 통감부 법무원에서 담당하는 2심제를 취하고 있었다.

1908년부터 제국의회에서는 본국, 대만, 한국 사법기관을 통일하라는 건의와 입법운동이 일어나, 1911년 입안에 착수하여 1918년 법률 제39호로 '공통법'을 제정한다. 본국, 조선, 대만, 관동주, 남양군도의 제국 각 지역의 법률행위, 판결효력 체계화, 섭외사법 규정을 마련하여 어느 지역에서 범죄를 저지르더라도 다른 지역 법원에서 처벌이 가능하도록 하였다.

1910. 2. 9.자 신한민보(미주 발행)에는 "악한 관리의 탁란(濁亂)하던 폐단이 없어지고 재판을 공평히 하는 고로, 지방 인민들은 도리어 다행으로 알고 일본에 복종하는 마음이 점점 생긴다고 하니 적은 이익을 달게 하고 큰 의리를 모르는 저 노예를 다 어찌 할꼬."라는 글이 실리기도 하였다. 미국은 1912년 대만 타이베이(臺北)에 영사관을 개설한다.

나. 헌법은 조선에도 적용되는가

'병합 후 한국에 대한 시정방침' 13개조가 1910. 6. 3. 각의에서 확정된다. 주요 내용은 1) 한국 지배는 초헌법적 천황대권이 근거이고(제1조 조선에는 당분간 헌법을 시행하지 않고 대권에 의해 통치할 것), 2) 총독은 천황직속(직예)으로 대한제국 일체의 정무를 장악하고, 3) 총독은 대권을 위임받아 법률사항에 관한 명령권을 가지고(총독에게 행정권과 입법권을 모두 귀속시킴), 4) 총독부 회계는 특별회계로 하고, 실행 경비는 예비비에서 충당한다는 것이다.

헌법발포칙어 중 "짐이 조종에게서 이어받은 대권에 의해 현재 및 장래에 대해 이 불마의 대전을 선포한다."라는 표현이 나오고, 메이지 헌법의 주요조항은 다음과 같다.

① 8조 천황은 공공의 안전을 보지하거나, 그 재앙을 피하기 위해 긴급한 필요에 따라 제국의회 폐회의 경우에 법률에 대신할 칙령을 발한다. 이 칙령은 다음 회기에 제국의회에 제출해야 한다. 만일 의회에서 승낙하지 않을 때에는 정부는 장래에 향해 그 효력을 상실함을 공포하여여 한다.

② 9조 천황은 법률을 집행하기 위해, 공공의 안녕질서를 보지하고 신민의 행복을 증진하기 위해 필요한 명령을 발하거나 발하게 한다. 단 명령으로 법률을 변경할 수 없다.

③ 31조 신민권리의무 조항은 전시 또는 국가사변의 경우에 천황대권의 시행을 방해하지 않는다.

조선총독부관제는 1910. 9. 29. 칙령 제354호로 공포되어 10월 1일 시행되었다. 제3조는 총독은 천황에 직속하고 위임의 범위 내에서 육해군을 통솔하고 또한 조선 방비의 일을 관장하고, 총독은 제반의 정무를 통할하고 내각총리대신을 거쳐 상주를 하고 재가를 얻는다고 규정하고 있었고, 제4조는 총독은 그 직권 또는 특별위임에 의하여 조선총독부령을 발하며 1년 이하의 징역, 금고, 구류 또는 2백 원 이하의 벌금, 과료의 벌칙을 규정할 수 있다고 규정하고 있었다. 대만 총독의 경우 내각총리대신의 감독을 받았고, 특정 소관 업무는 내각의 담당 대신의 감독하에 두었다. 조선총독부령은 제령과 달리 천황의 재가를 거칠 필요가 없었다.

다. 치안

러일전쟁 시기 함남, 함북 지역에서 1904. 10. 8.부터 1905. 10. 18.까지 한국주차헌병대에 의한 군정이 실시되었고, 서울 및 그 부근에서 1905. 1. 3. 치안유지 명목으로 군정이 실시되었으며, 전주부 내외에서 1905. 4. 2. 군정을 실시하였다.

통감부 시절 1906. 2. 9. 칙령 제18호로 한국에 주둔하는 헌병의 행정경찰 및 사법경찰에 관한 건을 제정하여 한국에 주차하는 헌병은 군사경찰 외에 행정경찰 및 사법경찰을 관장하고, 다만 행정경찰 및 사법경찰에 대하여는 통감의 지휘를 받는다고 규정하였다. 1907. 10. 8. 칙령 제323호로 한국에 주차하는 헌병에 관한 건을 제정하여 한국에 주차하는 헌병은 주로 치안 유지에 관한 경찰을 관장하고, 그 직무의 집행에 대해 통감에 예속하며, 또한 한국 주차군 사령관의 지휘를 받고 겸하여 군사 경찰을 관장한다고 규정하였다. 이때부터 좌관(佐官)급이던 헌병대장을 소장으로 격상시켜 아카시 모토지로를 임명하였다. 아카시는 1908년 11월 한국주차군 참모장이 되고, 1909년 7월까지 헌병 대장을 겸임하다가 1910. 6. 15. 한국주차군 헌병 사령관에 임명된다. 헌병과 경찰을 하나의 명령계통으로 만들려는 아카시의 의견을 반영하여 1910. 6. 24. '한국경찰행정위탁에 관한 각서'가 조인된 후, 6월 29일 '통감부 경찰서 관제' 및 관련 칙령이 공포되고 7월 1일 시행되었다. 이때 통감부 경무총장 직위가 신설되고, 한국주차군 헌병사령관이 겸임하도록 규정하였다.

식민지 시절 치안정책의 특징은 헌병과 경찰을 통일시키고, 사상(思想) 검사 제도를 도입하여 한반도에서 군정을 실시하는 것과 같은 상황을 만들었다는 것이다. 1910. 9. 10. 칙령 제343호로 제정된 '조선주차헌병조례' 제1조는 조선주차 헌병은 치안유지에 관한 경찰 및 군사경찰을 관장한다고 규정하고 있었다. 1910. 9. 29. 조선총독부 관제 제2조에서 "조선총독은 육,해군대장으로 충임한다."라고 규정하여 결국 무관통치를 확립한다. 일본에서 1925. 4. 21. 법률 제46호로 제정된 치안유지법은 1923년 2월 입안할 당시 '과격운동단속법'이라는 명칭이었는데, 국체변혁을 주장하거나 사유재산제도를 부인하는 결사의 조직, 가입 및 목적수행을 처벌하는 법률로서 조선, 대만, 사할린에는 칙령의 형식으로 시행되었다.

일본공산당은 도쿠다 큐이치(德田球一) 등을 중심으로 1922. 7. 15. 창당된다. 도쿠다는 변호사가 된 후 일본사회주의 동맹에서 활동하였고, 코민테른 주최로 모스크바에서 열린 극동근로자 대회에 참석하기도 하였는데, 1928년 검거되어 전쟁이 끝난 1945년까지 수감되어 있다가 맥아더 시절 일본제국주의 체제에 대항했다는 이유로 석방되었다. 조선공산당은 1925. 4. 17. 창당된다. 이토 노리오(伊藤憲郎)는 1927년 경성고등법원 검사국 소속 사상부 첫 전임검사로 임명된다. 그 전에는 줄곧 판사로 있다가 전관한 인물이다. 모리우라 후지오(森浦藤郎)는 1928년 경성지방법원 검사국 소속 사상검사로 임명된다. 1941. 3. 8. 법률 제54호로 치안유지법을 개정하면서 검사에게 피의자를 2개월 구류할 수 있는 권한을 부여하고 예방구금 제도를 시행하였다. 형 집행 후 예방구금이라는 명목으로 2년간 구금이 가능하게 되었고, 갱신도 가능한 제도였다. 1941. 5. 15. 조선총독부령 제140호로 조선사상범예방구금규칙을 제정하였다. 1920년 대부터 소련의 코민테른을 중심으로 공산주의 세력이 확장됨에 따라 사회주의 운동탄압의 일환으로 제정되었고, 독립운동을 탄압하는 수단으로 활용된다.

라. 교육

일본에서는 1899. 8. 3.(메이지 32년) 사립학교령이 공포된 이래 패전 후 학제개혁 직전까지 사립학교를 통제해 왔다. 1908년 당시 경성 시내에 100여 개의 사립학교가 있었고, 전국에는 5,000여 개의 사립학교와 20만 명의 학생이 있었다. 서당은 만 단위로 존재하고 있었다(조선총독부 간행 '조선의 보호 및 병합'). 1908. 8. 26. 칙령 제62호(융희 2년)로 '사립학교령'을 제정하여 자본 없는 사람은 학교를 설립하지 못하도록 규정하였다. 당시 서양선교사가 신청한 778개 학교는 모두 인가되었으나, 한국인이 신청한 1,217개 학교 중 42개만 인가되었다. 1911. 8. 23. 총독부 제령으로 '조선교육령'을 제정하여, 조선의 학교제도를 조선인과 일본인을 구분하여 시행하였다. 조선인을 대상으로 한 학교제도는 보통학교→고등보통학교(여자고등보통학교)의 단계를 밟고, 일본인을 대상으로 한 학교제도는 소학교→중학교(고등여학교)의 단계를 밟도록 하였다. 1938. 2. 23.부터 단선 학제라 하여 소학교, 중학교로 명칭이 통일되었고, 1941. 3. 25. 소학교는 국민학교로 이름이 바뀌었다. 1911. 10. 20. 조선총독부령 제114호로 '사립학교 규칙'이 제정된다.

마. 경제

1910년 12월 제령 제13호로 '회사령'을 제정하여 회사를 설립하려면 총독의 허가를 받도록 규정하였다. 일본은 신고제로 되어 있었다. 허가제는 일본 중의원에서도 문제를 제기하여 1914년 모리야 중의원 의원이 회사령 폐지를 법률안으로 발의하기도 하였다. 두레와 같은 농촌의 전통 조직이 식민지 시기를 거치며 큰 변화를 맞이한다. 광무 11년(1907) 6월 칙령 제33호로 지방금융조합규칙이 제정되는데, 조합원은 농업을 영위하는 자이고, 조합의 업무는 농업상 필요한 자금의 대부와 조합원이 생산한 곡류의 보관과 이에 겸하여 농업상의 자재 분배·대여와 생산물의 위탁판

매라고 규정하였다. 다이쇼 3년(1914) 5월 22일 제령 제22호로 지방금융조합령이 제정되었다. 두레·품앗이·계·향약 형태의 전통적 공동체 조직은 근대화를 거치며 금융조합이라는 협동조합 형태로 변모하게 된다. 금융조합에 대한 대체적 평가는 한국농촌 수탈기관으로 일제 통치기구의 구성 요소였다고 보고 있다.

1911. 3. 29. 법률 제48호로 조선은행법이 공포되고, 1911. 8. 15. 시행된다. 인가권자는 일본 대장대신(大藏大臣)이고, 감독권자는 조선총독(朝鮮總督)이었다. 1909년의 한국은행조례는 조선은행법으로 대체되고, 경성(京城) 본점, 5개 지점(인천, 평양, 원산, 대구, 오사카)과 9개 출장소(진남포, 목포, 군산, 마산, 성진, 만주의 단둥, 부산, 나남, 신의주)로 출범하였다. 조선은행은 제1차 세계대전으로 인한 경기호황의 영향으로 1919년 기준 만주 지역에 펑톈(奉天), 하얼빈, 지린(吉林) 등 9개 지점과 출장소를, 칭다오(靑島), 상하이(上海), 톈진(天津)에 지점을, 러시아에 하바로프스크 등 4개 파출소를 보유하였다가, 1925년 부실채권 정리작업으로 감자(減資)가 이루어지고 7개 적자 점포의 해산 및 인원 감축 등 구조조정을 하였다.

조선은행권 화폐는 금화(金貨) 또는 일본은행 태환권(兌換券, 교환비율 1:1)과 교환 가능하다고 규정되어 있었지만 실제로 교환된 사례는 거의 없는 특수한 식민지 통화제도였다. 하나의 국가이면서 화폐의 종류가 다른 두 개의 화폐역(貨幣域)이 존재하는 셈이었다. 1918. 4. 1. 칙령 제60호에 의거 제국화폐법(帝國貨幣法)이 조선에도 적용됨과 동시에 구한국화폐 처분령(舊韓國貨幣 處分令)이 공포되어 1920년 말까지 엽전(해방 때까지 소액이나마 꾸준히 유통됨, 일제 침략에 대한 반항운동의 성격도 있었다고 함)을 제외한 모든 구한국화폐(舊韓國貨幣)의 통용이 허용되고, 그 이후부터는 통용이 금지되었다. 통용기한 경과 후 5년간 정부에서 구화폐를 신화폐로 교환해 주도록 하였다.

일본은 만주사변을 일으킨 후, 전시금융(戰時金融)체제로 접어든다. 1931. 12. 17. '은행권(銀行券)의 금태환 정지(金兌換 停止)에 관한 긴급칙령(緊急勅令)'을 공포하고, 1932년 '태환은행권 조례(兌換銀行券 條例)'를 개정하는 등 관리통화제도로 전환하였다. 중일전쟁 후 1937. 12. 14. 베이징에서 수립된 일제의 괴뢰정부인 중화민국임시정부는 1938년 3월 중국연합준비은행을 설립하여 화북(華北)에서의 일본의 군사비를 중국연합준비은행권(연은권)으로 지급하였고, 1938년 9월부터 화북(華北)에서 조선은행권과 일본은행권을 회수하였다. 조선은행은 1938년 6월 중국연합준비은행(中國聯合準備銀行)과 예금협정(預金協定)을 체결하여 일본정부가 중국에서 지출하는 군사비를 직접 중국으로 송금하지 않고 조선은행과 중국연합준비은행 간 예금 계리 방법을 이용하여, 엔화(円貨)를 조선은행에 예입하면 중국연합준비은행과 조선은행은 장부상으로 상호 같은 금액의 예금을 상대방 은행에 갖고 있는 것으로 기록해 놓음으로써 일본군은 조선은행 예금을 필요할 때마다 인출하여 지출할 수 있게 되었다. 결과적으로 조선은행은 무상으로 거액의 군사비를 이용할 수 있게 되어 일본 국채 등의 유가증권 구입에 활용하여 발행준비에 충당하였다. 일본 정부는 1941. 3. 3. '조선은행법(朝鮮銀行法) 및 대만은행법(臺灣銀行法)의 임시특례(臨時特例)에 관한 법률(法律)'을 공포하여 정화(正貨)준비와 보증준비로 구분되어 있던 발행준비의 구분을 폐지하여 화폐발행을 대폭 확대할 수 있는 방안을 마련하였다. 조선은행권 발행잔액은 1937년 말 2억 8천만 원(圓)이던 것이 1945년 3월 35억 7천만 圓으로, 1945년 12월 말 87억 6천만 원(圓)으로 폭증한다.

7장

식민지에서의
헌법의 위치

가. 식민통치와 법체계

메이지 헌법이 조선에 시행되는지에 관한 논쟁은 매우 어려운 주제였다. 메이지 헌법에 천황대권에 관한 규정을 명문으로 넣어 놓았고, 조선 총독은 천황대권을 위임받아 정무를 처리하는 형식으로 한반도를 통치하였지만, 병합을 하여 한 나라로 만들어 놓고 헌법이 시행되지 않는 천황대권 영역으로 통치기간 내내 남겨 놓을 수는 없었다. 1910(명치 43년). 8. 29. 칙령 제324호로 '조선에 시행할 법령에 관한 건'을 공포하면서 공포일 바로 시행하였다(긴급칙령). 이 칙령은 의회에서 승인되지 않았고, 1911. 3. 25. 칙령 제30호로 그 효력을 상실시켰다. 제국 의회는 1911. 3. 25. 법률 제30호로 긴급칙령과 같은 내용으로 법률의 형식인 '조선에 시행할 법령에 관한 법률'을 제정하였다. 주요 내용은 다음과 같다.

제1조 조선에 있어 법률을 요하는 사항은 조선총독의 명령으로 정한다.

제2조 조선총독의 명령은 내각 총리대신을 거친 칙재를 청해야 한다.

(대만은 주무대신을 거친 칙재를 청한다고 되어 있음)

제4조 일본 법률 중 그 전부 혹은 일부를 조선에 시행할 것을 요하는 것은 칙령으로써 정한다.

제6조 제1조의 명령을 제령이라 칭한다.

제국 의회에서 제정된 법률은 조선 총독의 명령이나 칙령이 없으면 조선에서 시행되지 않는다는 것이다. 식민지 시절 재판소는 대권국가의 자의와 재량을 확인하고, 자본주의제도를 유지하기 위하여 기업활동 자유를 보장하고 근로자를 통제하는 역할을 하였다.

나. 제령 체제

1912. 3. 18. 제령 제4호로 조선총독부재판소령을 개정하여 종전에 고등법원, 공소원, 지방재판소, 구재판소 4급 3심제였던 것을 고등법원, 복심법원, 지방법원 3급 3심제로 변경하였고, 지방법원 단독사건의 범위를 확대하였다(1944. 2. 15. 제령 제2호로 '조선총독부재판소령전시특례'를 제정하여 항소심 없는 2심제로 운영되었다). 제7호로 조선민사령이 제정된다.

제11호로 조선형사령이 제정되는데, 메이지 형사소송법(明治刑事訴訟

法)을 의용(依用)하도록 되어 있었으나 예심판사에게 있던 강제수사권(체포는 제외)의 행사주체를 검사(제12조 제1항)와 사법경찰관(제12조 제2항, 구류장 발부권한은 제외)에게 부여하였다. 메이지 형사소송법에 따르면 현행범의 경우에만 강제수사권이 검사에게 부여되었지만, 조선형사령에서는 수사결과 급속한 처분을 요하는 것으로 인정되는 때에도 부여된 것이다. 검사에게 판사의 권한을 부여한 것이다. 조선에서는 사법경찰관에게 14일을 초과하지 않은 기간 유치권을 인정하였고(제13조), 검사에게 20일 이내의 구류권을 인정하였다(제15조). 1919년 대만, 1923년 관동주도 같은 강제처분권을 검사와 사법경찰관에게 부여한다.

메이지 형사소송법 제146조 제1항은 "검사가 피고인을 구류한 경우에 20일 이내에 제소의 절차를 밟지 않으면 석방하지 않으면 안 된다."고 규정하고 있었는데, 다이쇼 형사소송법에서 10일로 단축된다. 제2항은 "지역재판소 검사가 가예심 처분을 행하여 구류한 경우에는 3일 이내에 제소의 절차를 밟지 않으면 안된다."고 규정되어 있었는데, 제2항이 조선형사령에서는 적용이 배제되었다. 위 규정은 다이쇼 형사소송법(1924. 1. 1. 시행)에 맞추어 형사령이 개정되어 ① 20일씩으로 되어 있던 것은 10일씩으로 기간이 줄어들었고(대한민국은 이 규정이 지금까지 이어지고 있음), ② 검사가 허가한 경우 사법경찰관에게 강제수사권을 부여(제12조 제2항)하였다. 다이쇼 형사소송법의 메이지 시절과 차이점은 ① 현행범 외에 요급사건 범주를 만들어 급속처분을 가능하게 하고, ② 재판상 수사처분을 신설하였다는 것이다(예심절차를 밟지 않고 법원에 청구하여 수사 진행). 급속처분을 할 수 있게 되면, 예심절차에서 작성된 조서가 증거 능력을 가지게 되므로, 조선에서는 업무의 효율성을 위하여 형사사건 처리 시 조서에 증거 능력이 부여되는 급속처분에 따르라는 법무국장의 통첩이 있었다. 조선에서 검사는 식민지 초기에는 경찰수사에 의존해 법원에 넘겨주는 역할을 하다가, 점차 위상이 확대되었다. 1912. 3. 18. 제13호로 조선태형령이 제정되었는데, 1920. 3. 31. 폐지되었다.

데라우치 마사다케 초대 조선 총독은 조선을 만주로 진출하기 위한 거점으로 파악하여 만주의 군벌을 장악할 수 있는 식민지 통치의 주안점을 재정독립에 두었고, 사법 분야에서도 효율성을 강조하였다.

1912년 5월의 총독부 법무국장 훈시집에 따르면, 사법기구의 축소, 절차 간소화, 통일적 법규정비를 강조하고 있다. 1912년 5월과 1914년 5월의 총독훈시에서 민사사건은 화해, 형사사건은 기소유예를 강조함으로써 정식 재판절차로 사건이 유입되는 것을 통제하였다. 이러한 방침은 현실에서 소송절차의 간소화와 수사기관의 권한 강화로 나타났다. 한마디로, 심플한 사법시스템을 고안한 것인데, 대만에서 확립되어 있던 것을 그대로 답습한 것이다.

그러한 단순화 작업의 일환으로 경찰이 사법에 관여하는 범죄즉결례 및 민사쟁송조정제도가 도입되었다. 1910. 12. 16. 제령 제10호로 제정된 범죄즉결례는 1909년부터 시행되던 즉결심판의 대상사건을 행정법규 위반까지 확대하였고, 1912. 3. 18. 제령 제11호로 범죄즉결례를 개정하여 즉결심판에서 3월 이하 징역까지 가능하도록 규정하였다. 전체 범법자의 2/3 정도가 즉결로 처리되었다고 한다. 1910. 12. 15. 제령 제11호로 '민사쟁송조정에 관한 건'을 제정하여 구(區) 재판소가 설치되지 않은 지역의 경우 경찰서장이 당사자의 신청으로 민사사건의 조정을 할 수 있도록 규정하였다. 1914. 7. 11. 제령 제23호로 행정집행령이 제정되어 행정검속 제도가 도입되어 경찰이 보호검속과 예방검속이라는 명목으로 사실상 구금을 할 수 있는 제도였다. 보호검속은 이취자(泥醉者), 풍전자(瘋癲者), 자살(自殺)을 기도한 자(者), 기타 구호를 요한다고 인정되는 자를 대상으로 하였고, 예방검속은 폭행, 투쟁, 기타 공안을 해할 우려가 있는 자를 대상으로 하였는데, 구금은 3일을 초과할 수 없었으나 석방 후 다시 검속하거나 다른 경찰서로 보내는 돌림검속방법으로 장기간 구속할 수 있었다.

다. 국제관계의 영향

일본 정부는 1910. 8. 21. 한국과 조약 체결국인 영국, 프랑스, 독일, 오스트리아, 이탈리아, 러시아, 미국, 네덜란드 주재 일본 대사 및 공사에게 조약문 및 선언서를 보내고 병합 조인이 끝나는 대로 주재국에 통지하라고 훈령을 내리고, 조약 조인과 29일이 공포예정일임을 통지하라고 1910. 8. 23. 훈령을 내린다. 벨기에, 덴마크, 청 정부에 대하여는 28일에 통지하는데, 비밀의 누설을 방지하기 위함이라고 하였다. 병합에 반대 의사를 나타낸 나라는 없었고, 한국에서의 자국의 기득권을 유지할 것을 요구하였을 뿐이다.

1910. 11. 28. 제령 제9호로 개정된 조선총독부재판소령에서 토지관할

이 없는 재판소로 이송이 가능한 규정을 추가하였는데, 미국이 일본 정부에 치외법권의 철폐 조건으로 경성에서 재판을 받을 수 있는 권리를 요구한 데 기인하였다.

조선총독부는 1913. 11. 22. 주조선중화민국 총영사관과 '재조선 지나 공화국 거류지 폐지에 관한 협정'을 체결하였는데, 인천, 부산, 원산의 청국 전관조계(專管租界)를 1914. 3. 31.자로 폐지하되, 거류지에서 토지를 임대하여 거주하던 화교에게는 영대차지권(永代借地權)이 부여되었다.

라. 사법권을 둘러싼 논쟁

1918년 하라 다카시 수상은 조선 총독의 문민화 및 내지연장주의에 기초한 문화통치를 구상하여 일본 정부 내각 및 정당정치의 통제 아래 두려고 시도하였다. 해군 제독이었던 사이토 마코토(1919. 8. ~ 1927. 12.)는 3대 총독으로 임명된다. 조선은 문관이 총독으로 임명된 적이 없으나 대만은 조선에서 일어난 3·1운동 후 줄곧 문관이 총독으로 임명된다. 육군 대장으로서 4대 총독이었던 야마나시 한조(1927. 12. ~ 1929. 8.)는 뇌물사건으로 총독직을 사임하였고, 동경지방재판소에 기소되었으나 무죄판결을 받았다. 배금장군이라는 오명을 가지고 있던 인물로 부임 당시에도 반대운동이 일어나기도 했었다.

일본에서는 내외지 사법통일운동이 일어난다. 조선의 사법권독립문제는 총독통치를 옹호하면서 사법기관의 위상을 확보해야 한다는 모순된 요청이 충돌하고 있었다. 조선총독부재판소의 헌법상 지위에 관한 공식 입장은 일본제국 헌법은 조선에서 시행된다는 것이었는데 2가지 견해가 대립하고 있었다. 통상재판소설은 총독부 사법관들의 견해로 본국과 차이가 없어지는 것이 희망이었고, 일본의 재판소구성법(1890년 제정)을 조선에 시행할 것을 건의하기도 하였다. 특별재판소설은 공법학자들의 견해였고, 일본 내각의 사법성은 조선과 대만의 사법기관을 사법성 소관으로 이관하려는 시도를 하였다.

행정재판법령의 식민지 적용문제가 제기되었다. 미노베(美濃部) 교수가 주도하는 임시법제심의회에서 자문 역할을 하였는데, 1927. 4. 1. 소위원회에서 '식민지의 소원 및 행정소송에 관한 결의안'을 제출하였다. 미노베 교수는 식민지에서 독자적인 행정구제제도를 마련하는 것이 바람직하다는 의견을 제시하였다. 1927. 7. 1. 임시법제심의회에서 위 소위원회안을 심의하면서 하나이 타쿠조(花井卓藏)는 식민지에도 행정재판법과 소원법의 시행을 주장하였다. 1930년 11월 조선소원령 원안까지 완성되었으나 결국 시행되지는 못하였다.

8장

헌정질서의 정립

1945. 8. 10. 자정 무렵 미국 3부 조정위원회(State, War, Navy Coordinating Committee, SWNCC)에서 근무하던 훗날 국무장관이 되는 딘 러스크(Dean Rusk) 대령과 주한미군사령관이 되는 찰스 본스틸(Charles Bonsteel) 대령에 의하여 북위 38도선이 일본군 무장해제 경계선으로 결정되었다. 유럽에서의 기득권 유지와 일본 분할점령 가능성 등을 염두에 두었을 소련은 별다른 이의 없이 이 결정에 동의한다.

한반도 지역은 해방은 되었으나 국제사회로부터 승인된 정부가 없는 상태였다. 회복될 정권이 존재하지 않는다는 냉엄한 국제정세 속에서 남한에서는 미군정이 실시되고, 북한에서는 소련군이 진주한 가운데 인민위원회가 조직되어 정부 역할을 수행한다. 한국이 해방되었다는 사실은 어떤 국가라도 부인할 수 없는 일이었지만, 한국이 독립국으로서 통치권을 행사하는 문제는 국제사회의 승인을 받은 정부가 존재하여야 한다는 점에서 매우 다른 차원의 일이었다.

한반도의 독립운동은 한반도, 만주, 러시아 연해주, 미국 본토 및 하와이, 유럽 등 전 세계에 걸쳐 여러 세력이 치열한 노선투쟁 속에서 이합집산하며 이루어져 온 매우 독특한 양상을 띠고 있었다. 1919. 4. 11. 임시헌장의 공포와 함께 성립한 상하이 소재 대한민국 임시정부는 제1차 세계대전 후 열린 파리 강화회의에 한국전권대사(韓國全權大使) 자격으로 김규식을 파견하여 참석시키려 하였으나 뜻을 이루지 못하고 1919. 5. 12. '임시정부·한국독립승인 청원서'를 제출하여 수리되었다. 대한민국 임시헌법이 1919. 9. 6. 임시의정원의 의결을 거쳐 1919. 9. 11. 공포되었다. 대한민국 임시정부는 미국을 포함한 국제사회로부터 정부로 승인을 받지 못한 상태에서 해방을 맞이한다.

한반도에 하나의 정부가 수립되어야 한다는 공통의 목표가 미국과 소련의 정책 입안자들의 마음속에 자리잡고 있었는지 알 길은 없다. 제2차 세계대전이 끝난 후 약소국의 운명이 승전국들의 합의대로 진행되지 않은 희귀한 사례가 한반도에서 진행되고 있었다.

가. 일본 제국의 패망

일본 제국은 청일전쟁, 러일전쟁에서 승리를 거두고, 제1차 세계대전 당시 연합국 편에 서서 중국과 남태평양의 독일 식민지를 획득한 후, 만주사변, 중일전쟁을 일으켜 중국 대륙으로 진출, 미국과 영국까지 적으로 삼아 태평양전쟁을 전개하며 중국, 동남아시아, 그리고 태평양의 섬들과 바다를 전란의 광풍 속으로 몰고 가다가 파멸을 겪게 된다.

중국은 1914년 8월 제1차 세계대전이 일어나자 중립을 선포하고 산둥반도의 독일 조계지를 회수하려 하였으나 일본이 중국과 독일의 직접 협상을 반대하였다. 1,000여 명의 독일군 수비대가 주둔하고 있던 칭다오(靑島)는 3만 명 규모의 일본군(사령관: 가미오 미쓰오미 중장)의 공격을 받고 함락된다. 중국은 1917년 8월 독일에 선전포고를 하고 1919. 2. 18. 열린 파리평화회의에 대표를 파견하였으나 영국, 프랑스, 미국, 이탈리아, 일본 5개국은 독일이 산둥의 특권을 일본에 양도한다는 내용이 담긴 강화조약에 서명한다. 일본은 미국과 영국을 끌어들여 1921. 11. 11. 중국대표가 참석하는 워싱턴회의를 열어 일본으로부터 차관을 제공받는 것을 조건으로 교제철로(膠濟鐵路)를 반환하겠다는 내용으로 산둥 문제를 해결하려 한다. 워싱턴회의가 진행 중이던 1921. 12. 28. 주중 일본 공사 오바타(小幡)는 며칠 전인 12월 25일 취임한 량스이(梁士詒) 중화민국 북양정부 총리와 비밀회담을 진행하여 량스이로 하여금 워싱턴의 중국 대표에게 일본의 요구에 동의하라는 전보를 보내도록 한 사실이 알려지면서 량스이는 1922. 1. 25. 경질된다. 량스이를 지지하는 봉계군벌(奉系軍閥)(張作霖)은 일본의 지지를 받고 있었고, 반대편에 서 있던 직계군벌(直系軍閥)(曹錕, 吳佩孚)은 서방국가들의 지지를 받고 있었다. 워싱턴회의에서 교제철로는 결국 중국에 이관하기로 결정한다.

일본의 보통선거법 개정이 이루어진 1925년 일본 정부는 천황제를 부정하거나 사회주의를 주장하는 세력을 단속하기 위하여 치안유지법을 제정하였는데, 실제로는 자유주의자, 노동운동가, 식민지의 독립운동가를 탄압하는 데 활용되었다. 일본에서는 1928년과 1930년 공산당원에 대한 대규모 검거가 있었고, 일본 내 반전 세력이 퇴조하는 효과로 이어졌다고 평가하고 있다. 일본군은 1920년대 들어서며 러일전쟁 참전 세대를 뒤로하고 새로운 세대가 등장하기 시작한다. 메이지 시대 형성된 파벌을 극복하자는 흐름이 생기면서 1921. 10. 27. 육사 출신 소령 3명이 만든 독일 남부도시 바덴바덴의 스테파니 호텔 모임을 시발로 사조직이 형성되고, 자신의 독자적인 세력이 없던 히로히토 천황은 이러한 신진세력을 적극적으로 후원하며 정국을 운영한다. 일본 육군이 1931. 9. 18. 만주사변을 일으킨 후, 전국노동대중당은 1931. 9. 28. 출병반대를 위한 투쟁위원회를 설치하려다 방향을 바꾸어 1932년 2월 총선에서 군인들의 입대 전 직장의 임금 보장을 요구하는 선거구호를 내세웠고, 일본 육군성 역시 임금보장을 위하여 고용주를 압박하는 일이 벌어졌다. 반전운동에서 생활고 타개를 위한 운동으로 전환된 것이다. 일본 정부는 1931. 12. 12. 토요일에 다음 주 월요일부터 금본위제를 폐지한다고 발표하는데, 사전에 정보를 입수한 미쓰이 재벌과 미쓰비시 재벌은 달러화를 사재기하여 이득을 챙겼다.

일본 정부는 이누카이 쓰요시(犬養毅) 내각 출범에 즈음하여 특사를 난징에 파견하여 장제스와 비밀회담을 갖고, 중국 국민당 정부는 일본의 만주 점령을 묵인하고 일본은 상하이의 장제스의 독재정치에 반대하는 월계(粵係)세력의 부대인 19로군(路軍)을 소멸시킨다는 합의를 한 후, 장제스는 1931. 12. 15. 하야 성명을 발표한다. 한국의 이봉창 의사가 1932. 1. 8. 도쿄에서 천황 마차 행렬에 폭탄을 투척하였으나 불발한다. 1932.

1. 9.자 상하이발 기사로 "애석하게도 수행 차량만 폭파됐을 뿐이다."라는 기사가 국민당 기관지 민국일보에 실리자 일본 교민 사회는 크게 동요한다. 1932. 1. 18. 상하이에서 일본인들을 동원한 자작극이 벌어지고, 1932. 1. 19. 일본의 정보요원들이 미쓰이 사무실에 들어가 도쿄로 신변보호를 요청하는 전보를 발송하게 한 후 이 전보를 빌미로 군대 파견 비용으로 800만 달러를 요구한다. 1932. 2. 9. 재벌들에게 달러화 사재기 정보를 준 전(前) 대장대신(大藏大臣)이자 미쓰비시 총수의 동서였던 이노우에 준노스케(井上準之助)가 혈맹단(血盟團) 자객에게 살해된다. 일본 정부는 1932. 3. 3. 800만 달러의 전쟁채권을 발행하는데, 단 다쿠마(團琢磨) 미쓰이 총재는 매입을 거절한 후, 1932. 3. 5. 혈맹단 자객한테 살해된다. 일본 해군 급진파 장교 중심의 쿠데타가 1932. 5. 15. 발생하고, 이누카이 쓰요시(犬養毅) 총리가 암살된다. 스미토모 재벌은 사전에 사이온지 긴모치의 연락을 받고 달러화 투기에 개입하지 않아 화를 면했다고 한다. 사이온지 긴모치는 재벌들을 설득해 800만 달러의 전쟁채권을 매입하도록 하고, 750만 달러의 만주국 운영자금도 지원하도록 한다. 이러한 사태의 전개는 '11일 구락부' 3단계 계책의 일환으로 ① 첫 계책인 금본위제 폐지, ② 다음 계책은 만주사변에 대한 국내외 관심을 돌리기 위하여 1932. 1. 29. 시작된 이른바 가짜 전쟁인 상하이 사변으로 이어지고, ③ 세 번째 계책은 친위쿠데타였다고 한다(『화폐전쟁 3』, 296쪽 이하).

중국 국민당 정부는 만주사변에 대하여는 국제연맹규약 11조("전쟁 또는 전쟁의 위협이 발생하면 회원국의 관심 사안으로 선언되고, 긴급한 경우 회원국의 요청으로 이사회를 소집한다.")에 근거하여, 일본 해군이 1932. 1. 28.

일으킨 상하이사변에 대하여는 국제연맹규약 15조("국교단절로 이어질 우려가 있는 분쟁이 발생할 경우 회원국은 그 문제를 이사회에 제출할 수 있다."라는 내용으로 분쟁 해결 절차에 대하여 규정하고 있고, 그 표결결과에 구속력이 있음)에 근거하여 국제연맹에 분쟁해결을 의뢰하였다. 국제연맹규약 16조에 따르면, 15조에 따른 국제연맹의 결정에 위반하여 전쟁을 하게 되면 그 회원국은 다른 모든 회원국에 대하여 전쟁행위를 한 것으로 보고 통상관계를 단절당하고 다른 회원국들은 군사조치를 할 수 있으며 국제연맹에서 제명될 수 있도록 규정되어 있었다. 중국 국민당 정부는 만주사변에 대하여는 회원국의 관심을 불러일으키는 정도의 조항으로, 상하이사변에 대하여는 일본이 국제무대에서 다른 모든 회원국들로부터 적대국취급을 받을 수도 있는 더 효력이 강한 조항으로 이슈화한 것이다.

일본 중의원은 1932. 6. 14. 만주국 승인을 만장일치로 통과시키고, 일본 정부는 1932. 9. 15. 만주국을 국가로 승인하면서 '일만의정서'를 체결한다. 주요 내용은 쌍방은 한쪽의 영토, 치안에 대한 위협을 다른 한쪽에 대한 안녕, 존립의 위협으로 간주하고, 공동으로 방위에 임한다는 것이다. 독일은 1938. 5. 12. 만주국을 국가로 승인한 후, 1940. 9. 27. 일본, 이탈리아와 삼국동맹을 결성한다.

국제연맹은 1931. 12. 10. 조사팀을 만주와 일본에 파견해 만주사태를 판단하겠다는 결의를 한다. 국제연맹이 주도하는 리튼 조사단이 1932. 2. 29. 요코하마에 도착하여 1932년 9월 무렵 보고서를 완성한 후 1932. 10. 2. 제네바, 도쿄, 베이징에서 공개하였다. 일본인의 거주권, 토지임차권을 만주 전체로 확장할 것을 명시하는 한편, 일본의 행동은 국제연맹규약 위반은 아니나 9월 18일자 군사행동은 합법적인 자위조치로 인정할 수 없고, 만주국은 민족자결의 결과로 세워진 것이 아니며, 일본은 만주 지역의 중국적 특성을 인정할 것을 요구하는 내용이었다.

일본 육군은 1933년 2월 장쉐량 군대를 몰아낸다는 명목으로 일만의 정서에 근거하여 만주국 남쪽의 러허성(熱河省)을 침공하였고, 국제연맹으로부터의 경제제재 및 제명을 우려한 일본 정부는 1933. 3. 27. 국제연맹에서 탈퇴하였다. 일본이 1937년 7월 중국을 전면적으로 침략한 후 1937년 11월 상하이를 점령하였는데, 중국 국민당 정부의 관할 지역인 화계(華界) 지역은 일본이 패망할 때까지 일본 점령하에 놓이게 되었고, 서구 열강의 관할 지역인 조계(租界) 지역은 일본이 진주만을 공격한 1941. 12. 8.(하와이 시간으로 7일)까지 4년간 비교적 평화로운 고도(孤島) 시기를 보낸다. 그 후 일본이 패망할 때까지 일본 점령하에 놓이게 된다.

일본의 군사적 승리는 아시아 지역은 물론, 일본 국민에게도 지옥의 문이 열리는 계기로 작용한다. 일본 군부는 군대뿐 아니라 정치, 경제 모든 분야를 장악하며 20세기 상반기 일본의 진로를 결정하고 이를 집행한다.

만주사변과 중일전쟁은 미국과 영국이 일본에 등을 돌리는 계기로 작용하였다. 중국은 1937. 8. 21. 중소불가침조약 체결 후 소련으로부터 무기 원조를 받고 있었다. 중국에 경제적 이권을 가지고 있던 미국은 1938년 12월 중국에게는 2,500만 달러의 차관 제공, 1940년 9월 2,500만 달러의 차관 제공, 1940. 12. 1. 1억 달러의 차관 제공을 하였던 반면, 일본에 대하여는 1939년 1월 항공기와 부품의 수출을 금지하였고, 1939. 7. 26. 미일통상항해조약의 폐기를 통고하였다. 나아가 미국은 1941. 3. 11.

의회를 통과한 무기대여법(Lend-Lease Act)을 통하여 영국과 중국에 무상으로 무기를 원조해 준다. 전투기 100대와 조종사가 1941. 7. 28. 중국에 도착하였고, 광저우, 홍콩, 프랑스령 인도차이나(베트남) 루트(援蔣루트)를 통하여 물자를 공급해 주었다. 미국이 참전하지 않은 교전 상태의 다른 나라에 무기를 판매하거나 대여할 수 없었으나 무기대여법을 제정하여 미국이 참전하지 않더라도 대통령이 미국 방위에 필요하다고 판단한 나라에 무기를 판매하거나 대여할 수 있도록 하였다.

일본은 내몽고 지역에 위치한 수이위앤(綏遠)에 주몽고 일본대사관이 운영하는 중앙아시아 정보원 양성소인 흥아의숙(興亞義塾)을 설치하여 몽고어, 터키어, 한어 요원을 양성하였다. 도조 히데키 총리는 흥아의숙 요원들에게 서북중국에 잠입하여 변경민족의 친구가 되어 그곳에서 살라는 특명을 내리는데, 그 배경에는 만주, 몽고, 티벳, 투르키스탄, 위구르 등을 연계해 중국을 배후에서 포위하는 동시에 소련의 남하를 저지해 중국 공산당과 연계하는 것을 막는다는 전략이 있었다. 일본 정부의 공식 정보기관인 내각조사실의 모태로 알려진 기관은 1938년경 설립된 육군나가노학교(陸軍中野學校)인데, 아키쿠사 슌(秋草俊)이 창설하였다. 아키쿠사는 하얼빈에서 활동하며 대소정보를 수집하다가 하얼빈에서 소련군에 체포되어 모스크바로 압송된 후 1949년 사망하였다. 남만주철도 다롄 본사 직원으로 일하다 1941년 흥아의숙 3기생으로 입사한 니시카와 카즈미(西川一三)는 몽고 라마승으로 위장하여 티벳, 몽고에 관한 정보를 외무성에 전달하다가 1949년 인도에서 체포되어 1950년 일본으로 가 연합군사령부 GHQ 특별조사실에서 1년 동안 서역에 관한 정보를 제공하였다. 흥아의숙 2기생이었던 키무라 히사오(木村肥佐生)는 '다와 산보'라는 가명으로 주로 몽고에서 활동하다가 1945년 9월 라사에 도착해 패전 소식을 듣고 1950년 일본으로 가 GHQ의 조사를 받고 미국 CIA 산하 외국어 방송정보서비스(FBIS)에서 26년간 모스크바, 울란바토르, 베이징 방송의 몽고어 방송을 청취하고 영어로 개요를 정리하는 업무를 하였다.

일본을 구성하는 인적, 물적 자원이 동남아시아의 서구식민상태 극복 과정에 유입되면서, 아시아 각국의 상층부를 구성하는 민족지도자 그룹과 일본 사이에 우호적 네트워크가 형성된다. 아시아 각국의 정서는 한마디로 정의하기 어려운, 침략자에 협조하는 세력이 형성된 가운데 독립을 쟁취하여야 한다는 강인한 정체성을 간직하며 현재에 이르고 있다.

특정 국가 간 군사분쟁은 다른 나라에도 영향을 미치는 세계로 변해 버렸다. 소련과 일본 간 벌어진 할인골(노몬한) 전투는 1939. 5. 11.부터 1939. 9. 16.까지 약 4개월 동안 만주국과 몽골 국경에서 벌어졌다. 일본 군은 이 전투에서 참패를 하는데, 당시 소련군 지휘관은 제2차 세계대전의 영웅 주코프였다. 할인골 전투가 종료된 1939. 9. 16. 몰로토프-도고 조약이 체결된다. 소련과 독일은 1939. 8. 23. 독소불가침 조약인 몰로토프-리벤트로프 조약을 체결하고, 독일은 1939. 9. 1. 폴란드 서부를 침공하고, 소련은 1939. 9. 17. 폴란드 동부를 침공한다. 독일군은 1940. 6. 13. 파리를 점령한다. 일본군은 1940. 9. 22. 북부 인도차이나(북베트남)로 출병한다. 일본은 1940. 9. 27. 독일, 이탈리아와 3국 군사동맹을 체결한다. 일본은 소련의 참여를 원하였으나, 소련 침공계획을 가지고 있던 히틀러는 그럴 의사가 없었다. 태평양을 중심으로 해상제국 건설을 꿈꾸던 일본은 1939년부터 소련과 타협을 모색해 오다가 1940년 5월경 불가침조약을 제안하여 8월 협상이 시작되었는데, 소련은 유럽 열강과 긴장 관계를 고려하여 중립협정을 제안해 놓은 상태였다. 결국, 일본과 소련은 1941. 4. 13. 중립조약을 체결하고, 소련은 중국을 봉쇄한다. 중립조약은 제3국과 전쟁을 할 때 중립을 지키자는 것으로, 소련은 독일이 소련을 침공할 경우 일본의 중립이 필요했고, 일본은 미국과 전쟁 시 소련을 묶어 둘 필요가 있었다. 중일전쟁 시기 소련이 제공하던 중국에 대한 원조는 중단되었다.

독일군은 1941. 6. 22. 소련을 침공하고, 일본은 소련의 존재를 걱정할 필요가 없어짐에 따라 대동아공영권을 실현할 군사적 환경이 조성된다. 일본 도쿄제국대학 법학과를 중퇴한 오자키 호쓰미(尾崎秀實)는 공산주의자가 된 후 마이니치 신문 상하이 특파원으로 활동하면서 중국 공산당과 코민테른과 접촉하던 중 소련 스파이 리하르트 조르게를 알게 된다. 오자키는 1937년 고노에 후미마로 수상의 싱크탱크인 쇼와켄큐카이(昭和研究會)에 들어가게 된다. 오자키는 그곳에서 알게 된 독일의 소련 침공계획 및 일본의 미국 침공계획을 조르게에게 알려 주고, 1941. 10. 15. 체포된다. 조르게 역시 1941. 10. 18. 체포된다. 일본은 1944년 조르게 등의 교환을 소련에게 요구하였으나 소련의 거절로 두 사람 모두 처형된다. 스탈린이 독일 침공계획에 관한 조르게의 보고를 묵살한 실책이 드러나는 것을 두려워하여 거절하였다는 후일담이 있다. 일본 육군과 해군 참모본부는 1941. 6. 24. 당분간 독소전쟁에 끼어들지 말 것을 내용으로 한 결의안을 채택한다. 일본군은 1941. 7. 2. 남부 인도차이나로 출병하고, 1941.

7. 23. 사이공에 입성한다. 일본은 1941. 7. 23. 천황이 참석한 회의에서 석유와 고무의 확보를 목표로 한 남진론(南進論)을 채택한다. 마쓰오카 요스케(松岡洋右)가 외무대신으로 있던 외무성과 참모본부(특히, 관동군 지휘부)는 시베리아(소련) 침공을 주장하였다. 고노에 내각이 1941. 7. 18. 총사직하고, 같은 날 마쓰오카 외무대신을 남진론자인 도요다 데이지로 (豊田貞次郎) 해군 대장으로 교체하는 내각을 출범시킨다. 미국은 1941. 7. 25. 미국에 있는 일본의 자산을 동결하고, 1941. 8. 1. 일본에 대한 석유수출을 전면금지한다. 일본과 소련은 1941년 8월 중립조약을 재확인한다. 괴링은 1941. 9. 16. 소련 진주 독일군에게 자급자족할 것을 지시한다. 배급식량이 떨어진 것이다.

일본군은 1941. 12. 8. 하루 동안 순차적으로 코타키나발루 해안에 상륙, 말레이시아 침공을 시작하고, 진주만과(현지시간 7일) 필리핀 루손섬의 미군기지를 폭격한다. 일본군은 같은 날 상하이 조계지를 관할하던 미국과 영국 함대에 투항을 권고하고 거절한 영국 함대를 격침시켰고, 미군은 항복한다. 독일과 오스트리아 국적의 유대인들은 독일 정부의 요청에 따라 1943년 2월 별도의 격리시설에 수용된다. 일본의 동남아지역 작전 총사령부는 1942. 5. 18. 동남아시아공략작전이 완료되었음을 선언한다. 동남아시아 전 지역이 일본통제하에 놓이게 되었다. 태국은 일본의 요구로 영국에 선전포고까지 한다. 대동아공영권의 가시화가 이루어지고 있었다. 일본이 점령한 동남아 지역은 정치 투쟁 및 저항의 메커니즘이 작동되면서 항일투쟁이 일어난다.

중국 국민당 정부는 일본이 미국과 영국을 상대로 선전포고를 한 후에 일본에 선전포고를 하는데, 미국의 중립법에 따르면 교전국에는 전쟁물자를 수출하지 못하기 때문에 미국 물자가 필요하였던 중국과 일본은 중일전쟁 중 서로 선전포고를 하지 않고 있었다. 미국과 영국은 1943년 1월 상하이의 공공조계지(公共租界地, international settlement)를 중국 정부에 반환한다고 선언한다.

나. 사법시스템의 딜레마

20세기 전반기 격랑의 세월을 겪은 한반도 사회는 해방될 무렵 사법부를 바라보는 두 가지 정서가 존재하고 있었으니, 하나는 식민지 체제에서 경험한 사법부에 대한 불신이었고(민주적 정당성의 문제), 다른 하나는 정치권력에 의하여 사법부를 통제해야 한다는 욕구였다(독립의 문제). 사법부 개혁의 방향은 식민지 시절 한반도에 적용된 특례조치, 즉 차별을 제거하고 일본 본국의 제도를 따라가는 것이었다. 한반도 사람들이 상상할 수 있는 모델은 결국 식민지 통치자였던 일본이었다.

해방은 되었지만, 한반도에 닥친 시련은 혹독할 수밖에 없었다. 이러한 상황에서 사법이 나가야 할 방향은 국민 개개인의 자유와 권리를 제한하되, 국가안보를 확보하는 것으로 설정되었고, 이는 사법시스템 전반의 탈식민지화 작업을 어렵게 만들었다.

다. 미군정기

　패전국인 일본에 대한 미군의 정책목표는 군국주의 체제하에서 구축된 인적, 물적 기구를 민주주의적 색채로 변모시키는 것이었다. 반면, 한반도에 진주한 미군이 인식한 남한의 현실은 법질서 공백, 무질서 및 혼란으로 가득 찬 모습이었다.

　남한에 진주한 미군은 2단계 입법조치를 취하는데, 먼저 국제법의 수권에 근거한 점령군의 지위를 확정하는 것이었고, 그다음으로 구체적 통치권을 행사하는 것이었다. 미태평양육군사령부는 1945. 8. 15. 작전명령 4호(Operations Instructions Number 4)를 발령한다. 미태평양함대와 함께 일본과 38도선 이남의 한반도를 점령한다는 내용으로 한반도 점령은 오키나와에 주둔하고 있던 하지 중장이 지휘하는 제24군단이 맡게 되었다. 일본이 항복한 8월 15일 현재 미군은 한반도는 물론 일본에 상륙하지 않은 상태였다.

　일본 육군 참모차장 가와베 도라시로(河辺虎四郎) 중장이 이끄는 사절단이 1945. 8. 19. 마닐라를 방문하여 맥아더로부터 천황 포고문, 항복문서, 일반명령(Genetal Order) 제1호의 3개 문서를 받아 8월 21일 도쿄에 도착하였다. 항복문서의 주요 내용은, 어디에 주둔하고 있는지 관계없이 일본국 군대는 연합군에 대해 무조건 항복하라는 명령과 정부관리 및 육해군 직원은 연합군 최고사령관이 그 임무를 해제하지 않는 한 각자의 지위에 머무르며 그 직무를 계속해서 행한다는 명령이었다. 맥아더는 1945. 8. 30. 일본 아쯔기(厚木) 공항에 도착하는데, 7,500명의 병력과 380척의 함대를 끌고 왔다. 13개국 대표단이 참석한 가운데 일본의 항복조인식이

1945. 9. 2. 요코하마 앞 미주리호 함상에서 거행되었다.

1945. 8. 28.자 연합군 최고사령부 야전명령 제55호 및 부속문서 제7호 (Annex 7 to Field Order 55)의 내용은 1) 군정은 법원판결을 재심사하고 거부할 수 있고, 2) 점령목적에 반하는 판사 등 파면 및 변호사 자격박탈, 변호사단체를 해산할 수 있고, 3) 점령재판소를 설치한다는 것이었다. 8월 15일로 소급적용된 1945. 9. 2.자 연합군 최고사령부 일반명령 제1호는 일본군 무장해제를 위한 관할구역을 정한 것이었는데, 북위 38도선을 미소 군사분계선으로 하여 조선에 있는 일본군은 38도 이북은 소련군에, 38도 이남은 미군에 항복하라는 것이었다. 그 외에 미국의 관할구역은 일본, 류큐, 필리핀, 태평양의 일본 위임통치령이었고, 영국의 관할구역은 버마, 태국, 북위 16도 이남 프랑스령 인도차이나, 말레이시아, 수마트라였고, 중국의 관할구역은 대만, 북위 16도 이북 프랑스령 인도차이나였다.

남한에 내려진 1945. 9. 7.자 미태평양육군사령부 포고 제1호 (Declaration)는 군정의 실시와 점령조건에 관한 것이었고, 포고 제2호는 적대행위 등은 점령재판소(Military Occupation Court)에서 처벌한다는 것이었다. 포고 제3호는 통화(通貨)에 대하여 38도선 이남 지역에서는 미군이 발행한 보조군표인 'A' 자가 찍힌 '원(圓)' 표시 통화가 법화로 지정됨과 동시에 일본군 군표는 무효화되고 유통이 금지되었다. 미육군 제24군단 제7사단이 1945. 9. 8. 인천에 상륙하였다. 일반명령(General Order) 제5호로 치안유지법과 조선사상범예방구금령을 폐지하였다. 1945. 9. 24.자 법령(Ordinance) 제1호는 '위생국 설치에 관한 건'이었고, 1945. 9. 25. 법령 제2호는 8월 9일 이후 일본 정부의 재산 처분을 금지한다는 것이었다. 1945. 12. 6.자 법령 제33호는 일본 정부 및 일본인 재산을 1945. 9. 25.자로 미군정청이 취득한다는 것이었다. 미국과 대한민국 정부는 1948. 9. 11. '한미 재산 및 재정에 관한 협정'을 체결하여 미군정청이 취득한 재산을 한국 정부에 이양하였다.

법령 제11호로 범죄즉결제도를 폐지하였다. 일본에서는 인권지령(Scapin-93)으로 폐지하였다(「Supreme Commander of the Allied Powers Instruction」). 조선총독부는 미군정청(USAMGIK, Military Government in Korea)으로 변경되었다. 포고는 군사점령에 관한 국제법상 기본법으로서 효력을 가지고 있었다.

1945. 11. 2.자 법령 제21호는 '이전 법령 등의 효력에 관한 건'이었는데, 1) 폐지된 것을 제외하고 식민지 법령은 그대로 존속하고(조선은행법의 효력이 존속됨에 따라 조선은행권은 계속 유통됨), 2) 조선총독의 권한은 군정장관(Military Governor)이 행사하고, 3) 남한 내 모든 재판소는 점령재판소를 구성한다는 것이었다. 1946. 2. 21.자 법령 제57호로 일본은행권 및 대만은행권은 유통이 금지되었다. 미군정은 1946년 3월 동양척식주식회사 소유 토지를 관리하려고 신한공사(新韓公社)를 설립하여 남한 경지 면적의 13.4%를 관리하였고, 1948년 3월 유상으로 토지를 분배하였다. 1946. 7. 1.자 포고 제4호 및 법령 제95호는 미군 보조군표의 법화 지정을 취소하고 조선은행권으로 교환토록 하였는데, 유통에 충분한 양의 조선은행권이 있는 것이 확인된 결과였다.

1946. 8. 24.자 법령 제118호로 조선과도입법의원의 근거 규정이 제정되어 조선인의 대표자들이 행정에 참여함으로써 군정장관의 직무수행을

돕는 역할을 하도록 하였고, 90명으로 구성하되, 절반은 민선, 나머지 절반은 관선으로 하였다. 1946년 10월 선거를 실시하여 민선의원을 선출하였고, 1946. 12. 7. 관선의원을 발표하였다. 조선과도입법의원은 1948. 5. 20. 폐원식을 하였는데, 당시 90명 중 사직 27명, 제적 19명, 별세 4명, 피살 1명으로 폐원 당시 재적 의원은 47명이었다.

1948. 3. 20.자 법령 제176호로 '형사소송법의 개정'이 제정되고 4월 1일 시행되었다. 1) 조선형사령 중 수사기관의 강제처분권이 폐지되고, 2) 구속, 압수, 수색 시 재판소의 영장이 있어야 한다는 규정이 마련되었다. 5·10 총선거를 앞두고 체류 중이던 유엔조선임시위원단이 1948. 3. 17. 미군정당국에 전달한 선거에 필요한 자유 분위기 양성방안 중 형사소송법의 개정에 관한 건의가 있었다.

1948. 3. 31.자 법령 제180호로 '형사소송법의 보충규정'이 제정되고, 4월 1일 시행되었다. 구속영장 또는 수색영장의 신청 절차에 관한 규정이 마련되었다. 검찰관은 그 소속 재판소에 영장을 신청하고, 사법경찰관 및 기타 관헌은 소관 검찰관에게 청구하여 그 검찰관이 재판소에 신청하도록 규정하였다.

영장이 필요하다는 데에서 더 나아가 겸찰관을 반드시 거치도록 명문으로 규정하였다는 것은 매우 이례적인 사례였다. 1954년에 제정된 형사소송법에서는 검사와 사법경찰관에게 각각 영장신청권을 부여하고 있었는데, 1961. 9. 1. 개정 형사소송법에서 검사를 거치도록 명시하였고, 1962. 12. 26. 제5차 개정헌법에서 검찰관을 영장신청권자로 명시하였다.

"제5차 개정헌법이 영장의 발부에 관하여 '검찰관의 신청'이라는 요건을 규정한 취지는 검찰의 다른 수사기관에 대한 수사지휘권을 확립시켜 종래 빈번히 야기되었던 검사 아닌 다른 수사기관의 영장신청에서 오는 인권유린의 폐해를 방지하고자 함에 있다고 할 것이고, 따라서 현행 헌법 제12조 제3항 중 '검사의 신청'이라는 부분의 취지도 모든 영장의 발부에 검사의 신청이 필요하다는 것이 아니라 수사단계에서 영장의 발부를 신청할 수 있는 자를 검사로 한정한 것으로 해석함이 타당하다. 즉, 수사단계에서 영장신청을 함에 있어서는 반드시 법률전문가인 검사를 거치도록 함으로써 다른 수사기관의 무분별한 영장신청을 막아 국민의 기본권을 침해할 가능성을 줄이고자 함에 그 취지가 있는 것이다." (헌재 1997. 3. 27. 96헌바28등)

1948. 4. 7.자 법령 제182호는 일본강점기의 도안을 사용한 조선은행권의 유통을 4월 12일자로 정지하고 4월 12일부터 4월 24일까지 무궁화 도안이 들어간 조선은행권과 교환토록 하였다.

[해방기 조선은행권 발행잔액(단위: 백만 圓)]

연도	1945년 8월 14일	1945년 8월 말	1946년 3월 말	1946년 12월 말	1947년 12월 말	1948년 9월 말
잔액	4,839	7,988	9,080	17,711	33,388	30,948

(한국은행 「조사월보」, 각호)

1945년 8월 후반 보름 사이에 30억 원(圓)이 일본인들에 의해 인출되었고(귀국여비, 퇴직금 등 포함), 1946년은 군정청에 대한 대여금증가, 농산물

공출제도 부활에 따른 양곡수매자금의 방출, 공공요금의 대폭 인상이 있었고, 1947년은 목면귀집자금(木棉蒐集資金)과 추곡수매자금의 방출이 있었다. 해방 당시에 비해 3년 동안 통화량이 6배 이상 팽창하였다. 한국중앙은행법의 정부 측 초안에 관한 검토를 위하여 미국 연방준비제도이사회에 요청하여 1949년 6월 한국에 오게 된 국제수지조사국장 브룸필드(Bloomfield) 박사와 감사국 차장 젠슨(Jenssen)은 5개월간의 활동을 거쳐 정부안과 조선은행안을 참고하여 만든 초안을 1950. 2. 4. 미국경제협조처(ECA) 사절단장과 연명(連名)으로 한국 정부에 건의하였다. 1950. 5. 5. 법률 제138호로 한국은행법이 제정되어 1950. 6. 12. 한국은행이 설립되었다. 발행 최고한도의 제한이 없는 관리통화제도를 채택하였다.

1950. 6. 25. 한국전쟁이 발발한 후, 북한군은 한국은행 본점건물을 점거하여 미발행 은행권을 유통시키고, 조선은행권을 인쇄하여 경제교란을 획책하였다. 한국은행은 1950. 6. 29. 동경지점을 통해 일본 정부에 요청하여 일본 점령 연합군 최고사령부의 도움으로 일본 대장성 인쇄국에서 제조된 한국은행권 합계 154억 3천만 원(圓)을 7월 13일과 7월 14일 미군용기편으로 김해공항으로 운반하였다. 발행은 7월 22일에 이루어졌다. 북한군이 불법적으로 발행한 조선은행권의 유통을 막고자 1950. 8. 28. 대통령 긴급명령 제10호로 '조선은행권 교환 및 유통에 관한 건'을 공포하여 조선은행권 100원권의 유통을 정지하고 한국은행권과 교환하도록 함에 따라 1953. 1. 16.까지 다섯 차례에 걸쳐 교환대상액 771억 원(圓)의 93%에 해당하는 719억 원(圓)의 조선은행권을 한국은행권으로 교환하였다. 한국조폐공사법이 1952. 9. 2. 공포되고 한국조폐공사가

1952. 10. 1. 설립되면서 1,000원권을 제조하기 시작하였다.

해방이 되면서 미군정이 실시되어 식민지 시대의 청산작업이 진행되고 있었지만, 통치기구의 사람만 한국인으로 교체되었을 뿐, 오래전부터 형성되어 온 정서는 사회 전반에 그대로 투영되었다. 법무국 소속 행정관 앤더슨(Anderson) 소령(인디애나에서 검사와 판사로 활동, 1942년 공군에 입대하여 법무관으로 근무)은 다음과 같은 인터뷰 기록을 남겼다.

"특정 지위의 사람은 특정 종류의 책상을 가져야 하고, 또 그 책상은 특정 위치에 놓여야 한다는 식의 골치 아픈 문제였다. … 검사와 판사들이 위신, 책상의 크기, 사무실 면적, 그리고 누가 누구에게 먼저 인사할 것인가 하는 문제들에 대해 의견이 일치하지 않아 일주일 이상 일을 안 한 적도 있다. … 누구나 자신과 친구들을 밀어 넣으려 시도하고 적에게는 슬며시 비수를 꽂았다. 그로 인한 당연한 귀결이지만, 미국인들은 모든 분파로부터 향응을 받았다."

"동양적 모델에 서구 법학의 관념을 심는 것은 불가피하게 잡종적 결과를 낳았다. 기껏해야 사려있는 판단으로 그것을 적용하면 나중에 완성되었을 때 얻을 전체적 편익이 그 과정에서 겪는 개별적인 부정의들보다는 클 것이라고 희망하는 수밖에 없다."

법무국장 우돌 소령이 예일대 동문인 정치학 박사 김영희를 법무국장 보좌역에 임명하자 법조인들의 불만이 제기되었고, 법무국장 대리로 승진시키려 하자 70여 명이 임명취소를 요구하는 건의서를 제출하기도 하였다. 에머리 우돌(Emery J. Woodall)은 1891. 9. 16. 생으로 1919년부터 1920년까지 광저우, 칭다오에서 미국 영사로 근무하다가 1923년 예일대 로스쿨에서 JD 학위를 취득한 후 제2차 세계대전 중 중국, 인도, 미얀마에서 활동하였고, 1945년 9월부터 1946년 7월까지 미군정청에서 활동하였다. 우돌 소령은 1946. 2. 21. 공포된 법령 제52호로 신한공사의 창립에 관한 법령을 제정하여 일본인이 조선에 남긴 재산, 이른바 적산 문제를 해결하려 하였으나, 좌우익 모두 적산이 미국인의 의사만으로 처리되는 데 따른 위기의식과 장차 수립될 조선 정부와 신한공사의 관계에 관한 규정이 없다는 이유로 격렬한 반대에 부딪혔고, 러취 미군정장관이 1946. 3. 10. 개정을 공포하고, 1946. 5. 7. 법령 제80호로 독소조항을 개정하였다. 미군정청은 우돌 소령을 1946. 6. 1.자로 강등시킬 예정이었으나 우돌 소령이 같은 해 5월 17일 사법부장직을 사임하였다.

정부수립까지 Big Three라 불리는 김병로 사법부장, 김용무 대법원장, 이인 검찰총장의 역할이 컸는데, 우파 민족주의 진영에 속했던 거물급 재야법조인사들이었다. 브루스 커밍스는 "천만다행으로 발견한 협력자층인 보수주의적 한인들"이었다고 평가하고 있다. 일본강점기의 법조인 충원채널은 고등문관시험 사법과, 변호사시험, 총독부특임(경성전수학교 등을 졸업하고 재판소 서기로 근무)의 세 가지 경로였다. 해방 후 법조인 충원채널은 변호사회 추천을 통한 특별임용(1946. 4.), 사법요원 양성시험(1946. 3.), 판검사특별임용고시(1946. 9.), 간이법원 판사시험·검사보시험(1948. 8.)의 네 가지 경로였다.

에른스트 프랭켈(Ernst Fraenkel)은 독일 노동법학자였는데, 미국으로 망명하여 군사점령을 법적 측면에서 연구하였다. 이중국가론을 내세워 나치의 체제가 '대권국가'와 '규범국가'가 공존하는 국가라는 분석을 하였다. 1946년부터 미군정 법률고문으로 근무하였다(소속은 미경제협력청 ECA이었음). 미군정의 성격에 관하여 미군정은 주권 정부, 군사점령자, 자치정부의 3중 정부 역할을 수행했다고 주장하였다. 남한 지역에서의 미군정의 성격은 법적으로 규명하기 매우 어려운 과제였다. 프랭켈은 한국은행법 제정 당시 정부로부터 독립된 통화기관의 권한확대를 우려한 재무부 반대를 의식하고 주요 법률안 통과를 독촉하였다. 식산은행은 반대하였지만, 조선은행 출신자들은 법률안 통과를 지지하였다.

라. 제2차 대전 종전 후 전개된 규범적 상황

연합국은 무조건 항복과 정권교체라는 승전국이 요구하던 고전적 방식에 만족하지 않고, 패전국인 독일과 일본에게 나치 체제 및 군국주의에 대한 사법적 단죄 및 조직의 근본적 해체까지 요구하였다. 포고령 제1호로 독일법원(민족·특별·친위대경찰 재판소 및 예외법원 등) 폐쇄명령을 내리고, 포고령 제3호로 사법제도를 혁신하였다. 포고령 제5호로 부당한 유죄판결의 파기명령을 내린다. 연합국통제위원회 법률은 독일 기본법으로 효력을 발휘하였고, 미국, 영국, 프랑스, 소련의 공통규범의 역할을 하였다. 나치 불법판결은 두 가지 방식으로 청산되었다. 1) 자동파기방식(입법적 해결, 미국 및 영국점령지역에서 통용)과 2) 특별재심방식(사법적 해결, 실효 못 거둠)의 두 가지 방식이었다. 독일은 1998. 8. 25. 제정한 '나치불법판결파기법'에서 불법적 형사재판을 포괄적으로 정리하였고, 2002. 7. 23. 위 법률을 개정하여 병역거부와 탈영죄에 대하여는 자동파기대상으로 하였다(2차 대전 당시 여호와의 증인 1,000여 명의 사형이 집행됨).

1943년 10월 런던에서 중국, 호주, 미국, 뉴질랜드, 인도를 포함한 17개국으로 구성된 유엔전범위원회(United Nations War Crimes Commission)가 설립되고, 위원장은 호주인 라이트(Wright)가 된다. 연합국은 1943. 10. 30. 주요 전쟁범죄자들을 처벌하기로 하는 '독일의 잔학행위에 관한 선언'(모스크바선언)을 발표한다. 1944. 8. 8. 국제군사재판소 헌장(뉘른베르크 헌장)이 제정된다. 1945. 8. 8. 미국, 영국, 프랑스, 소련 4개국은 '유럽 추축국의 중요 전쟁범죄인의 소추 및 처벌에 관한 협정'(런던협정)을 공포하면서, 이 협정에 부속된 국제군사재판소 헌장이 뉘른베르크 전범재판에서 독일의 전범 소추와 처벌의 법적 근거가 된다. 런던협정 제6조에서 관할 범죄는 A급 침략전쟁의 계획, 준비, 수행 등의 평화에 대한 죄, B급 통상의 전쟁범죄, 즉 전쟁법규 또는 관례의 위반, C급 인도에 반한 죄로 규정한다. 연합국 통제위원회 법률 제10호(1945. 12. 20.)로 인도에 반한 범죄가 제정된다.

독일의 미국, 영국, 프랑스 점령지역에서 각기 군정이 실시되었다. 미국은 1946년부터 점령지의 각 주에 헌법을 제정하도록 했고, 투표를 통하여 주 의회를 구성하여 주 정부를 수립하였고, 영국은 입법권과 행정권을 직접 행사하였고, 프랑스는 1947년부터 주 헌법을 제정하도록 하였다. 3개국 군정장관들은 1948년 7월 초 개최된 프랑크푸르트 회의에서 11

개 란트의 수상들에게 9월 1일까지 제헌의회 소집을 요구하면서 이른바 '프랑크푸르트 문서'를 교부하였다(3개의 문서로 구성되어 있었는데, ① 헌법 제정, ② 란트 경제, ③ 점령규정에 관한 것임). 각 란트의 수상들은 1948. 7. 8.부터 1948. 7. 10.까지 코블렌츠에서 회의를 열고, 헌법제정은 독일 국민 전체의 문제이니 3국 점령지 국민들만으로 처리하기는 곤란하므로 헌법 대신 기본법을 제정하기로 하고 각 란트 의회의 대표자로 구성되는 의회 협의회를 설치하여 절차를 진행하도록 하자는 데 의견을 모으고, 국민투표는 하지 말고 각 주 정부의 승인으로 확정 짓기로 하였다. 의회 협의회는 1948. 9. 1. 본에서 65명의 대표가 참석한 가운데 콘라드 아데나워가 의장을 맡아 개최되었다. 장소를 본으로 정한 것은, 프랑크푸르트는 영미 통합점령 지역의 수도 역할을 하고 있었고, 구독일 연방의 중심도시였던 관계로 분단을 받아들이는 태도로 비추어지는 것을 피해보려는 노력의 결과로 알려져 있다. 의회 협의회는 기본법 초안 작성을 위한 전문위원회를 구성하고, 위원장은 사회민주당 소속 정치인이자 정치학자인 카를로 슈미트(Carlo Schmid)가 선출되었다. 연합국은 1949. 5. 12. 법안을 승인하고, 11개 란트 중 바이에른 주를 제외한 10개 란트의 찬성으로 3분의 2 이상의 비준요건이 충족되었다. 서독 기본법은 1949. 5. 23. 공포되고, 공포일 경과와 동시에 효력이 발생한다는 조항에 따라 다음날 5월 24일 00:00 효력을 발생하였다. 기본법이라는 명칭의 취지에 맞게 기본법이 적용되지 않는 동독 지역은 그 지역이 연방에 가입할 때 적용하기로 하였다. 서독 기본법은 독일 국민이 자유로운 의사로 채택한 헌법이 시행되는 순간 효력을 상실한다고 규정하여 통일이 될 때까지 유효한 임시 헌법이라는 점을 명확히 하였다. 동독은 1990. 8. 23. 동독 최고인민회의에서 서독 연방에 가입하기로 결의하였고, 1990. 8. 31. 동독 5개 주가 독일연방공화국에 가입하는 통일조약이 체결되면서, 연합국 4개국은 1990. 10. 1.과 1990. 10. 2. 양일에 걸쳐 군정사령부를 폐쇄하고, 1990. 10. 3.부터 통일조약이 효력을 발생하였다.

동독 헌법의 제정과정을 살펴본다. 소련 점령지는 1946년 11월 독일사회주의통일당의 헌법 초안이 발표되었다. 1947년 12월 독일사회주의통일당은 '통일과 진정한 평화를 위한 독일 인민회의'를 개최하였고, 초청받은 미국, 영국, 프랑스 점령 지역의 정당들 중 독일공산당 대표만 참석한 가운데 독일 인민위원회를 구성하였다. 독일민주공화국 헌법은 1949. 5. 30. 인민위원회의 의결을 거쳐 1949. 10. 7. 소련이 승인하여 효력을 발생하였다. 수도를 베를린으로 정하고, 서독을 포함한 독일 전 지역에 효력을 발생한다고 규정하였다. 북한 헌법 제정 시 수도를 서울로 명시한 것과 비슷한 맥락임을 알 수 있다.

일본의 항복을 둘러싸고 미국의 정책 라인에서는 견해의 대립이 있었다. 하나는 천황제 제거, 식민지 박탈, 일본의 탈군사화를 추구하는 견해였고, 또 하나는 천황제 보존, 식민지 보유 허용, 군부를 제거하여 일본 내 자유주의자와 협조를 도모하여 입헌군주제 하의 일본을 부활시킨다는 견해였다. 미 국무차관 죠셉 그루(Joseph C. Grew)는 후자의 입장에서 천황의 전범기소에 반대하였다. 맥아더의 입장도 비슷한 견해였다고 할 수 있다. 맥아더의 참모였던 보너 펠러스(Bonner F. Fellers) 준장은 1945. 10. 2. 천황 히로히토가 전쟁을 시작하지 않았다는 사실을 확인했다고 보고하였고, 일본인에게 스스로 정부를 선택할 권리가 주어진다면 그들은 천황을 상징적인 국가수반으로 선택할 것이라고 전망하면서, 천황이 전범으로 재판을 받는다면 반란이 일어나 혼란과 유혈사태를 불러올 것이라고 경고하였다. 미국 합동참모본부는 1945. 11. 30. 맥아더에게 히로히토를 전범으로 체포, 재판, 처벌하는 것에 대해 그를 면제할 수는 없다는 내용의 전문을 보내고, 국무부 애치슨(Dean Acheson)은 천황이 사임을 고려한다는 소식이 있는데 그러면 전범으로 지목될 수밖에 없고, 그를 계속 이용할 생각을 가지고 있다면 천황직을 사임하지 말라는 암시를 주어야 한다고 지적하였다. 맥아더는 1946. 1. 24. 합참 의장에게 히로히토 천황은 일본인들의 상징이므로 기소되면 복수를 위한 항쟁이 발생할 가능성이 있으며 수세기가 지나도 끝나지 않을 수 있으므로 히로히토에 대한 사면이 준비되어야 한다고 생각한다는 전문을 보낸다. 주영 존 위넌트(John G. Winant) 미국 대사는 1946. 2. 8. 애틀리(Atlee) 영국 외무장관과 회담에서 히로히토의 기소 가능성은 없을 것이라는 점에 합의를 한다.

유엔 전범위원회는 1944. 7. 15. 위원회 지령 제19호로 일본의 전쟁범죄 기점을 1937. 7. 7. 노구교 사건으로 설정하였다. 1945. 7. 26. 포츠담 선언에서 연합국은 "우리는 일본인을 민족으로써 노예화하거나, 멸망하게 할 의도를 갖는 것은 아니나 우리의 포로를 학대한 자를 포함한 모든 전쟁범죄인에 대하여는 엄중한 처벌을 가할 것이다."라고 선언한 바 있다(이상호, 『한국전쟁』, 40쪽). 유엔 전범위원회 극동 및 아시아소위원회(Far Eastern and Pacific Subcommission)는 1945. 7. 27. 100명의 일본군의 전범 명단을 작성하였다. 중국, 호주, 뉴질랜드, 소련, 네덜란드는 히로히토 천

황을 전범으로 기소해야 한다는 입장이었고, 프랑스는 유보적 입장이었
으며, 영국은 트루먼이 결정할 것이라고 예상하고 있었다. 트루먼 대통령
은 1945. 8. 11. 연합국들의 동의를 얻어 아시아 연합국 군대 내 최고 선
임자인 맥아더를 연합군 최고사령관으로 지명하고, 1945. 8. 15. 연합군
최고사령관으로 임명하였다. 1945. 8. 16. 일본 전범 조사를 위하여 호주,
캐나다, 중국, 프랑스, 인도, 네덜란드, 뉴질랜드, 영국, 미국의 대표단으로
유엔 전범위원회 특별위원회가 구성되었다.

　미국 3부 조정위원회(SWNCC)는 1945. 8. 29. 히로히토에 대하여 있을
지도 모르는 재판에 대비하여 맥아더에게 단서를 수집할 것을 지시하였
다. 미국 3부 조정위원회는 1945. 9. 12. 유엔 전범위원회 미국 대표인 호
지슨(Hodgson)이 국무장관에게 1945. 9. 1. 제출한 전문을 토대로 합동참
모본부의 지령문이 되는 SWNCC 57/3을 입안하였다. 그 지령문에는 천
황은 특별지시가 고려 중이므로 전범으로서 어떠한 조치도 취해서는 안
된다는 내용이 포함되어 있었고, 유엔 전범위원회가 작성한 일본 전쟁범
죄와 적대행위에 관한 요약제안서가 첨부되어 있었다. 미국 합동참모본
부는 1945. 9. 12. 맥아더에게 일본 전범 용의자에 대한 기소와 재판소 설
치에 관한 지시를 하달하고, 유럽에서 적용될 절차에 따라 포괄적인 지시
사항을 전달할 것이고, 미국전범국에서 3명의 직원을 파견할 준비를 하
고 있음을 전하면서 전범 명단 44명을 제시하였다. 그 명단에 히로히토
천황은 포함되어 있지 않았고, 1945. 9. 22. 전범재판에 대한 구체적인 지
시사항이 전달되었는데, 천황을 전쟁범죄자로 기소하는 어떠한 행동도
특별한 지시 없이는 행하지 말 것이라는 내용이 포함되어 있었다. 연합군

최고사령부는 1946. 1. 19. 사령부 일반명령으로 극동국제군사재판소 설립에 관한 명령을 공포하였다. 연합군 최고사령부는 1946. 4. 25. 맥아더에게 극동군사재판에 대한 맥아더의 권한을 종전보다 강화한 내용의 최종안을 보냈는데, 맥아더에게 부여된 모든 전범에 대한 구금권한에서 히로히토는 배제하라는 명령을 강조하고 있었다.

국제검사단은 1946. 4. 28. A급 전범자 28명에 대하여 기소를 하였고, 1946. 5. 3. 극동국제군사재판소(International Military Tribunal for the Far East, 이른바 도쿄 전범재판)에서 심리를 개시하였다. 미국, 중국, 영국, 소련, 호주, 캐나다, 프랑스, 네덜란드, 뉴질랜드, 인도, 필리핀 등 11개국이 참여하였다. 판결은 1948. 11. 12. 이루어져, 도조 히데키 등 7명은 1948. 12. 23. 사형이 집행되고, 나머지 대부분 A급 전범은 12월 24일 스가모 감옥에서 석방되었다. 전범은 A, B, C 세 유형으로 나누어 평화에 반하는 죄를 범한 지도자급 인사들인 A급 전범은 뉘른베르크와 도쿄 전범재판을 통하여, B급(통상의 전쟁범죄), C급(인도에 반하는 죄) 전범은 해당 전범 피해자의 국가에서 이루어진 전범재판을 통하여 처벌되었다. 1955. 12. 1.자 일본 후생성 인양원호국(引揚援護局) 작성 '한국, 대만출신 전쟁재판수형자 명부'에 의하면, 연합국에 의하여 국제전범재판에 회부되어 처벌받은 한국인은 148명이고, 그중 129명의 포로감시원들 중 14명은 사형, 115명은 유기징역형에 처해졌다. 1945. 12. 11.과 12월 13일 싱가포르에서 열린 네덜란드령 인도네시아 지구 검사총장과 영국 당국의 회담에서 전쟁범죄에 관한 한 조선인은 일본인으로 취급하기로 하였다. 중국 정부에서는 이와 달리 취급하였는데, 1945년 4월 '한국광복군원조법(對韓國光復

軍援助辦法)' 제6조에서 중국 포로수용소의 한국 국적 포로는 감화시킨 뒤 한국광복군에 넘겨준다고 규정하였고, 이에 따라 중국 군사위원회에서 한국 국적 포로를 석방하라고 지시한 사례가 있었다고 한다.

맥아더 사령부는 독일의 연합군 직접통치방식(군정)과는 달리, 최고사령부가 '지시(Directive)', '각서(Memorandum)' 등 형식으로 제시하면 일본 정부가 법령을 제정하여 실시하는 간접통치방식을 택하였다. 직접 군정을 실시하지 않는 것을 원칙으로 하되, 기존 통치기관을 존속시켜 일본 국민의 자발적 의사에 의한 개혁을 기대하였다.

시데하라(幣原) 수상은 헌법개정이 필요하다는 연합군 최고사령부 의견에 따라 1945. 10. 13. 마쓰모토(松本) 국무대신을 위원장으로 한 '헌법문제 조사위원회'를 설치하여 3개월 반 동안 7차례의 총회와 15차례의 조사회를 열어 논의하였다. 시데하라 내각은 헌법개정을 둘러싸고 미국과 마찰을 일으키고 1945년 12월 중의원 해산으로 이어졌다. 1946년 4월 총선에서 단독 과반수 정당이 나오지 않아, 하토야마 이치로(鳩山一郎) 자유당 총재는 연립정권 구성에 나섰으나 연합군 최고사령부로부터 공직 추방명령을 받자 요시다 시게루(吉田茂)에게 총재직을 넘겨주는 사태가 발생하였다. 미국 3부 조정위원회는 1946. 1. 7. '일본통치체제의 개혁 SWNCC 228' 문서를 승인하여 맥아더에게 송부하였는데, 주요 내용은 천황제 폐지 또는 개혁의 필요성을 지적한 것이었다.

마이니치 신문이 1946. 2. 1. 헌법 문제 조사위원회의 개정안을 특종으로 보도하자, 맥아더는 위 개정안 대신 연합군 최고사령부 민정국에 1946. 2. 3. '헌법 기초에 관한 맥아더 노트'를 제시하였고, 헌법 초안 작성 위원회를 구성하여 2월 5일부터 작업에 들어가 2월 12일 완성한 후, 코트니 휘트니(Courtney Whitney) 민정국장이 2월 13일 헌법 초안 15부를 요시다 시게루 외무대신에게 전달하였다. 일본 각의는 1946. 2. 22. 수락하였다. 1945년 12월 미국, 영국, 소련 3국 외상회의에서 일본처리에 관한 문제를 결정하기 위하여 설치하기로 합의한 극동위원회(Far Eastern Commission)는 1946. 2. 26. 워싱턴에서 첫 번째 회의를 열면서 출범하였다. 일본 정부는 1946. 3. 6. 헌법개정 초안 요강을 발표하였고, 3월 10일 미 육군참모총장은 맥아더에게 개정안 승인 근거를 밝히라고 요구하였다. 일본 정부는 1946. 4. 10. 종전 후 첫 총선을 치르고, 1946. 4. 17. 개정 초안을 공표한 후, 수상이 된 요시다 시게루는 1946. 5. 22. 내각을 구성하였다. 각료 정원 1명을 늘려 헌법 담당 국무대신 자리를 마련하여 법제국 출신의 가나모리 도쿠지로를 임명하였다. 맥아더는 워싱턴의 부정적 분위기를 감안하여 1946년 6월 초순 헌법을 공포, 연말에 시행하려던 계획을 바꾸고 1946. 6. 22. 개헌 일정을 서두르지 않겠다는 성명을 발표하였다. 1946. 11. 3. 제국헌법 개정안을 일본국 헌법으로 이름을 바꾸어 공포하였고, 1947. 5. 3. 시행되었다. 천황의 존재는 인정하되, 주권은 국민에 있음을 명문화하였고, 전쟁포기 조항과 문민통치원칙을 규정하였다.

　제1조 천황은, 국가와 국민 통합의 상징으로서 그 지위는 주권을 갖는 일본 국민의 뜻에 근거한다.
　제9조(전쟁의 포기, 전력의 불보유, 교전권의 부인)
　① 일본 국민은 정의와 질서를 기조로 하는 국제평화를 성실히 희구하며,

국제분쟁을 해결하는 수단으로 국권의 발동 또는 전쟁과 무력에 의한 위협 및 무력의 행사는 영구히 포기한다.

② 전항의 목적을 달성하기 위하여 육·해·공군 기타 전력을 보유하지 않는다. 국가의 교전권은 인정하지 않는다.

제66조 제2항 내각 총리대신 및 기타 국무대신은 문민이 아니면 안 된다.

극동위원회는 현역 군인이 장관 자리에 오르는 것을 방지하는 조항(civilian)을 요구하여 '무관의 직책을 갖지 않은 자'라고 표현했다가, 심의과정에서 '문민(文民)'이라는 말을 만들게 되었다.

한국전쟁이 1950. 6. 25. 일어나 일본에 주둔하고 있던 미군 중 일부가 한국으로 이동하였고, 그 공백을 메운다는 명목으로 일본인으로 구성된 75,000명의 경찰예비대가 결성되었다. 경찰예비대는 보안청법의 제정으로 1952년 10월 보안대로 개편되었다가 1954년 7월에 육상자위대가 설치된다.

샌프란시스코 강화조약의 체결로 일본과 연합국의 관계가 일단락되었다. 일본과 연합국 사이의 평화조약은 1951. 9. 8. 샌프란시스코 전쟁기념 공연예술 센터에서 체결되었다. 51개국이 참가하여 48개국이 서명하였는데, 소련, 폴란드, 체코는 서명을 거부하였다. 조약의 효력은 1952. 4. 28. 발생하면서, 연합군 최고사령부에 의한 일본의 통치는 종료되었다. 평화조약 체결과정에 대한민국과 조선민주주의인민공화국은 초대받지 못하여 결국 연합국의 지위에 들어가지 못했다.

이승만 대통령은 1948. 9. 30. 국회 첫 시정연설에서 한국이 연합국의 일원으로 대일강화조약에 참가할 것을 연합국에 요청하였고, 미국무성의 1949. 12. 19.자 대일평화조약 초안에는 한국도 연합국의 일원으로 조약 서명국으로 되어 있었다. 한국 외무부는 1951년 4월 대일강화 회의 준비위원회를 발족시켜 강화조약 초안 검토를 시작하였으나 한국에 연합국 지위를 부여하려 했던 미국의 방침은 영국과 일본의 반대로 바뀌게 된다. 영국은 다른 아시아 여러 나라에 줄 영향을 고려해야 한다는 이유를 들었고, 일본은 100만 명 이상의 재일조선인 대부분이 공산주의자라 연합국 국민의 지위를 부여받으면 재산과 보상을 받을 권리를 얻게 된다는 이유를 들어 반대하였다. 평화조약의 1951. 6. 14.자 개정 초안에서 서명국에 한국이 제외되었다. 중화인민공화국과 중화민국 역시 조약 체결 시 초대받지 못하였다.

조약의 한국 관련 부분은 다음과 같다(영문본은 '한국'과 '한반도'를 모두 'Korea'라고 표기함).

제2조 (a) 일본은 한국의 독립을 인정하고, 제주도(Quelpart), 거문도(Port Hamilton), 울릉도(Dagelet)를 포함한 한반도와 그 부속도서에 대한 모든 권리, 자격, 영유권을 포기한다.

제4조 (a) 이 조항의 (b)의 규정에 따라, 일본의 부동산 및 제2조에 언급된 지역의 일본 국민들이 자산 처분 문제와 현재 그 지역들을 통치하고 있는 당국자들과 그 곳의(법인을 비롯한) 주민들에 대한 (채무를 비롯한) 그들이 청구권들, 그리고 그러한 당국자들과 주민들의 부동산 처분과 일본과 그 국민들에 대한 그러한 당국자들과 주민들의 채무를 비롯한 청구권들의 처분은 일본과 그 당국자들 간에 특별한 협의의 대상이

된다. 그리고 일본에 있는, 그 당국이나 거류민의 재산 처분과, 일본과 일본 국민을 상대로 하는 그 당국과 거류민의 청구권(부채를 포함한) 처분은 일본과 그 당국 간의 별도 협정의 주제가 될 것이다. 제2조에서 언급된 지역에서의 어떤 연합국이나 그 국민의 재산은, 현재까지 반환되지 않았다면, 현존하는 그 상태로 행정당국에 의해 반환될 것이다.

　(b) 일본은 제2조와 제3조에 언급된 지역에 있는 일본과 일본 국민 자산에 대해, 미군정의 지침이나 이에 준해서 제정된 처분권의 적법성을 인정한다.

평화조약이 체결된 날 미일안전보장조약이 체결되었고, 한미일 동맹 체제가 구축된다. 미군은 샌프란시스코 강화조약 발효 90일 이내에 철수해야 하는 점령군의 지위에서 주둔군의 지위로 바뀌어 일본에 그대로 남는다. 한국전쟁 기간 중 미 국방성의 특별조달령에 따라 일본의 무기제조가 허가된다. 한미상호방위조약은 한국전쟁이 끝난 후 1953. 10. 1. 체결되어 1954. 11. 18. 효력이 발생하였다. 한미상호방위조약은 현재까지도 대한민국이 외국과 체결한 유일한 군사동맹조약이다.

① 당사국 중 일국의 정치적 독립 또는 안전이 외부로부터 무력공격에 의하여 위협받고 있다고 인정할 경우 언제든지 양국은 협의한다.
② 각 당사국은 상대 당사국에 대한 무력공격을 자국의 평화와 안전을 위태롭게 하는 것이라고 인정하고 공통의 위험에 대처하기 위하여 각자의 헌법 절차에 따라 행동한다.

③ 미국은 그들의 육해공군을 한국의 영토 내와 그 부근에 배치할 수 있는 권리를 가지며 한국은 이를 허락한다. 미국은 비준에 앞서 양 해사항에서 한국에 대한 외부의 무력공격을 제외하고는 원조의 의무를 지지 않는다.

미국은 대만과도 공동방위조약을 체결하였다. 일본 자위대는 1954년 창설된다. 한일기본조약(대한민국과 일본국 간의 기본관계에 관한 조약)이 1965. 6. 22. 조인되고, 1965. 8. 14. 여당 단독으로 국회를 통과한다. 한일기본조약은 4개 협정과 25개 문서로 구성되었다. 1) 한일어업협정, 2) 재일교포의 법적 지위 및 대우 협정, 3) 경제협력 협정(재산 및 청구권에 관한 문제의 해결 및 경제협력에 관한 협정), 4) 문화재 협정(대한민국과 일본국 간의 문화재 및 문화협력에 관한 협정)이 그것이다.

한일기본조약의 주요 부분은 다음과 같다.

제2조 1910년 8월 22일 및 그 이전에 대한제국과 대일본제국 간에 체결된 모든 조약 및 협정이 이미(もはや) 무효임을 확인한다(already null and void).

제3조 대한민국 정부가 한반도의 유일한 합법 정부임을 확인한다.

한국 측의 원천적 무효임을 뜻하는 null and void와 일본 측의 장래를 향한 무효라는 의미의 have no effect의 표현이 대립하다가 한국 측의 null and void를 수용하되, 일본 측의 already를 넣자는 제안이 받아들여져 타결되었

다. もはや는 '이제'의 뜻으로 전에는 유효하였다는 의미가 되고, '이미'는 원래부터 무효라는 의미가 되어 서로 원하는 방식대로 해석할 수 있다.

경제협력 협정 중 논란이 되고 있는 부분은 다음과 같다.

제2조

1. 양 체약국은 양 체약국 및 그 국민(법인 포함)의 재산, 권리 및 이익과 양 체약국 및 그 국민 간의 청구권에 관한 문제가 1951년 9월 8일에 샌프란시스코에서 서명된 일본국과의 평화조약 제4조(a)에 규정된 것을 포함하여 완전히 그리고 최종적으로 해결된 것이 된다는 것을 확인한다.

2. 본조의 규정은 다음의 것(본 협정의 서명일까지 각기 체약국이 취한 특별조치의 대상이 된 것을 제외한다)에 영향을 미치는 것이 아니다.

   (a) 일방체약국의 국민으로서 1947년 8월 15일부터 본 협정의 서명일까지 사이에 타방체약국에 거주한 일이 있는 사람의 재산, 권리 및 이익

   (b) 일방체약국 및 그 국민의 재산, 권리 및 이익으로서 1945년 8월 15일 이후에 있어서의 통상의 접촉의 과정에 있어 취득되었고 또는 타방체약국의 관할하에 들어오게 된 것

3. 2의 규정에 따르는 것을 조건으로 하여 일방체약국 및 그 국민의 재산, 권리 및 이익으로서 본 협정의 서명일에 타방체약국의 관할하에 있는 것에 대한 조치와 일방체약국 및 그 국민의 타방체약국 및 그 국민에 대한 모든 청구권으로서 동일자 이전에 발생한 사유에 기인하는 것에 관하여는 어떠한 주장도 할 수 없는 것으로 한다.

마. 대한민국 헌법의 제정

미군정청은 1948. 3. 1. '조선인민대표의 선거에 관한 포고'를 발표하였다. 선거는 사령부 관내 지역, 즉 남한에서 1948. 5. 9. 시행하고, 유엔조선임시위원단과 상의 후 필요시 개정된 입법의원선거법에 의거한다는 것이었다. 1948. 3. 3. 군정청 행정명령 제14호로 '국회선거위원회'가 설치되었다. 유엔조선임시위원단은 1948. 3. 17. 전체회의에서 군정청에 제출할 '선거를 위한 자유 분위기' 건의안을 채택하였다.

1948. 3. 20. 법령 제176호(형사소송법의 개정)(4월 1일 시행)로 1) 조선형사령 중 수사기관의 강제처분권을 폐지하고, 2) 구속, 압수, 수색 시 재판소의 영장이 있어야 한다는 규정을 마련하였다. 1948. 3. 31. 법령 제180호(형사소송법의 보충규정)(4월 1일시행)를 제정하였다. 1948. 3. 18. '국회의원선거법'을 공포하였다. 남한에 체류 중인 이북동포를 위한 특별선거구를 설치하자는 주장도 있었으나 반영되지 않았다. 선거연령은 23세 이상으로 하자는 주장도 논의되다가 21세 이상으로 정하였다. 선거인 등록은 1948. 3. 30.부터 1948. 4. 8.까지 이루어졌고 8,055,798명이 등록하여 91.7%의 등록율을 기록했다. 후보자 등록은 1948. 3. 30.부터 1948. 4. 15.(16일로 연장됨)까지 이루어졌다. 1948. 4. 3. 유엔조선임시위원단 전체회의 논의결과 선거일자는 군정청 요청에 의해 5월 10일 실시하고, 3개 감시단을 구성하여 지역별로 점검하기로 하였다.

1948. 5. 10. 선거가 남한 200석에 대하여 실시되었다. 제주도 3석 중 2석은 무효처리되어 최종적으로 198석 당선자가 나왔고, 북한에 배정

된 100석은 소련의 거부로 실시하지 못하였다. 유엔조선임시위원단은 1948. 5. 12. 선거결과 보고서 작성을 위하여 상하이로 떠나기로 결정한 후, 1948. 6. 7. 귀국하여 1948. 6. 25. 선거의 공정성을 인정하는 결의문을 채택하였다.

1948. 5. 31. 10:00 첫 국회 본회의에서 임시의장으로 이승만을 선출하였고, 헌법기초위원회를 구성하기로 하였다. 1948. 6. 1. 헌법기초위원을 선정하기 위한 10인의 전형위원을 선출하였고, 1948. 6. 3. 헌법 및 정부조직법 기초위원 30명을 선정하였다. 전문위원 10명을 위촉하였다. 국호에 관한 표결 결과는 대한민국 17표, 고려공화국 7표, 조선공화국 2표, 한국 1표로 대한민국으로 결정되었다. 내각책임제를 골자로 한 헌법 초안이 1948. 6. 19. 완성되었으나, 대통령책임제로 바뀐 초안이 1948. 6. 23. 국회 본회의에 제출되었다. 본회의에서 국회는 단원제, 대통령 선출은 국회에서 하기로 정해졌다. 근로자의 기업운영참가권과 기업이익균점권을 명문화하는 수정안에 대한 검토 끝에 두 가지 다 명문화하자는 수정안은 찬성 81 : 반대 91로 부결되고, 이익균점권만 규정하는 수정안이 찬성 91 : 반대 88로 가결되었다.

"18조 근로자의 단결, 단체교섭과 단체행동의 자유는 법률의 범위 내에서 보장된다. 영리를 목적으로 하는 사기업에 있어서는 근로자는 법률의 정하는 바에 의하여 이익의 분배에 균점할 권리가 있다."

대한민국 헌법은 1948. 7. 12. 제1대 국회 제28차 본회의에서 전원이 기립한 상태에서 만장일치로 가결되었다. 대한민국 헌법과 정부조직법 공포식이 1948. 7. 17. 거행되었다. 대통령으로 이승만이, 부통령으로 이시영이 1948. 7. 20. 선출되었다. 필리핀이 7월 24일 대한민국 정부를 가장 먼저 승인하였고, 중국 국민당 정부가 8월 12일, 미국이 8월 13일 승인하였다. 1948년 8월 15일 오전 11시 정부수립 선포식이 열렸다. 대한민국 정부는 그 날 자정을 기해 미군정청으로부터 통치권을 인수하였다.

유엔총회는 1948. 12. 12.자 결의를 통하여 유엔조선임시위원단이 감시할 수 있었던 지역에 수립된 대한민국 정부가 실효적인 통제와 관할권을 행사하는 합법적인 정부임을 선언하였다.

"2. Declares that there has been established a lawful government (the Government of the Republic of Korea) having effective control and jurisdiction over that part of Korea where the Temporary Commission was able to observe and consult and in which the great majority of the people of all Korea reside; …"

'that part of Korea'라는 표현은 한반도의 특정 지역, 즉 북위 38선 이남의 남한을 의미하는 것이었다. 이러한 유엔의 입장은 한국전쟁 발발 후 38선 이북 지역에 대하여는 대한민국 정부의 통치권이 미치지 않는다는 입장으로 이어져, 38선 이북의 강원도와 경기도 지역에 대한 통치권은 1954년 11월 비로소 대한민국 정부로 넘어온다(역사 앞에서, 494쪽 참조).

에 필 로 그

루즈벨트 대통령은 1943. 3. 27. 열린 워싱턴 회담에서 이든(Anthony Eden) 영국 외상에게 신탁통치가 필요한 지역으로 한반도와 인도차이나를 거론한다. 연합국은 1943. 11. 22.부터 11월 26일까지 1차 카이로 회담, 12월 2일부터 12월 7일까지 2차 카이로 회담을 연다. 1차 참가국은 미국, 영국, 중국이었고, 2차 참가국은 미국, 영국, 소련이었다. 1차 카이로 회담은 대 일본 전쟁방침을 논의하는 자리여서 일본과 불가침조약을 맺고 있던 소련은 불참하였다. 1차 카이로 회담에서 적절한 시기에 한국을 독립시키겠다는 선언이 나왔고(in due course Korea shall become free and independent), 여기서 적절한 시기란 당시 전개된 전후 맥락에 비추어 볼 때 신탁통치를 염두에 두고 사용된 표현이라고 보아도 무방할 것이다. 1944년 초 미 국무부 지역위원회(Interdivisional Country and Area Committee)가 작성한 보고서는 ① 한국은 전후 미국 안보에 중요하고, ② 한국이 소련의 지배하에 들어가면 미국 안보에 커다란 위협이 되고, ③ 일본이 물러나면 한국은 자치할 수 없고, ④ 미국이 한반도에서 우세하지 못하면 한국에 대한 다국적 통치가 일국에 의한 지배보다 유리하고, ⑤ 신탁통치 협정은 전후 한국에 대한 마찰을 조절할 수 있는 좋은 수단이지만 미국이 발언권을 얻기 위해 한국을 군사적으로 부분 혹은 완전히 점령하는 것이 필요하다는 내용을 담고 있었다. 이러한 분석은 1945년에 열리는 얄타회담과 포츠담회담의 합의에 반영된다.

연합국의 1944. 6. 6. 노르망디 상륙작전 성공 후 1945. 2. 4.부터 2월 11일까지 미국, 영국, 소련을 참가국으로 한 얄타회담이 열렸다. 주요 골자는 독일은 종전 후 미국, 영국, 프랑스, 소련 4개국이 분할 점령한다는 것이었고, 다른 패전국이나 해방을 맞는 민족에 대하여는 모든 민주 세력을 폭넓게 대표하는 인사들에 의해 임시정부를 구성한 후 가능한 한 빠른 시일 내에 자유선거를 통해 국민의 뜻에 부합하는 책임감 있는 정부를 수립한다는 것이었다. 소련은 독일 항복 후 3개월 이내에 대일작전에 참가하고, 러일전쟁이 끝난 후 포츠머스 조약에 따라 일본이 차지하고 있던 사할린 남부를 소련의 영유권으로 하며, 중동철로를 중국과 소련의 공동관리하에 두기로 결정한다. 루즈벨트는 1945. 2. 8. 열린 스탈린과의 비공식 회담에서 한국에 대한 20~30년 정도의 신탁통치를 제안하고, 스탈린은 기간은 짧게 하자는 의견을 제시한다.

소련은 독일이 항복한 5월 9일(유럽에서는 5월 8일)부터 3개월이 되는 8월 9일 일본에 선전포고를 한다.

소련공산당 중앙위원회 정보국이 편집한 공보(公報)에 게재된 '한국의 국내외 정세에 대하여'라는 1945. 8. 1.자 보고서는, ① 신탁통치는 미국의 영향력 보장을 위한 제도라고 판단하고 있었고, ② 중국 국민당 정부의 한국 문제 개입에 대해서 부정적으로 생각하고 있었으며, ③ 소련의 독자적인 구상은 제시하지 않고 신탁통치 구도에서 소련의 입지를 상실하지 않겠다는 결론만 갖고 있었다.

독일이 항복한 후 1945. 7. 26.부터 8월 2일까지 열린 포츠담회담은 제2차 세계대전의 사후처리를 위한 연합국의 정상회담이었다. 미국, 소련, 영국, 프랑스, 중국 5개국이 참가하였다. 일본이 항복한 후 미국, 소련, 영국 3개국 외상회담을 열기로 결정하였다. 1945. 12. 16.부터 12월 25일까지 열린 모스크바 삼상회의(미국, 영국, 소련)에서 결정된 조선에 관한 방침은 다음과 같다.

"미소 양국 군사령관은 공동위원회를 설치하여 조선임시민주정부 수립을 원조한다.

미국, 영국, 소련, 중국 4국에 의한 신탁통치제를 실시하는 동시에 조선임시정부를 수립케 하여 조선의 장래 독립에 비(備)할 터인바 신탁통치 기간은 최고 5년으로 한다.

미소공동위원회는 임시정부와 조선 각종 민주적 단체와 협력하여 정치적, 경제적 발달을 촉진하고 독립에 기여하는 수단을 강구한다.

　이 신탁통치체제에 관한 외상이사회의 제안을 검토키 위하여 미국, 소련, 영국, 중국 각국 정부에 회부된다.”

신탁통치 용어와 관련하여 영어로는 Trusteeship으로 표현되었지만, 러시아어로는 후견의 의미인 опека로 표현되어 뉘앙스의 차이가 있었다. 실제로 미군은 군정을 통한 직접통치의 형식을, 소련군은 제25군 사령부 산하 민정국을 통하여 현지 공산주의 세력을 내세운 현지와, 토착화, 대리화 전략을 취하여 통치 대신 통제적 지도를 담당하는 형식을 갖추게 된다.

미소공동위원회는 1946. 1. 16. 예비회담을 시작으로, 1946. 3. 20. 1차 미소공동위원회, 1947. 5. 21. 2차 미소공동위원회가 열리고, 신탁통치안을 둘러싸고 난항을 겪다가 1947. 7. 19. 좌우합작에 의한 중도정부 수립을 표방하던 여운형이 암살된다. 미국은 1947. 9. 17. 한국 문제를 유엔에 상정하기로 결정하고, 소련 대표단이 1947. 10. 21. 철수하면서 미소공동위원회는 해산된다.

결국, 1945년 12월 모스크바 삼상회의에서 합의된 신탁통치 방침은 한반도에서 촉발된 찬탁이냐, 반탁이냐의 논쟁을 거치며 1947년 미소공동위원회의 해산과 함께 사라져 버리고, 남과 북은 제각기 자신들의 길을 걷게 된다.

1945. 8. 15. 아침 정무총감 엔도 류사쿠로부터 치안유지 부탁을 받은 여운형은 건국준비위원회를 조직하였고, 9월 초순 조선인민공화국을 출

범시켰다. 한민당은 9월 8일 발기인 성명서에서 건준과 인공을 비난하면서 설립되었다. 비난의 주요 내용은, 일본인의 사주에 따른 친일파의 획책이라는 주장과 소련의 지령에 따른 공산주의자의 망동이라는 주장이었다. 9월 11일 박헌영은 조선 공산당을 재건하였고, 총비서로 선임되었다. 이승만은 10월 13일과 14일 도쿄에서 맥아더, 하지, 애치슨과 회담을 가진 후 귀국하였다. 200여 명이 1945. 10. 23. 조선호텔에 모여 독립촉성중앙협의회(독촉)를 만들 것을 결정하면서 회의 소집권을 회장인 이승만에게 맡기기로 하였다. 이 무렵 아놀드 군정장관은 러치(Archer L. Lerch)로 교체된다. 러치는 법학을 전공하고 헌병 병과에서 근무해왔다. 충칭(重慶)에 있던 대한민국 임시정부 일행은 11월 5일 상해에 있다가 11월 23일 김구를 포함한 1진이, 12월 2일 김원봉을 포함한 2진이 귀국하였다.

이승만은 1946년 12월부터 1947년 4월까지 미국을 방문한다. 이 시기는 공교롭게도 국공합작에 공을 들이던 미국이 중국 문제에서 완전히 손을 떼고 대소강경책을 구사하기 시작하는 등 한반도를 둘러싼 국제정세가 급변하던 때로써, 체류 기간 중 공산주의자들을 배제한 상태에서 남한 단독정부 수립을 추구하고 있던 이승만의 노선과 궤를 같이하는 트루먼 독트린이 발표되자, 이승만의 정치적 입지는 더욱 강화된다. 해방 당시 국내에서 활동 중이던 송진우는 1945. 12. 30. 암살되었고, 1947. 7. 19. 여운형이, 1947. 12. 2. 장덕수가 암살되는 등 정국이 불안하였다.

북한은 공산주의 정권창출의 토대가 빠르게 구축되고 있었다. 북조선임시인민위원회가 1946년 2월 설립되고, 3월 토지개혁과 8월 산업시설의 국유화를 단행한 후 북조선인민위원회 구성을 위한 선거까지 일사천

리로 진행하고 있었다. 남한의 급진세력은 1946년 9월 고물가와 식량난을 내세워 총파업을 일으키고, 10월 대구, 경북 지역 중심으로 이른바 10월 폭동이 일어나 300명 사망, 3,600명 행방불명, 26,000명이 부상당하고 15,000여 명이 체포된다. 중국 주둔 미군의 퇴출운동이 1946년 중국 공산당 지도 아래 전개된다. 옌볜과 같은 접경지역 조선인들에게도 조선인과 중국인의 공동의 적인 미국과 국민당을 몰아내야 한다는 주장이, 1947년 접어들어서는 공산당 주도하에 중국혁명과 조선해방이 이루어져야 한다는 주장이 제기되기 시작한다.

일본을 철저하게 비무장시킨다는 미국의 정책 기조는 1947년 후반 중국 공산당이 내전에서 승리할 가능성이 커짐에 따라 바뀌게 된다. 미 국무부 정책기획실 실장이던 조지 케난(George F. Kennan)은 1947. 10. 14. 일본을 아시아에서 미국을 위한 안전보장의 가장 중요한 부분으로 놓아야 한다는 내용의 각서를 국무장관에게 제출한다. 미국은 1947년 7월 제정된 국가안보법(National Security Act)에 따라 미국 3부 조정위원회(SWNCC)를 국가안전보장회의(NSC)로 개편하고, 중앙정보국과 국방부를 설립한다. 미국 초대 국방부 장관이 되는 제임스 포레스탈(James Forrestal)은 1948. 2. 14. 합동참모본부에 재군비문제를 포함한 일본 안보문제 연구를 지시하고, 합참은 일본의 제한적인 재무장과 미군의 주둔방안을 제시한다. 케난은 1948. 2. 26. 윌리엄 드레이퍼(William H. Draper Jr.) 육군차관과 함께 일본을 방문하여 맥아더와 3차례 회담을 가진 후 1948. 3. 25. 국무장관에게 미국의 대일정책건의서를 제출하고, 1948. 6. 2. 이를 토대로 포괄적인 정책기획안 NSC 13을 국가안전보장회의에 제출한다. 주요 내용은 배상을 종결하고 일본 산업에 부여된 규제의 대부분을 제거하며 수출지향적인 생산을 장려한다는 것이다. 이 보고서는 1948. 10. 7. 미국 정부의 공식정책으로 채택되고(NSC 13/2), 일부 수정된 내용의 보고서(NSC 13/3)가 1949. 5. 6. 채택된다. 공산주의 확장을 막고 일본의 경제부흥을 우선시하게 되면서 일본의 연합국과의 평화조약협상은 무기한 연기되고, 미국의 관심은 일본의 경제재건과 미군기지 사용 문제에 집중된다. 한국전쟁이 일어나자 맥아더는 1950. 7. 8. 일본 정부에 훗날 자위대의 토대가 되는 75,000명 규모의 국립경찰예비대를 창설할 것과 해상보안청 정원을 8,000명 증원하라고 지시하고, 경찰예비대령이 1950. 8. 10. 공포되고, 8월 13일 전국적으로 인원을 모집하기 시작한다. 샌프란시스코 강화조약이 1951년 9월 체결되자, 국방부 역할을 하는 보안청이 1952. 8. 1. 창설되고, 보안청법에 따라 경찰예비대는 보안대로, 1952년 4월 발족한 해상경비대는 경비대로 개편되었다가, 방위청설치법이 1954년 6월, 자위대법이 1954년 7월 시행되면서, 자위대가 1954. 7. 1. 창설된다.

일본이 재무장하지 못하도록 하여야 한다는 맥아더의 방침은 2년도 채 못 되어 소련의 세력 확장을 막으려면 아시아 지역에서 가장 전략적 가치가 있는 일본이 재무장하여야 한다는 논리로 바뀐다. 남한에 주둔하고 있던 미군이 1949년 6월 철수한 후, 중국 공산당이 1949년 10월 중화인민공화국을 수립한다. 이제 중국 공산당은 대만 열도만을 남겨 놓은 상태에서 숨을 고르고 있었고, 이러한 국제정세 속에서 갓 태어난 대한민국은 1950년 6월을 맞이하게 된다. 미군이 철수한 지 1년 남짓 후 발발한 한국전쟁은 트루먼 독트린을 선언함으로써 자유진영을 수호한다는 명분을 내세우고 있던 미국의 입장에서는 공산 진영이 자유 진영에 대하여 의도적으로 도발한 사안이었고, 미군에 의하여 대만 해협을 봉쇄당한 신생 중화인민공화국의 입장에서는 미국의 38선 이북으로의 북진은 중국의 안보를 위협하는 사안이었다. 결국, 내전으로 시작된 한국전쟁은 국제전으로 비화되었다.

제2차 세계대전이 끝난 후 우리는 어떤 세계에 살고 있었을까? 팔레스타인 지역에서는 아랍과 이스라엘 사이에 전쟁이 터졌고, 프랑스를 상대로 8년간 이어진 베트남 독립전쟁이 벌어졌다. 그리스와 중국에서는 내전이 이어지고 있었다.

전쟁을 일으킨 나라를 굴복시킨다고 하여 지구상에 벌어지고 있는 모든 일이 해결되는 것은 아니다.

전쟁은 개인의 삶, 꿈, 가치, 나아가 공동체에 품고 있었던 믿음, 그 모든 것을 송두리째 앗아간다. 헌법은 그 속에서 잉태되어 새로운 세계를 설계한다.

영원할 것만 같던 세상이 사라져도 변함없이 존재하는 삶의 원칙은 무엇일까? 아무리 부수고, 바꾸고, 벗어나려 해도 그대로 있는 것. 적어도 확실해 보이는 것은 헌법이 그런 역할을 할 수도 있다는 바람 속에서 우리는 살아왔고, 앞으로 살아가리라는 것이다.

참고문헌

▌ 단행본

고정휴, 『태평양의 발견과 근대 조선』, 나남출판(2022)

규장각한국학연구원 엮음, 『조선사람의 세계여행』, 규장각 교양총서 5, 글항아리 (2011)

김기협, 『해방일기 제1권부터 제10권』, 너머북스(2011~2015)

김성칠 지음, 정병준 해제, 『역사 앞에서, 창비(2019. 7.)

김종현, 『영장주의에 관한 헌법적 연구』, 헌법재판소 헌법재판연구원(2019)

김지환, 『근대 중국철로의 역사 1 청조시기(1840~1911) 철로의 등장과 청조 봉건 체제의 붕괴』, 동아시아(2019)

김지환, 『근대 중국철로의 역사 2 중화민국 시기(1912~1060) 철로가 이끌어 낸 중국사회의 변화와 발전』, 동아시아(2019)

김효전, 『헌법, 한국개념사총서3』, 小花(2009)

김훈, 『하얼빈』, 문학동네(2022)

도시사학회·연구모임 공간담화, 『동아시아 도시 이야기』, 서해문집(2022)

문준영, 『법원과 검찰의 탄생 사법의 역사로 읽는 대한민국』, 역사비평사(2010)

민유기·이영석 외,『도시는 역사다』, 서해문집(2011)

박병엽,『조선민주주의인민공화국의 탄생』, 선인(2016)

박상후,『메이지유신을 이끈 카게무샤』, Freedom&wisdom(2019)

방광석,『근대일본의 국가체제 확립과정』, 혜안(2008)

서주석, 이승현, 김연각, 김덕중,『북한해방8년사연구』, 백산서당 (1999)

서희경,『대한민국 헌법의 탄생』, 창비(2012)

소병국,『동남아시아사』, 책과함께(2020)

원유한,『한국화폐사(고대부터 대한제국시대까지)』, 한국은행(2006)

염인호,『또하나의 한국전쟁』, 역사비평사(2010)

이덕일,『근대를 말하다』, 역사의아침(2012)

이상호,『한국전쟁』, 섬앤섬(2020)

이영록,『우리 헌법의 탄생』, 서해문집(2006)

이정희,『한반도 화교사』, 동아시아(2018)

이재승,『국가범죄』, 앨피book(2010)

이태훈 등 6인,『화폐·금융과 전쟁의 세계사』, 공감이론신서 34, 공감(2008)

이학균,『일제강점기 협동조합관련 법령 자료집』, 농협대학 농협경제연구소(2004)

정병준,『한국전쟁』, 돌베개(2018)

정재정,『일제침략과 한국철도(1892~1945)』, 서울대학교출판부(2004)

정재정,『서울과 교토의 1만 년』, 을유문화사(2016)

주경철,『바다 인류』, 휴머니스트출판그룹(2022)

차병직,『헌법의 탄생』, 바다출판사(2022)

최규진 외 13인,『제국의 권력과 식민의 지식』, 도서출판 선인(2015)

한상일,『이토 히로부미와 대한제국』, 까치(2015)

하명호, 『한국과 일본에서 행정소송법제의 형성과 발전』, 홍진기법률연구재단(2018)

한국은행, 『日帝時代 및 解放 以後 韓國의 貨幣』(2004. 12.)

허재영, 『조선 교육령과 교육 정책 변화 자료』, 도서출판 경진(2011)

홍윤표, 『중국공산당의 스파이 전쟁 1927-1949』, 렛츠북(2020)

▌번역서

가타야마 모리히데, 김석근 옮김, 『미완의 파시즘』, 가람기획(2013)

가토 요코, 윤현명·이승혁 옮김, 『그럼에도 일본은 전쟁을 선택했다』, 서해문집(2018)

나가누마 미카코, 김도형·김태진·박삼헌·박은영 옮김, 『번역된 근대』, 성균관대학교출판부(2021)

박 벨라 보리소브나, 김경준 옮김, 『1901-1905년 러시아 제국 주재 대한제국 외교공관 정확한 소재지 파악에 관한 연구』, 외교부(2018)

쑹홍빙, 홍순도 옮김, 박한진 감수, 『화폐전쟁 2 금권천하』, 랜덤하우스(2010)

쑹홍빙, 홍순도 옮김, 박한진 감수, 『화폐전쟁 3 금융 하이 프런티어』, 랜덤하우스(2011)

쉬처, 유가원 옮김, 『만주군벌 張作霖』, 아지랑이(2011)

야나부 아키라, 김옥희 옮김, 『번역어의 성립』, 마음산책(2011)

오가와라 히로유키, 최덕수·박한민 옮김, 『이토 히로부미의 한국병합구상과 조선사회』, 열린책들(2012)

와다 하루키, 이웅현 옮김, 『러일전쟁 기원과 개전 1』, 한길사(2019)

와다 하루키, 이웅현 옮김, 『러일전쟁 기원과 개전 2』, 한길사(2019)

와다 하루키, 남상구·조윤수 옮김, 『한국병합 110년 만의 진실』, 지식산업사(2020)

운노 후쿠쥬, 정재정 옮김, 『한국병합사 연구』, 논형(2008)

이동준 편역, 『일한 국교정상화 교섭의 기록』, 도서출판 삼인(2015)

이마가와 에이치, 이홍배 옮김, 『동남아시아 현대사와 세계열강의 자본주의 팽창 상, 하』, 이채(2011)

코세키 쇼오이찌, 김창록 옮김, 『일본국 헌법의 탄생』, 뿌리와이파리(2010)

티머시 스나이더, 함규진 옮김, 『피에 젖은 땅 스탈린과 히틀러 사이의 유럽』, 글항 아리(2021)

페데리코 마시니, 이정재 옮김, 『근대중국의 언어와 역사』, 소명출판(2005)

프리초프 카프라, 우고 마테이, 박태현, 김영준 옮김, 『최후의 전환』, 경희대학교 출 판문화원(2021)

헐버트, 김동진 옮김, 『헐버트 조선의 혼을 깨우다』, 참좋은친구(2016)

▌논문

고현석, 「韓國農協의 淵源에 관한 考察, 한국협동조합연구 제11집」, 한국협동조합 학회(1993. 12.)

김수용, 「해방 공간에서 우드월(Emery J. Woodall)의 역할과 활동」, 세계헌법연구, 제24권 제2호(2018. 8.)

문성도, 「令狀主義의 導入과 形成에 관한 研究: 1954년 刑事訴訟法의 成立을 中 心으로」, 서울대학교 대학원, 박사학위논문(2001)

배병일, 「토지조사사업과 임야조사사업에서의 사정에 관한 법적 문제점 검토」, 법학 논고 제61집, 경북대학교 법학연구원(2018)

이진철, 「제헌헌법의 영장주의-영장주의의 적용대상에 관한 검토-」, 저스티스 통권 제166호(2018. 6)

장영숙, 「내무부 존속년간(1885년 ~ 1894년) 고종의 역할과 政局動向」, 상명사학 제8·9합집(2003)

정종섭, 「「憲法」이라는 用語에 대한 沿革的 研究, 청암최송화교수화갑기념 현대 공법학의 과제」, 박영사(2002)

氏家 仁, 「朝鮮刑事令の搜査關聯規定のぁらまし(1)」, 比較法雜志第46卷第3号, 中央大學校 比較法研究所(2012)

氏家 仁, 「朝鮮刑事令の搜査關聯規定のぁらまし(2·完)」, 比較法雜志第46卷第4号, 中央大學校 比較法研究所(2013)

조선, 헌법을 심다

펴 낸 날 2022년 10월 26일

지 은 이 김정원
펴 낸 이 이기성
편집팀장 이윤숙
기획편집 서해주, 윤가영, 이지희
표지디자인 윤가영
책임마케팅 강보현, 김성욱
펴 낸 곳 도서출판 생각나눔
출판등록 제 2018-000288호
주   소 서울 잔다리로7안길 22, 태성빌딩 3층
전   화 02-325-5100
팩   스 02-325-5101
홈페이지 www.생각나눔.kr
이 메 일 bookmain@think-book.com

• 책값은 표지 뒷면에 표기되어 있습니다.
  ISBN 979-11-7048-466-0(03360)

Copyright ⓒ 2022 by 김정원 All rights reserved.
· 이 책은 저작권법에 따라 보호받는 저작물이므로 무단전재와 복제를 금지합니다.
· 잘못된 책은 구입하신 곳에서 바꾸어 드립니다.